Un legame speciale

Nota delle autrici

Questo libro racconta le vicende di persone reali, ma abbiamo scelto di tutelare la loro privacy indicando soltanto i nomi di battesimo. Alcuni ci hanno chiesto di essere identificati con uno pseudonimo, che abbiamo contrassegnato con un asterisco (*).

Titolo originale: *The Purest Bond. Understanding the Human-canine Connection*

Traduzione: Manuela Faimali
Redazione: Aurora Tosi

www.giunti.it

Via Bolognese 165 – 50139 Firenze – Italia
Via G.B. Pirelli 30 – 20124 Milano – Italia
Prima edizione: settembre 2024

Giunti Editore si impegna per uno sviluppo sostenibile con l'utilizzo di carta certificata FSC® proveniente da fonti gestite in maniera responsabile.

FSC www.fsc.org MISTO Carta | A sostegno della gestione forestale responsabile FSC® C115118

Stampato presso Elcograf S.p.A., stabilimento di Cles

Jen Golbeck
e Stacey Colino

Un legame speciale

Come un cane può cambiarci la vita

GIUNTI

Questo libro è dedicato a tutti i cani che abbiamo amato
*e a quelli che dobbiamo ancora incontrare.**

* Con un ringraziamento speciale a Maggie, Riley e Hopper (da parte di Jen) e a Wolfy, Inky e Sadie (da parte di Stacey).

Introduzione

Il cane è considerato da tempo il nostro migliore amico, ma oggi più che mai questo legame assume un'importanza cruciale. Di fronte ai mutamenti epocali che stanno cambiando il volto del mondo, inclusi il distanziamento sociale, lo smart working e la rivalutazione delle priorità di ciascuno, ci siamo rivolti ai nostri amici a quattro zampe in cerca di conforto e stabilità. Vedendo la propria vita stravolta,[1] le famiglie che non avevano cani hanno iniziato ad accoglierli a un ritmo senza precedenti: negli ultimi anni le adozioni hanno subito un incremento esponenziale, e allevatori e associazioni canine hanno accumulato lunghe liste d'attesa.

A livello sia nazionale che globale stiamo vivendo un periodo di profonda angoscia, non solo per la pandemia da poco superata ma anche in risposta alle recenti lotte e scandali politici, a guerre e conflitti internazionali, alla crescente consapevolezza della brutalità della polizia e di altre ingiustizie razziali, alle diffuse avversità finanziarie, ai tremendi disastri climatici e naturali, e ad altre circostanze sfavorevoli e talvolta catastrofiche. I rapporti umani sono diventati tesi,[2] e si registra un alto tasso di solitudine e isolamento che di fatto precorre lo scoppio della pandemia. In parallelo, i casi di ansia e depressione si sono moltiplicati.

Ma nel bel mezzo di queste realtà allarmanti ha preso forma qualcosa di straordinario: tante persone hanno accolto per la prima volta un cane nella loro vita, o hanno approfittato dell'occasione per consolidare il legame con i cani che già avevano. Ciò non sorprende,[3] visto che le ricerche della University of Sydney in Australia hanno evidenziato come la presenza di un cane migliori la salute mentale, riducendo notevolmente la solitudine e giocando un ruolo cruciale nell'alleviare depressione, ansia e irritabilità. In sostanza, i cani sono animali di supporto emotivo per tutti noi. Gli studi sono arrivati a dimostrare che chi ha un cane è più felice di chi ha un gatto o di chi non ha animali.[4]

Inoltre, i cani sono una sorta di balsamo che mitiga le difficoltà mentali e lo stress incessante che flagellano gli abitanti di tutto il mondo. Con il loro esempio ci aiutano a trovare stabilità e a focalizzarci sul presente, perché sono sempre concentrati su quello che succede in un dato momento, che sia giocare con noi, mangiare o andare a spasso. I nostri amici a quattro zampe sono un costante promemoria di ciò che conta davvero, come dimostrare ai nostri cari che siamo felici di vederli quando tornano a casa o apprezzare i piccoli piaceri della vita, tipo il profumo dei cespugli odorosi durante una passeggiata. Sono modelli di lealtà, dedizione e amicizia senza eguali. Possiamo ballare malissimo o essere stonati come una campana, ma per i nostri cani saremo sempre e comunque fantastici (purché li trattiamo bene).

È questo che ci ha spinte a scrivere *Un legame speciale*, il desiderio di esplorare e mettere in luce gli enormi benefici che il legame umano-canino può avere sulla nostra salute e sul nostro benessere fisico, emotivo, cognitivo e sociale, di cui spesso non siamo nemmeno consapevoli. Due parole su di noi: Jen è una scienziata che, tra le altre cose, ha studiato la personalità, la psicologia e i rapporti con i nostri animali domestici, oltre a essere un'ormai navigata proprietaria e madre affidataria di cani e fondatrice/manager del fenomeno social The Golden Ratio.

Nel suo ruolo di "dog mom" virtuale, spesso condivide su internet le gioie procurate dai nostri amati animali e offre consigli ai proprietari su come gestire i problemi di addestramento, la malattia e la perdita, e sui tanti modi per apprezzare la cura quotidiana dei nostri compagni pelosi. Stacey, scrittrice pluripremiata specializzata in salute e psicologia, è anche una health coach certificata e da sempre amante e proprietaria di cani. Conosciamo entrambe intimamente i doni fisici, emotivi, sociali e spirituali di questo legame speciale, che può avere tantissimi effetti positivi in grado di cambiare la nostra vita.

La nascita di The Golden Ratio

Nel dicembre 2016, Jen e suo marito Ingo hanno adottato Maggie e Jasmine, una coppia di golden retriever inseparabili. Avevano rispettivamente nove e otto anni, e i proprietari precedenti si erano trasferiti altrove abbandonandole nel giardino dietro casa, dove le ha trovate un vicino. Jen e Ingo avevano già avuto in affido una decina di cani, ma nel momento in cui sono arrivate Maggie e Jasmine era come se fossero state sempre parte della famiglia. Poi si sono aggiunte le sorellastre Hopper e Venkman, due golden retriever nate a un anno di distanza che sono diventate membri permanenti della famiglia. Guardando Maggie e Jasmine inseguire Hopper e Venkman nel giardino di casa, un'incredula Jen ha pensato: "Be', adesso abbiamo quattro cani!".

Era il periodo immediatamente successivo alle elezioni presidenziali statunitensi del 2016, quando sui social media erano tutti arrabbiati, a prescindere da chi avessero votato. Anche se la presenza sui social fa parte del suo lavoro, Jen aveva assoluto bisogno di un luogo virtuale in cui fuggire dalla negatività e riprendere fiato. Non trovandolo, ha deciso di crearlo. E avendo accanto a sé una schiera di quattro cani si è detta: "Cosa c'è di più edificante e salutare di un gruppo di golden retriever?". Allora ha aperto un account su Twitter, TheGoldenRatio4* e ha cominciato a postare foto collettive. A quanto pareva erano in molti a sentire la necessità di un angolo pacifico e peloso su internet. The Golden Ratio si è conquistato rapidamente un seguito e si è ampliato, includendo una Snapchat quotidiana con scorci delle vite dei cani.

Da allora Jen e Ingo hanno avuto altri cani in affido, concentrandosi sempre di più su quelli anziani, malati terminali o con bisogni speciali. I loro follower li hanno accompagnati in questo percorso, hanno visto i cani trasformarsi dopo essere stati accolti in una casa sana e amorevole, li hanno guardati giocare, hanno fatto il tifo per loro prima di un intervento chirurgico, li hanno incoraggiati se stavano male, e hanno pianto con Jen e Ingo quando li hanno persi. Molte delle loro storie sono inserite in questo libro.

Jen ha iniziato a credere fermamente nel legame tra esseri umani e cani in terza media, in un momento in cui era gravemente depressa, sola e bullizzata. Ogni giorno a scuola, nella sua cittadina dell'Illinois circondata da campi di granturco, i compagni la schernivano e le davano il tormento. Si sentiva inutile e disperata. Non si confidava con i genitori, che però di fronte al suo evidente malessere hanno cominciato a preoccuparsi. Un giorno hanno portato a casa Major, un cucciolo di golden retriever che si è rivelato il migliore amico che Jen avrebbe mai potuto desiderare. La sua famiglia aveva sempre

* Il nome è ispirato all'omonimo rapporto matematico, la sezione aurea, un omaggio alla formazione matematica di Jen, e "4" è il numero di cani che componevano il gruppo in origine.

avuto un cane, ma quello era il primo *secondo* cane, e Jen lo ha sentito subito *suo* perché la lealtà e l'allegria di Major erano proprio ciò di cui aveva bisogno in quel periodo buio. Dopo la scuola e nei fine settimana si sedeva sul pavimento a gambe divaricate, e Major si piazzava lì in mezzo, sdraiandosi sulla schiena con la testa sulle sue cosce e la coda tra i suoi piedi. Jen gli accarezzava la pancia e lui emetteva un borbottio festoso. Quando la madre le passava accanto, Jen diceva: «Stiamo legando!».

È diventato il suo mantra con Major, e si accoccolava e giocava con lui ogni volta che ne aveva l'occasione.

All'epoca Major le dava qualunque cosa di cui avesse bisogno sul piano emotivo. Il tempo trascorso insieme la aiutava a dimenticare le cose brutte che non poteva cambiare. Ma soprattutto a credere nel proprio valore. La faceva sentire apprezzata e amata per la persona che era. Major era un angelo dorato con due occhi dolcissimi e le orecchie morbide. Non gli importava niente di come Jen si vestiva, del suo aspetto, o del fatto che era una goffa preadolescente. Era sempre pronto a giocare, e a consolarla quando necessario. Se la vedeva in lacrime si appoggiava contro di lei per rassicurarla, e funzionava ogni volta.

La trasformazione vissuta grazie a Major ha stimolato il suo interesse intellettuale verso i cani, non solo in veste di animali e amici ma in quanto forze positive e potenti nella nostra vita. Sapeva, come molti altri proprietari, che i cani sono una sorta di medicina per noi, oltre a essere una gradevole compagnia. Dimostrano una grande empatia e intuiscono quando è il momento di confortarci e calmarci. Oltretutto, non si fanno problemi a esternare la gioia di vederci anche se siamo usciti solo per ritirare la posta.

Al di là di quello che ci donano direttamente, i cani sono anche un modello al quale ispirarci per migliorare. Sono buoni e pazienti. Non serbano rancore e perdonano di getto, con facilità e ripetutamente. Vivono il momento e ricercano la felicità senza preoccuparsi dei giudizi. Hanno una riserva d'amore e gratitudine sconfinata, e i loro proprietari ne traggono un enorme giovamento in ogni aspetto della vita.

Per noi esseri umani, il sostegno emotivo dei cani e la percezione di avere instaurato con loro un legame importante sono aspetti fondamentali, specialmente in questa lunga fase di incertezza e instabilità. Grazie a questo rapporto dai benefici reciproci ricordiamo le cose buone del mondo – amore, fiducia, affetto, gioco, aria fresca, sole – anche quando sembra andare tutto storto. Come è emerso da un vasto sondaggio online:[5] «Molte persone hanno dichiarato di avvertire un legame più forte con i loro cani dopo il Covid. Inoltre, i cani rafforzano la nostra capacità di mantenere uno stile di vita regolare, di percepire un senso di scopo e significato, di affrontare l'incertezza e di avere compassione per noi stessi».

Come vedremo nei prossimi capitoli, un corpus sempre più vasto di ricerche conferma i numerosi vantaggi di condividere la vita con un compagno a quattro zampe. Ogni sezione del libro si concentra su un aspetto diverso di questo fantastico legame, integrando studi pionieristici, storie edificanti, e le nostre personali esperienze come proprietarie di cani. La Prima parte illustra come si sviluppa il rapporto tra cani e umani e in che modo ci aiuta a rafforzare le relazioni all'interno di famiglie, gruppi di amici e comunità. La Seconda parte svela i benefici inaspettati che i cani apportano alla nostra salute fisica, riducendo la pressione sanguigna, il dolore cronico e la reazione allo stress, aiutandoci a restare in forma e rilevando addirittura i segnali di alcune malattie. Nella Terza parte esploreremo le prove scientifiche di come i cani migliorino la nostra salute emotiva, l'acutezza mentale e la capacità di concentrazione, esercitando un'influenza stabilizzante sulla nostra vita. Nella Quarta parte tratteremo i problemi dell'invecchiare insieme ai nostri animali, incluse le difficoltà mediche e il dolore e il cordoglio per l'inevitabile perdita dei nostri amici pelosi.

Oltre a comprendere la connessione profonda che potreste aver già instaurato con il vostro cane, apprenderete un linguaggio con cui pensare e raccontare le sfaccettature di questo rapporto, e strategie con cui massimizzarne i vantaggi, per il bene vostro e del vostro cane. Questo libro è la celebrazione di un legame straordinario, e speriamo che vi renda ancora più consapevoli del potere trasformativo di accudire una creatura così adorabile e adorante. Ne gioveranno anche i vostri cani, perché vi sentirete ancora più coinvolti nel rapporto con loro, per quanto possa sembrare impossibile. Il nostro augurio è che questo libro vi aiuti ad apprezzare la gioia di avere un cane al vostro fianco e a godere della vostra adorazione reciproca, e che gli indecisi si convincano che è arrivato il momento di accogliere nella loro vita un amico a quattro zampe. Non c'è niente di più dolce e ricco della profonda connessione alla base di questo reciproco scambio d'amore.

Prima parte

CREARE LEGAMI

1
La nascita di un legame

Perché prendiamo nuovi cani?
Perché la loro gioia di vivere rinnova la nostra.[6]
Michael Gerson, ex editorialista del *Washington Post*

Scegliere un cane è un po' come uno speed date o un matrimonio combinato. Anche se sai quali caratteristiche cerchi in un cucciolo – per esempio che sia socievole, giocoso, affettuoso, leale, intelligente, con un certo livello di energie e quant'altro – è difficile valutare tutto questo la prima volta che lo incontri. E non è detto che sia amore a prima vista. Come per i rapporti umani, spesso entra in gioco la chimica. Potreste avvertire subito una connessione o la sensazione che andrete d'accordo, oppure no. Magari finirete per compiere un atto di fede, augurandovi che prima o poi si instauri il legame che desiderate. E in alcuni casi non avrete nemmeno l'occasione di conoscere il cane in anticipo, perciò dovrete compiere un salto nel buio.

Nel settembre del 2020 la famiglia di Stacey stava cercando un nuovo cane da adottare e, visitando il sito internet di un'associazione che le era stata caldamente raccomandata da un amico, le è balzata all'occhio Sadie, un incrocio tra pastore e labrador cioccolato di cinque anni. Dopo aver fatto domanda e ricevuto il via libera dall'associazione, Stacey e la sua famiglia hanno raggiunto un allevamento di cavalli in Virginia, dove viveva una delle madri affidatarie. Una volta parcheggiato si sono visti correre incontro diversi cani, tra cui Sadie. I cinque umani si sono messi ad accarezzarli e a giocare con loro mentre la madre affidataria spiegava da dove venivano, quanti anni avevano e raccontava delle loro personalità. Stacey è rimasta subito colpita da Sadie, che illuminava il mondo con i suoi occhi caldi e intelligenti e quel magnifico sorriso. Nel frattempo i figli e il marito cercavano di attirare la sua attenzione dicendo: «Che ne pensi di Mocha? E di Champion? Perché non ne prendiamo due?».

In famiglia era soprattutto Stacey a occuparsi dei cani, per cui era implicito che la decisione finale spettasse a lei. Stacey ne voleva uno solo e, dopo un'ora trascorsa a giocare con tutto il gruppo, propendeva per Sadie. Mentre la madre affidataria preparava i documenti, Stacey è andata in macchina a recuperare un sacchetto di croccantini da regalare alla donna come ringraziamento, e senza accorgersene ha lasciato aperta una delle portiere posteriori. Sadie è immediatamente balzata sul sedile, si è sdraiata e l'ha guardata come a dire: *Possiamo andare, adesso?!* In quell'istante Stacey ha capito che si erano scelte a vicenda. E si sono rivelate una coppia vincente.

Alana, una ventiduenne neolaureata di Indianapolis, ha avuto un'esperienza simile. Nel 2020 lei e la sua famiglia hanno deciso di adottare un cane da una cucciolata di mini goldendoodle, e all'inizio Alana si è concentrata su uno in particolare. Poi, però, un altro cucciolo le si è avvicinato e le è saltato in braccio, ed «è stato come se la tempesta che si era addensata intorno a me negli ultimi tempi si placasse», racconta Alana, alla quale erano stati da poco diagnosticati un disturbo da stress post-traumatico, ansia generalizzata e depressione. «Ho capito subito che dovevo portarla a casa con me». Ha chiamato la cucciola Queso, e da allora sono diventate inseparabili. «Ascolta e ama senza giudizi, e mi dà un motivo per prendermi cura di me» spiega Alana. «Spero solo di essere una buona amica quanto Queso lo è per me.»

Purtroppo non tutte le adozioni hanno un lieto fine. Prima di occuparsi di cani con bisogni speciali, Jen e suo marito Ingo accettavano tutti i golden retriever proposti in affido dal GRREAT,* l'associazione di rescue che presta aiuto ai cani di questa razza, con cui la coppia collabora nell'area di Washington, D.C. Hanno accolto molti cani tra i nove mesi e i due anni di vita. Erano animali giovani e sani che spesso erano stati comprati come regalo, in genere per i bambini. Per quanto un cucciolo di golden retriever di otto settimane possa essere tenero, presto diventerà un cane enorme e turbolento che avrà bisogno di un sacco di esercizio fisico e addestramento. Una famiglia rischia di sentirsi sopraffatta dalle dimensioni e dall'energia di cani del genere, che spesso vengono ceduti alle associazioni nel momento in cui la situazione a casa diventa ingestibile. Quando Jen e Ingo andavano a prenderli, era evidente che i cani stavano rendendo la vita di quelle famiglie un inferno. Abbaiavano, rosicchiavano oggetti, facevano cadere i bambini e provocavano disastri di ogni genere. In alcuni casi i proprietari erano arrivati a tenerli quasi sempre in gabbia per evitare che combinassero danni, ma quei cani esuberanti si scatenavano non appena venivano liberati.

Jen e Ingo notavano una rapida trasformazione nei nuovi arrivati. Dopo un mese trascorso facendo corse e passeggiate quotidiane, giocando al riporto in giardino o con gli altri cani e seguendo un addestramento di base per comandi come "seduto" e "vieni", apparivano calmi, felici e ben inseriti. Il proble-

* Per ulteriori informazioni sul GRREAT (Golden Retriever Rescue, Education and Training), visitate il sito https://grreat.org.

ma in realtà non erano loro. Quei poveri cani sembravano diventare ingestibili solo quando le persone non potevano dedicare loro il tempo e l'addestramento necessari.

In genere l'organizzazione e la disciplina rendono i cani più educati e felici, ma alcuni hanno uno spirito indipendente che non si riesce a domare. Uno dei cani di Jen e Ingo, Voodoo, era un giocherellone goffo e testardo che soffriva di epilessia e ingurgitava *qualunque cosa* trovasse sul pavimento o su una superficie al di sotto del metro e mezzo. Hanno addirittura dovuto spostare più in alto i portarotolo del bagno perché continuava a mangiare la carta igienica. Amava le passeggiate, ma a metà isolato si sdraiava sul marciapiede con fare teatrale e si rifiutava di proseguire. Quante volte Ingo li ha dovuti raggiungere in macchina perché Voodoo voleva farsi riaccompagnare a casa. L'unico risultato che ha ottenuto dopo settimane di addestramento è stato quello di percorrere una sola volta un breve tunnel da agility dopo aver ricevuto una spinta energica da dietro. Non ha imparato nient'altro dall'addestratore, e Jen e Ingo lo adoravano per questo. A volte ti innamori del cane che hai, anziché del cane che speri possa diventare.

Grandi (ma realistiche) speranze

Quando portate a casa un cane nuovo, il processo di conoscenza reciproca prevede di iniziare con il piede giusto (o la zampa giusta) e integrare il cane in famiglia facendolo sentire a proprio agio e amato. Non è una cosa da prendere alla leggera, perché la nascita di un legame solido necessita di un ambiente accogliente, sicuro e amorevole. Dovete gettare le basi perché il vostro amico peloso stia bene e si fidi di voi, si adatti alla sua nuova casa senza difficoltà, e vi faccia dono del suo amore e del suo affetto sconfinati. Il periodo di adattamento varia da cane a cane e da famiglia a famiglia, ma in genere è relativamente breve.

Dopo aver adottato un cane, è fondamentale avere un'idea realistica di cosa succederà nei primi giorni. Dovrete avere pazienza, compassione, tolleranza, flessibilità e forza d'animo perché un nuovo cane si senta integrato nella vostra famiglia. Se c'è una cosa che potete dare per certa, a prescindere dalla sua età, dalla sua storia o dai suoi problemi medici o comportamentali, è che sconvolgerà la vostra vita per un po'. Prima lo accettate, meglio sarà per tutti.

Valerie e suo marito Andrew hanno convissuto felicemente per dieci anni senza animali, poi hanno cominciato a valutare la possibilità di prendere un cane. Per un anno hanno vagliato i pro e i contro e cercato la razza più adatta al loro stile di vita (dato che amano andare in barca). Alla fine hanno adottato Skipper, una terrier marrone e bianca di nove settimane con le orecchie pendule, e Valerie, che lavora come editor a Washington, D.C., è rimasta totalmente sbigottita dai loro primi giorni insieme. «Per un paio di mesi mi sentivo una specie di ambasciatrice del pianeta Terra incaricata di tenere a bada un'extraterrestre caotica, più che instaurare un legame familiare di qualche tipo» racconta. «Aveva bisogno di essere continuamente guidata e supervisionata, era estenuante!»

La coppia ha dovuto relegare quasi subito il tappeto del soggiorno nel seminterrato per evitare che andasse distrutto. «Ogni volta che mangiavamo in sala da pranzo, c'era un sottofondo di ululati, guaiti e piagnucolii che proveniva dal soggiorno» ricorda Valerie. «Abbiamo cominciato a temere l'ora prima del tramonto, l'ora delle streghe per Skipper, che si metteva a correre, abbaiare e morsicare senza sosta.» In quei primi mesi, Valerie ha inviato un sacco di messaggi angosciati ai suoi parenti, in cui scriveva: "Siamo in balia della situazione, come facciamo?!". Nessuno dei consigli ricevuti ha funzionato, ma poco a poco lei e Andrew sono usciti da questo periodo caotico e hanno iniziato a costruire un legame con Skipper. «Non c'erano rimedi o soluzioni semplici, era solo una questione di pazienza, costanza e abitudine.» Grazie al loro amore, alla loro perseveranza e alla loro guida, nel tempo Skipper è diventata una cucciola socievole, sicura di sé ed equilibrata (anche se odia andare in barca).

I cuccioli sono curiosi e pronti a scoprire quanto possa essere buono e meraviglioso il mondo, ma è inevitabile che distruggano allegramente tutto quello che capita loro a tiro – inclusa, a volte, la sanità mentale dei loro proprietari – in parte perché hanno un'energia sfrenata, e in parte perché sono sprovveduti. I cani adulti in genere sono più accorti, ma anche il loro inserimento in famiglia potrebbe essere difficoltoso. Perfino i cani addestrati che hanno imparato a fare i bisogni fuori casa possono incorrere in qualche incidente, in disturbi gastrointestinali o in attacchi di disubbidienza che li portano a rosicchiare o scavare, per l'ansia di trovarsi in una nuova famiglia e in un nuovo ambiente. A prescindere che il loro inserimento vada a buon fine, adattarsi a una nuova casa può essere stressante. Tuttavia, è scientificamente dimostrato che anche i piccoli gesti di gentilezza (come coccole o parole benevole) e le brevi interazioni positive (come il gioco o le passeggiate) possono ridurre i livelli di stress dei cani adulti e velocizzare la creazione di un legame con i nuovi genitori.[7]

Perciò è importante dedicare il massimo impegno a questo periodo di adattamento, in modo da garantire una transizione il più possibile tranquilla, calma e costruttiva, per gettare le fondamenta di un rapporto simbiotico. In genere un cane, cucciolo o adulto, ha bisogno di due o tre settimane per ambientarsi in un posto nuovo, indipendentemente che provenga da un allevamento, da un rifugio o da una famiglia affidataria.

Per aiutare il vostro cane a sentirsi integrato nella famiglia, è cruciale stabilire una serie di confini e limiti fin dal primo giorno, decidendo in quali parti della casa è autorizzato a entrare (oppure no), dove mangerà e dormirà, e se gli è concesso di salire sui mobili. Se pensate di usare un cancelletto di sicurezza per tenerlo in cucina o in un'altra stanza, fate in modo di installarlo a dovere prima del suo arrivo. E dategli croccantini, giocattoli e qualunque altra cosa possa farlo sentire a proprio agio e appagato nella sua area speciale.

Quando Jen e Ingo accolgono nuovi cani, spesso fanno lunghe passeggiate per stancarli in vista della prima notte in casa. Succede qualcosa di analogo ai bambini piccoli: se sono esausti, è più probabile che dormano tutta la notte (o quasi). Qualora l'ansia permanga anche dopo l'esercizio fisico, Jen e Ingo non disdegnano il ricorso alla chimica. I loro veterinari sono sempre stati disponibili a prescrivere farmaci ansiolitici per aiutare i cani a tranquillizzarsi e dormire. In alternativa, potete provare con le pettorine anti-ansia [...], gli spray calmanti (preparati aromaterapeutici a base di feromoni che possono favorire il rilassamento) o l'olio Rescue Remedy Pet (una formula omeopatica). Cercate di aiutarli a prendere sonno in modo gentile e pacato, coccolandoli il più possibile finché non si placano.

E a volte è semplicemente una questione di tempo. Jen e Ingo hanno adottato Remi quando aveva cinque anni, dopo una vita passata alla catena in un cortile. Aveva un rettangolo glabro tra le scapole causato dallo strofinamento della catena. Era diventato cieco per un diabete mai curato, e i vecchi proprietari avrebbero voluto abbatterlo ma il veterinario lo aveva affidato a un'associazione di rescue. È entrato nel gruppo di The Golden Ratio con una lunga lista di malattie trasmesse dalle zecche, diabete, disturbi alla tiroide, lesioni e irritazioni cutanee, e problemi comportamentali. Nei primi mesi ha compiuto passi da gigante, però ci è voluto quasi un anno per risolvere i suoi disturbi medici e dargli l'addestramento necessario a diventare un cane dolce, coccolone e giocherellone.

Imparare a conoscersi

Quando portate a casa un cane nuovo, è importante che vi mettiate nei suoi panni. È stato strappato dalla sua vita e catapultato in un luogo mai visto con persone estranee, senza una routine consolidata e senza punti di riferimento riconoscibili intorno a sé. Il poveretto, ritrovandosi in un ambiente ignoto, può sentirsi spaventato e minacciato perché non ha idea di cosa aspettarsi o di chi fidarsi. Dovete aiutarlo ad alleviare l'ansia e a rilassarsi mentre prende dimestichezza con la sua nuova casa. Per alcuni cani sarà una transizione veloce e facile, e in men che non si dica vi sembrerà di averli con voi da sempre. Altri potrebbero impiegare più tempo per sentirsi a proprio agio e affezionarsi a voi. In questa fase di adattamento dovrete mostrarvi compassionevoli e dare al vostro cane lo spazio di cui ha bisogno.

Amy, un'infermiera di pronto soccorso del Minnesota, poco dopo la separazione dalla moglie ha iniziato a fare volontariato presso un'associazione locale di rescue perché le dava un senso di conforto. Quando è arrivata una richiesta per una famiglia affidataria, non ha saputo resistere e ha preso con sé Annie, una golden retriever denutrita che aveva gli occhi tristi e sei cuccioli. Una volta svezzati i piccoli, Amy l'ha portata a casa e hanno subito legato. Annie la costringeva ad alzarsi dal divano o dal letto per fare passeggiate, escursioni e corse, e di sera si accoccolava al suo fianco, a volte dividendo addirittura il suo stesso cuscino. Tre mesi dopo averla ufficialmente adottata, Amy ha ottenuto il divorzio e si è resa conto di aver trovato di nuovo l'amore, per una palla di pelo a quattro zampe. Il livello di fiducia, adorazione e affetto incondizionato tra di loro le ha aiutate a guarire. «Non so se esistano gli angeli» afferma Amy «ma se esistono, sono convinta che almeno uno abbia l'aspetto di un golden retriever.»

Cani diversi hanno bisogni diversi. Alcuni richiederanno un sacco di attenzioni, altri vorranno i propri spazi. Alcuni dovranno fare tanto esercizio fisico, altri avranno necessità di dormire di più.* Alcuni vorranno giocare con voi e gli altri cani, se ne avete, altri preferiranno essere lasciati in pace. Nessuna di queste esigenze è sbagliata. Sono tutte informazioni cruciali, e il vostro compito è prestare attenzione, osservare a fondo, imparare ciò che vuole il vostro cane e darglielo. Più la vostra casa sarà un luogo pacifico per lui, prima riuscirà a rilassarsi, a prendere confidenza (in senso positivo) e a entrare in sintonia con voi. Jen e Ingo hanno notato che i loro cani di norma hanno bisogno di due o tre settimane per liberarsi dall'ansia iniziale, e circa sei mesi prima di legare davvero con il resto del gruppo. Ma non è *sempre* così; in certi casi il processo è molto più rapido. Alcuni dei cani che hanno preso in adozione o in affido si comportavano fin da subito come se avessero vissuto tutta la vita con loro! Ma la maggior parte ha bisogno di tempo per trovare il proprio posto in casa.

All'inizio del 2019 The Golden Ratio aveva cinque membri, tutte femmine: Hopper, Venkman, Maggie, Jasmine e Queso. A marzo si è aggiunto un nuovo cane in affido: Riley. Era il primo maschio a unirsi al gruppo, e Jen si è infatuata di lui nel momento stesso in cui è entrato nel giardino di casa. A differenza di quasi tutti i cani che Jen e Ingo accolgono, Riley è stato sempre amato e accudito. Quando il suo proprietario è morto improvvisamente e nessun membro della famiglia era disposto a prenderlo con sé, è arrivato da Jen e Ingo attraverso il GRREAT, l'associazione con cui collaborano. Riley aveva sette anni, il pelo delle orecchie riccissimo, due dolci occhi marroni

* In generale, «i cani hanno bisogno di molte più ore di sonno rispetto agli esseri umani, quattordici al giorno» spiega Clive Wynne, autore di *Dog Is Love: Why and How Your Dog Loves You*.

e il muso bianco. Sorrideva sempre, ma quando qualcosa lo infastidiva faceva le "sopracciglia arrabbiate" finché non otteneva ciò che voleva.

Nel suo primo giorno insieme al resto del gruppo, Riley si è lanciato sul divano per accoccolarsi vicino a Jen, e da quel momento sono diventati inseparabili. Jen lo chiamava "il mio *boyfren*", e lui la guardava negli occhi mentre gli accarezzava la testa. Ingo è una persona fantastica, ma Jen era un po' gelosa perché *tutti i cani preferivano lui*. Perfino Hopper e Venkman, che aveva cresciuto da sola quando erano cucciole. Ma non Riley. Lui è stato il primo cane a interessarsi a lei più che a qualunque altra cosa, a volte anche più che agli spuntini mangiati sul divano. È stato un legame immediato e naturale, come fossero due tasselli smarriti di un puzzle che alla fine si erano ricongiunti formando un incastro perfetto.

Quando Jen e Ingo prendono in affido nuovi cani, di solito le prime notti li lasciano in gabbia. L'obiettivo è evitare potenziali problemi, per esempio che si sveglino e vadano a cercare dell'acqua nel buio inciampando per errore in un altro cane e spaventando tutti, e anche per evitare incidenti o che mordano tutto per il nervosismo. Via via che si ambientano, Jen e Ingo decidono quando concedere loro più spazio. Alcuni lasciano la gabbia già il secondo giorno e dormono nel letto della coppia. Altri rimangono per un paio di mesi nella gabbia o in un'altra stanza durante la notte perché hanno ancora tensioni con il resto del gruppo.

All'inizio è fondamentale concedere a un cane tutto lo spazio di cui ha bisogno. In particolare i cani rescue, salvati da situazioni difficili, possono avere necessità che vanno dall'aggrapparsi al proprietario stando sempre al suo fianco (alias cani velcro) al ritirarsi in un'altra stanza e nascondersi sotto un tavolo o rifugiarsi nella loro gabbia. Accertatevi che tutti i membri della famiglia, soprattutto i più piccoli, conoscano e rispettino i loro bisogni e i loro desideri. I bambini che si aspettano un cane fatto in un certo modo o che vogliono giocare con un cucciolo che ha bisogno di spazio potrebbero rimanere delusi. Ma è un buon metodo per insegnare loro il consenso e l'empatia, e per aiutare i cani a familiarizzare con una nuova casa e nuove persone.

Prendiamo l'esempio di Queso. Tutti i cani che Jen aveva avuto in affido prima di lei si erano subito integrati. Circa un anno dopo l'arrivo di Maggie e Jasmine, che avevano portato il gruppo a quattro componenti, il GRREAT dell'area di Washington, D.C., l'ha chiamata per chiederle se fosse disposta ad accogliere una golden retriever di tredici anni abbandonata dai proprietari. Jen ha chiesto a Ingo cosa ne pensasse, e lui ha risposto: «Certo! Che differenza c'è tra quattro e cinque?!». Queso aveva vissuto ignorata dai padroni in un cortile, e durante le prime settimane nella sua nuova casa si nascondeva sempre negli angoli bui.

Jen e Ingo hanno impiegato giorni per convincerla a uscire da sotto il tavolo della sala da pranzo. Costringerla a interagire sarebbe servito solo a terrorizzarla ancora di più, perciò la accarezzavano e la incoraggiavano con gentilezza, lasciandole tutto lo spazio necessario. Alla fine, dopo qualche mese di adattamento, Queso è uscita dal guscio e ha iniziato a giocare alla lotta con Venkman, che all'epoca aveva appena tre anni, come se fosse tornata cucciola. Per tutto il tempo in cui ha fatto parte di The Golden Ratio sembrava davvero che stesse invecchiando al contrario. Darle lo spazio di cui aveva bisogno al suo arrivo è stata la chiave per regalarle una vita felice.

Insegnare ai bambini come rapportarsi con i cani

Che si tratti di un cucciolo o di un cane rescue, accogliere in famiglia un nuovo amico a quattro zampe è entusiasmante per tutti, in particolare per i più piccoli. Ma i bambini devono imparare a domare la loro esuberanza e lasciare che il cane si ambienti con i propri tempi. Potreste spiegare loro che non devono stargli addosso o costringerlo a interagire se è chiaro che preferisce stare da solo. E sarebbe buona cosa avvertirli di starne alla larga mentre mangia o dorme. È fondamentale che un nuovo cane impari ad apprezzare e a fidarsi dei bambini, senza sentirsi assillato o infastidito. Agli inizi cercate di non lasciarli da soli senza supervisione. Meglio essere cauti, anche mettendo il cane nella sua gabbia, se necessario.

In fin dei conti anche i bambini, come i cani appena arrivati, hanno bisogno che qualcuno insegni loro a comportarsi bene con il resto della famiglia. È cruciale che imparino a rispettare e onorare il corpo e i confini dei cani. Mostrate loro come accarezzarli e coccolarli in modo delicato e non minaccioso: nei primi tempi il consiglio è di incoraggiarli a farsi annusare la mano prima di toccarli, e poi ad accarezzarli sotto il mento, sul collo e sulla schiena, anziché sopra la testa. Mettete in chiaro che non bisogna mai tirare la coda e le orecchie dei cani, e sarebbe meglio non abbracciare i nuovi arrivati: anche se per i bambini è un gesto affettuoso, c'è il rischio che sia percepito come un atto aggressivo o dominante. A seconda del carattere, l'animale potrebbe scattare o mordere il bambino, cercare di sottrarsi alla presa o mostrare un comportamento remissivo come urinare sul posto.

Quando il cane si rilasserà nella sua nuova casa e legherà con i singoli membri della famiglia, poco a poco imparerà ad apprezzare abbracci e coccole, sentendosi tranquillo e al sicuro e mostrando una maggiore flessibilità a stare vicino agli altri o a giocare. È importante assecondarlo da questo punto di vista. Rispettare i cani e non trattarli come fossero peluche o giocattoli è una delle lezioni migliori che potete dare ai vostri figli. Insegnate loro a leggere il linguaggio corporeo dei nostri amici pelosi (vedi l'approfondimento «Decifrare i segnali dei cani») e a mostrarsi calmi e gentili in loro presenza. Se siete affiancati da un addestratore, potreste coinvolgere nel processo anche i vostri figli, a seconda dell'età e della maturità che dimostrano.

Una linea guida comune per i cani rescue inseriti in una nuova casa è la regola del 3. Per i primi tre giorni è probabile che siano sopraffatti. Potrebbero nascondersi o essere molto bisognosi, e magari combineranno guai in casa o avranno i nervi a fior di pelle. Non è necessariamente un riflesso della loro vera personalità, per cui evitate le reazioni eccessive e dimostrate di essere persone fidate con cui possono sentirsi al sicuro. Dopo tre settimane cominceranno a prendere confidenza e ambientarsi; a questo punto emergerà la loro vera indole, ma potreste notare anche dei problemi comportamentali repressi nei primi giorni, come la tendenza a implorare, a rubare il cibo, ad abbaiare o a scappare fuori dalla porta. È un buon momento per cominciare a educarli, in modo da costruire un legame con loro. Dopo tre mesi dovrebbe essersi già instaurata una buona connessione.

Se avete accolto un nuovo cane in casa, ricordate che il concetto di mentalità di branco è ormai obsoleto. «I lupi formano branchi, i cani no» precisa Clive Wynne, docente di psicologia e fondatore del Canine Science Collaboratory presso l'Arizona State University. «I cani hanno una struttura sociale fluida e rilassata.» Le ricerche hanno dimostrato che le teorie sulla mentalità di branco dei lupi non sono applicabili all'inserimento di un cane in famiglia, perciò *non* è il caso che assumiate un ruolo dominante in quanto potrebbe suscitare stress, soprattutto nei cani sensibili, e turbare l'armonia familiare. Le moderne tecniche di addestramento puntano sui rinforzi positivi, premiando i comportamenti buoni dei cani, e sulle attività relazionali mirate a costruire un legame di fiducia con gli umani. In questo modo imparerete a chiedere al vostro cane di fare qualcosa, e lui sarà felice di accontentarvi. Passati tre mesi dovrebbe essere un membro della famiglia a tutti gli effetti; vedrete la sua personalità per intero, si sentirà a proprio agio nella routine quotidiana, e il vostro legame sarà sempre più grande e forte.

Unirsi al gruppo

Se avete altri cani in casa, è importante introdurre a dovere l'ultimo arrivato, cosa che Jen ha imparato con l'esperienza. Nel 2020, quando è scoppiata la pandemia di Covid e gli Stati Uniti stavano entrando in lockdown, lei e Ingo hanno preso in affido due cani a distanza di appena una settimana. Jasmine e Queso erano appena morte, anche loro a una settimana di distanza. Quando il GRREAT le ha detto: «Abbiamo un giovanotto pazzo che ha bisogno di una nuova famiglia affidataria», Jen ha colto al volo l'occasione di prendere un cane in salute. E così è arrivato Guacamole, un cane esagitato di (circa) tre anni con grosse difficoltà a socializzare e zero educazione. Era stato lasciato in un rifugio, ed è arrivato da loro pieno di insicurezze ed emozioni incontrollate. Una settimana dopo hanno accolto un altro cane di nove anni, Chief Brody, che era stato tremendamente trascurato. Soffriva di pesanti allergie e per anni aveva indossato un cono a causa di infezioni alla pelle mai curate che gli conferivano un cattivo odore. La famiglia precedente lo aveva tenuto rinchiuso, dandogli troppo cibo e poco amore, finché non si era stancata di lui e lo aveva ceduto a un'associazione di rescue.

Ingo ha accompagnato in macchina Chief Brody dal Maryland alla Florida. Quando sono entrati in casa, a mezzanotte passata, hanno svegliato gli altri cani, che erano sovreccitati per il ritorno di Ingo e sorpresi e incerti di fronte al nuovo arrivato. Si sono messi tutti ad abbaiare e a saltellare in preda alla confusione. Guacamole ha cominciato a ringhiare e ha tentato di montare Brody, che è rimasto profondamente scosso e spaventato, non sapendo se nascondersi o se ci fosse qualcuno di cui poteva fidarsi. Per calmare le tensioni crescenti, Jen e Ingo hanno dovuto chiudere i cani in stanze diverse, e Ingo e Brody hanno dormito nella camera degli ospiti, isolati dal resto del gruppo. È servito loro da lezione. Ingo non è mai più arrivato nel cuore della notte con un cane nuovo, rendendo impossibile una presentazione adeguata. (Nel tempo Guac è maturato in un gentiluomo educato e perbene, e le allergie di Chief Brody sono completamente guarite grazie a una serie di iniezioni e a un'alimentazione corretta.)

Ecco il metodo collaudato di Jen e Ingo per portare a casa un nuovo cane in sicurezza: se avete uno spazio esterno, lasciate che lo esplori per conto proprio finché vuole, così avrà l'occasione per rilassarsi e familiarizzare con l'ambiente. Se lo spazio è recintato, mettetegli un guinzaglio e lasciatelo libero di girovagare, controllando il territorio e fiutando a suo piacimento. In mancanza di un giardino trovate un bello spazio aperto (andrà bene anche un parcheggio o una zona verde), per evitare che si senta rinchiuso o in trappola.

A questo punto presentategli gli altri cani. Scegliete un momento in cui non siete di fretta o stressati, in modo che le parti coinvolte siano calme e controllate. Se avete molti cani, cominciate con uno e ripetete il processo aggiungendone uno alla volta. Teneteli al guinzaglio e lasciate che si avvicinino lentamente e si fiutino. Se uno dei due dovesse innervosirsi o indietreggiare, potete allontanarli; l'obiettivo è ridurre al minimo lo stress delle presentazioni. Qualora un cane volesse andarsene, rispettate il suo desiderio e ritentate più tardi. Prima o poi manifesteranno l'interesse di fiutarsi a vicenda. Potrebbe volerci tempo, ma non è un problema. L'importante è fare le cose per bene. A quel punto, portateli in giro tenendoli entrambi al guinzaglio. (Chi non ha un giardino può provare con una breve passeggiata intorno all'isolato.) Se le cose procedono bene e avete uno spazio recintato, togliete il guinzaglio al nuovo arrivato e poi all'altro cane. Non perdeteli mai di vista, e siate pronti a richiamare il vecchio cane se fosse troppo invadente.

Questi incontri ravvicinati possono andare in molti modi diversi. Jen e Ingo hanno avuto cani che mezzo minuto dopo essersi conosciuti giocavano e si rincorrevano in giardino come vecchi amici. Altri volevano solo nascondersi perché la vicinanza dei cani di casa li stressava tantissimo. A questi hanno destinato una stanza con un cancelletto di sicurezza in modo che possano osservare e fiutare gli altri finché non si sentiranno abbastanza tranquilli da uscire e unirsi al gruppo. Se foste tentati di metterli insieme comunque, sperando che risolvano i loro problemi e diventino migliori amici, non fatelo. È cruciale minimizzare l'ansia per tutti, bipedi e quadrupedi, quindi tenete a mente che durante il processo di inserimento in una nuova casa certi cani possono aver bisogno di più tempo e spazio.

A volte le lotte giocose sembrano molto realistiche e possono diventare un po' troppo violente. Se un cane tenta di sfilarsi ma l'altro non glielo permette, è bene interromperli e consentire la fuga a quello spaventato, anche se decidesse di rituffarsi nella mischia un attimo dopo. I cani rischiano di diventare aggressivi quando si sentono sopraffatti o spaventati. Voi proprietari potreste essere preoccupati e intimoriti dalla situazione e reagire con rabbia per difendervi. Ma se vedete un cane su di giri, con i peli del collo rizzati o che addenta con troppa forza il suo compagno di giochi, non spaventatelo, cercate piuttosto di placare gli animi. A volte basta interrompere momentaneamente il gioco e aspettare che i cani si scrollino come se avessero il pelo bagnato: questo movimento serve a liberarsi dallo stress, ed è un segnale al quale prestare attenzione quando giocano alla lotta. Fermare l'incontro e lasciare che disperdano l'agitazione è un mezzo efficace per ricondurli a un livello di entusiasmo accettabile.

Un'altra possibilità è usare i giocattoli come oggetti calmanti o transizionali. A volte Guacamole, il cane di Jen e Ingo, ha difficoltà a gestire le emozioni. Subito dopo averlo accolto, Jen gli ha regalato uno squalo peluche, e lui se l'è portato ovunque per una settimana, tenendolo addirittura *in bocca* mentre dormiva. Dorme ancora con un peluche di notte, e basta dargliene uno quando si agita troppo durante il gioco (o in altri momenti, come quando arrivano degli ospiti) per dimezzare rapidamente il livello di stimolo. Se il vostro cane si calma da solo con un giocattolo o una palla, masticando un pupazzo o un osso nella sua gabbia o dormendo sul letto o sul suo asciugamano preferito, lasciateglielo fare. Più si sentirà a suo agio e al sicuro in casa vostra, più sarà aperto a instaurare un rapporto con voi.

Nel frattempo, è cruciale stabilire delle routine fin da subito e portarle avanti con costanza. Le routine aiutano i cani ad apprendere, a fare i bisogni fuori e a instaurare legami, oltre che a favorire il loro benessere emotivo. Stando alle ricerche, i cani appena arrivati in rifugio, come prevedibile, hanno livelli elevati di cortisolo (un ormone dello stress),[8] che tuttavia diminuiscono se si crea una routine nei primissimi giorni. Questo fa pensare che il sovvertimento delle abitudini quotidiane sia almeno in parte responsabile dello stress, una conclusione confermata da molti altri studi.

Le routine giovano anche alle persone. Peter e sua moglie hanno adottato la loro prima bovara, Olive, quando aveva quattro mesi. Peter, che lavora come postino in Canada, ha trovato uno spirito affine in Olive, riservata per natura. Oltre ad avere una sintonia emotiva con lui, Olive lo aiutava a essere meno ansioso e si divertiva a meditare insieme a lui. «In qualunque stanza fosse, quando sentiva partire quella musica rilassante arrivava di corsa per unirsi a me» ricorda Peter. Hanno portato avanti questa abitudine finché Olive non è morta, poco dopo il suo decimo compleanno. Adesso hanno Hank, un altro bovaro di due anni. «Per Hank la routine è *tutto*: camminate, pasti, spuntini, gioco, pausa bagno, nanna» racconta Peter. «Grazie alla sua routine quotidiana abbiamo mantenuto un senso di normalità in quest'epoca di stravolgimenti. Hank ci dà uno scopo ogni singolo giorno.»

Alcune persone ritengono superflua la pianificazione dato che i cani non sanno leggere l'ora, ma sono state smentite dalle ricerche scientifiche. La corteccia entorinale mediale è un'area del cervello responsabile dell'orientamento e della percezione del tempo. È risaputo che gli animali la posseggono, ma questo non significa necessariamente che sappiano distinguere l'ora (potrebbero usarla in prevalenza per muoversi nello spazio). Tuttavia, uno studio pubblicato nel 2018 sulla rivista *Nature Neuroscience* ha rivelato che nella corteccia entorinale degli animali sono presenti alcuni neuroni che si attivano nei momenti di attesa.[9] In questo studio, i ricercatori hanno fatto correre dei topi su un tapis roulant in un contesto di realtà virtuale che li conduceva lungo un corridoio con una porta sul fondo; dopo sei secondi la porta si apriva e il topo poteva proseguire oltre per ottenere una ricompensa. Questa era la routine, e dopo sei settimane di addestramento i topi hanno imparato a fermarsi per sei secondi prima di ritirare il premio, segno che riuscivano a calcolare lo scorrere del tempo.

Da qui in poi le cose si sono fatte interessanti. A un certo punto i topi hanno avuto la possibilità di anticipare il ritiro del loro premio, eppure hanno continuato ad attendere sei secondi, e in quell'intervallo la loro corteccia entorinale mediale si attivava. In sintesi, sapevano cosa ci si aspettava da loro e si comportavano di conseguenza, affidandosi alla loro percezione del tempo. Secondo il coautore dello studio Daniel Dombeck, professore associato di neurobiologia alla Northwestern University, queste scoperte attestano che gli animali capiscono quando la loro routine viene interrotta: «È uno degli esperimenti più convincenti per dimostrare che gli animali hanno davvero una rappresentazione esplicita del tempo nel loro cervello, quando vengono spinti a misurare un determinato intervallo».

Altre ricerche hanno evidenziato che i cani sanno riconoscere differenze di secondi o minuti tra vari intervalli.[10] In sostanza, hanno la capacità cognitiva di monitorare il tempo; capiscono quanto ne trascorre e possono apprendere schemi nella loro quotidianità. Quando la routine viene turbata, i livelli di stress fisico e psicologico aumentano.

Dato che i cani prediligono la stabilità, è importante che vi impegniate per dare loro la colazione, gli spuntini e la cena più o meno alla stessa ora ogni giorno. Per il medesimo motivo, le passeggiate, i momenti di gioco, le coccole e la toelettatura devono essere regolari, durante il giorno e di sera. Questa coerenza ridurrà lo stress e garantirà un senso di prevedibilità e stabilità che li farà stare tranquilli. E se siete voi a provvedere a questa routine, vi riconosceranno come la persona affidabile che li aiuta a sentirsi meglio.

Chiunque abbia un cane con una routine consolidata sa quanto conti per lui. Prima o poi capita a tutti di svegliarsi più tardi del solito e trovare il muso del nostro amico peloso sul bordo del letto per avvisarci che è ora di alzarci. Abbiamo visto i nostri cani fermi vicino alla loro ciotola all'ora dei pasti, in attesa che la riempissimo. Li abbiamo visti andare alla porta e guardarci come a dire: *Non importa che tempo fa, è l'ora della passeggiata!* La routine non annoia i cani. Ne sono quasi riconoscenti, perché dà loro una struttura intorno alla quale incentrare le loro vite. Li fa sentire tranquilli e sicuri di sé, e tutte queste attività li aiuteranno a creare una connessione con noi.

Fare movimento insieme

Jen ha scoperto che le passeggiate al guinzaglio in genere non sono un'attività congeniale per i cuccioli o i cani appena adottati. Sono spesso fonte di frustrazione... e a volte anche di qualche danno fisico. Jen si è slogata la caviglia quando uno dei suoi cani l'ha strattonata giù dal marciapiede per inseguirne un altro. Si è lussata varie dita, ha sviluppato il gomito del tennista e peggiorato una lesione alla spalla cercando di contenere un giovanotto esuberante che usava tutte le sue forze per rincorrere qualunque cosa catturasse il suo sguardo. Guacamole ha causato così tanti problemi che a volte Jen dice scherzosamente che tenta di ucciderla: è capitato che si spaventasse per un camion di passaggio e scappasse, trascinandola a terra con tanto di ginocchia sbucciate, per non parlare delle volte in cui ha attorcigliato il guinzaglio intorno alle sue gambe prima di lanciarsi verso un altro cane. Altri si sono liberati dal collare, costringendola a inseguimenti teatrali per recuperarli. Molti si sono messi in pericolo vagando in mezzo a strade trafficate perché non capivano il senso dei marciapiedi.

La buona notizia è che si può insegnare ai cani a camminare al guinzaglio nel modo corretto. Può darsi che continueranno a tirare, ma in una misura accettabile per loro e per voi. Durante le passeggiate, siate pazienti con i nuovi arrivati. È utile trovare un luogo relativamente tranquillo, fosse anche il perimetro di un campo. Jen preferisce usare la pettorina rispetto al collare, in questo modo il cane ha più difficoltà a liberarsi e non rischia di strozzarsi. Per proteggere braccia e mani da eventuali strattoni, tende a usare un guinzaglio con la cintura in vita, così può sfruttare tutto il suo peso corporeo per controllare il cane, anziché un unico braccio.

Nelle prime passeggiate, lasciate che il cane si fermi e fiuti quanto vuole: è mentalmente stimolante, e contribuisce a stancare il suo cervello. Non aspettatevi un comportamento perfetto al guinzaglio. L'obiettivo di queste uscite iniziali è ridurre l'ansia e aiutare il vostro cane a capire che siete una fonte di amore, gentilezza e sostegno. Fate una pausa ogni volta che potete e tenete sotto controllo lo stress,[11] perché gli studi dimostrano che possiamo trasmetterlo all'animale tramite il guinzaglio. Se volete avere un cane calmo e gioioso dovrete imparare a educarlo in modo calmo e gioioso: il tono che dettate nei primi tempi getterà le fondamenta del vostro rapporto. Un cane intimorito avrà livelli di stress più elevati che influiranno negativamente sul suo adattamento. Dalle ultime ricerche è emerso che, quando i cani vengono addestrati usando stimoli aversivi (punizioni per comportamenti scorretti), manifestano più segnali di stress.[12] Inoltre, dopo sedute di addestramento incentrate sui rinforzi negativi si registra un aumento del cortisolo nella saliva maggiore rispetto ai cani educati con un sistema di ricompense, come croccantini, elogi o carezze. Quando un cane è bravo e si comporta bene, riempitelo di complimenti in modo che associ le sedute di addestramento o le passeggiate a elementi positivi.

Imparare la lingua del vostro cane

Quando un cane prende dimestichezza con la sua nuova casa, i comportamenti dettati dallo stress si diradano. Per imparare a conoscerlo meglio, provate a decifrare il suo modo di abbaiare e il suo linguaggio corporeo per capirne i desideri e i bisogni. Per esempio, i cani remissivi spesso «abbassano la postura e leccano la bocca degli individui, siano essi cani o umani, di cui riconoscono la superiorità» secondo Clive Wynne del Canine Science Collaboratory. Quindi, se il pensiero di avere una lingua canina in bocca vi disgusta – com'è stato per Stacey agli inizi, quando ha scoperto che Sadie ha la tendenza incorreggibile a baciare le persone (ma non gli altri cani) – ricordate che è un segno di rispetto e ammirazione. Sta a voi decidere se *lasciarglielo fare*. Ma il fatto che sia un gesto di riconoscimento della vostra autorità, oltre a rassicurarvi, vi fa capire che non dovrete compiere sforzi immani per stabilire il vostro predominio.

Una buona comunicazione è essenziale per instaurare rapporti positivi tra persone, e vale lo stesso anche tra esseri umani e cani. Sviluppare fiducia, rispetto e comprensione è la chiave per forgiare un legame sano e gioioso, e possiamo riuscirci solo imparando a comunicare bene tra di noi. La verità è che i proprietari impiegano moltissimo tempo ed energie a insegnare istruzioni e comandi ai loro amici a quattro zampe, ma non sempre dedicano la stessa attenzione o impegno a capire quello che i cani cercano di comunicare.* È interessante sapere che le loro espressioni facciali non sono semplici esternazioni di ciò che provano ma possono avere anche una funzione comunicativa. Per testare questa affermazione, Juliane Kaminski e colleghi hanno valutato i cambiamenti nelle espressioni dei cani in una situazione sperimentale in cui una persona prestava loro attenzione oppure si voltava di spalle, con l'aggiunta di uno stimolo eccitante (cibo!) oppure no. Durante l'esperimento, i cani compivano molti più movimenti facciali quando la persona era concentrata su di loro, mentre la presenza o assenza di cibo non aveva ripercussioni sul loro comportamento. Gli studiosi sono giunti alla conclusione che «le espressioni facciali dei cani non sono solo manifestazioni inflessibili e involontarie di stati emotivi ma tentativi potenzialmente attivi di comunicare con gli altri».

* Come ha osservato l'autore americano Edward Hoagland: «Per goderci davvero i nostri cani non dobbiamo semplicemente addestrarli a essere semiumani. Il punto è aprirci alla possibilità di diventare noi stessi cani, almeno in parte».

I cani comunicano i loro desideri, bisogni, sentimenti e percezioni in molti modi diversi,[13] come la postura, il linguaggio del corpo, le espressioni facciali e il sistema di segni vocali fatto di latrati, guaiti, ringhi, sospiri e gemiti. In linea di massima è sbagliato affidarsi a un unico segnale per interpretare lo stato d'animo di un cane; spesso è l'intera costellazione di indizi a trasmettere il messaggio che sta tentando di comunicare. Se riuscirete a decifrarlo, e lui saprà che avete "capito", svilupperete un legame più profondo che incrementerà la fiducia e il rispetto reciproci e vi permetterà di divertirvi molto di più insieme.

A volte è abbastanza facile intuire cosa provano i cani. Altre meno. Dipende in parte dalla loro personalità. Quando vogliono mangiare, uscire, farsi accarezzare o giocare, alcuni toccano i padroni con la zampa o con il muso, mentre altri guaiscono o abbaiano. I cani di Jen hanno l'abitudine di bere un lungo sorso d'acqua convulso per poi appoggiare il muso bagnato sulla tastiera del laptop, in modo da attirare subito la sua attenzione. In altri casi, il significato dei segnali comunicativi può dipendere dalle circostanze. Quando un cane scodinzola e abbaia, per esempio, potrebbe indicare il desiderio di giocare, uno stato di agitazione, oppure essere un segno di aggressività e ostilità. La verità è che spesso le persone fraintendono gli scodinzolii, che di fatto corrispondono a uno stato di reattività o agitazione direttamente proporzionale alla velocità dello scuotimento.

Un esempio emblematico: mentre Stacey portava a spasso per il quartiere il suo cane Inky, un incrocio di akita, incontrava persone che volevano che i loro cani si *salutassero* sul marciapiede, anche se Inky stava accovacciato e in pratica braccava l'altro. Stacey spiegava che Inky non era socievole con i suoi simili, soprattutto quando era al guinzaglio. E immancabilmente si sentiva rispondere: «Ma guarda come scodinzola!». Allora chiariva che era una manifestazione di aggressività mista a paura, perché Inky era combattuto tra giocare e lottare. E lei non voleva correre rischi.

Da un interessante studio italiano di Angelo Quaranta e colleghi è emerso che la direzione dello scodinzolio può svelare indizi su cosa prova realmente un cane. In un esperimento, trenta cani sono stati collocati ognuno in un grande box di legno rettangolare rivestito all'interno di plastica nera in modo che i cani non potessero guardare fuori (il box era illuminato per non lasciarli al buio). Poi, uno dopo l'altro, sono stati condotti in un box di controllo con un'apertura rettangolare su uno dei lati più corti, e venivano introdotti dei nuovi stimoli (il proprietario dell'animale, un estraneo, un cane sconosciuto e dominante, un gatto) per sessanta secondi, con un intervallo di novanta secondi tra uno e l'altro. Durante ciascun incontro, i ricercatori monitoravano lo scodinzolio. Quando i cani vedevano i loro proprietari (un evento positivo),[14] tendevano ad agitare la coda con più vigore verso destra; per contro, quando vedevano un cane sconosciuto e dominante si registrava una maggiore propensione verso sinistra (sintomo di una tendenza al ritiro). L'aspetto interessante è che lo scodinzolio a sinistra è associato all'attivazione dell'emisfero destro del cervello, specializzato nell'espressione di emozioni intense.

In un altro studio,[15] Elena Gobbo e Manja Zupan Šemrov hanno indagato le reazioni fisiologiche – nello specifico, i cambiamenti nella temperatura superficiale del viso e del corpo e le concentrazioni salivari di cortisolo e serotonina – in cani che in passato avevano mostrato comportamenti aggressivi o non aggressivi nelle situazioni quotidiane. Il gruppo aggressivo era composto da sedici cani poliziotti, tutti maschi di pastore tedesco e belga, mentre il gruppo non aggressivo includeva quindici cani da pastore maschi addestrati a mantenere la calma in situazioni nuove. Nei dieci minuti di esperimento, i cani sono stati esposti a situazioni potenzialmente problematiche – come essere avvicinati da una persona e accarezzati con una mano artificiale, la comparsa improvvisa di un gatto su uno slittino, un colpo di clacson inaspettato, tre persone che si avvicinavano rapidamente e li circondavano – e il loro comportamento è stato registrato e in seguito valutato. Ecco le scoperte più interessanti: i cani aggressivi avevano maggiori probabilità di scodinzolare verso sinistra e avere una postura abbassata con le orecchie tirate indietro, e durante questi momenti concitati presentavano concentrazioni inferiori di serotonina e un aumento della temperatura facciale.

I cani possono abbaiare se sono agitati, spaventati, irritati, sorpresi, o se provano altre emozioni forti. La causa spesso si può evincere dal tono del latrato, dal numero di ripetizioni consecutive e dall'intervallo tra una e l'altra. Durante il gioco, per esempio, è probabile che l'abbaiare sia più acuto rispetto a quando vi avverte che c'è un estraneo fuori dalla porta. Se prestate attenzione agli schemi con cui il vostro cane abbaia, incluso il tipo di suono che emette e i cambiamenti nel suo linguaggio corporeo, riuscirete a interpretarne meglio il significato.

Oltre a imparare a leggere il linguaggio corporeo del cane e altri segnali, dovreste porvi alcune domande: *Cosa rende felice il vostro cane?* (Mangiare, andare a spasso, giocare con la palla, voi che gli parlate, lo coccolate, lo spazzolate?) *Quali sono le cose che si limita a tollerare?* (Magari farsi lavare i denti o fare il bagno?) *E quali attività cerca di evitare?* (Quando provate a dargli una medicina o un bacio sul muso, si ritrae?) Capire cosa piace e non piace al vostro cane serve a fargli vivere il maggior numero possibile di esperienze desiderate e il minor numero possibile di quelle indesiderate, così che entrambi possiate apprezzare il tempo trascorso insieme. Se il vostro cane ama andare in macchina, per esempio, portatelo con voi a sbrigare le commissioni: sarà una gioia per tutti e due. Ma non fatelo se odia i viaggi in auto. Ovviamente ci saranno situazioni in cui avrà bisogno di un bagno, di una visita dal veterinario o di una lavata ai denti, anche se sono attività che non gli piacciono, e dovrete trovare il modo di renderle confortevoli per entrambi. (Non sottovalutate mai il potere del burro di arachidi quando si tratta di migliorare una situazione problematica.)

Imparare cosa procura stress al vostro cane è un passo importante per trasmettergli sicurezza e aiutarlo a riconoscervi come qualcuno che lo proteggerà sempre. Le prime settimane dopo l'ingresso in una nuova casa non sono un buon momento per provare cose sconosciute ed eccitanti; il solo fatto di stabilire una routine e imparare a conoscervi gli fornirà stimoli sufficienti. Non appena vi sembrerà abbastanza tranquillo per incontrare altre persone o provare nuove attività, procedete a piccoli passi. Invitate qualcuno a casa, ma non presentategli gente estranea durante una festa o nel dehors di un bar. Create un'atmosfera rilassata. Molti cani saranno contenti di fare amicizia, ma alcuni potrebbero spaventarsi. Tanti cani adottati sono intimoriti dagli uomini, per esempio, o dalle persone con indosso abiti specifici (come un'uniforme). Un'introduzione lenta e graduale al resto del mondo vi permetterà di capire cosa lo spaventa e di allontanarlo immediatamente da quella situazione, per poi aiutarlo a superare la sua paura o imparare a conviverci.

Decifrare i segnali dei cani

- Un cane aggressivo o rabbioso ha una postura eretta ma leggermente inclinata in avanti, con la coda tesa, il pelo ritto sulla schiena, le zampe anteriori sollevate, le orecchie dritte e alzate, e talvolta anche i denti scoperti.[16]

- Un cane all'erta ha la coda leggermente sollevata, le orecchie tese in avanti per cogliere ogni rumore, e la bocca chiusa o appena socchiusa.[17]

- Un cane curioso ha le orecchie ritte, la bocca chiusa e la testa sollevata, spesso piegata da un lato per guardare l'oggetto del suo interesse.

- Un cane spaventato o nervoso spesso piega le orecchie all'indietro o le appiattisce contro la testa. La coda probabilmente è bassa o infilata tra le zampe, e potrebbe sdraiarsi, sbadigliare o scrollarsi come se fosse bagnato, per allentare la tensione.[18]

- Un cane felice e appagato ha una postura rilassata e disinvolta, con la testa dritta, gli occhi dolci, le orecchie alzate e la bocca aperta, spesso con la lingua penzoloni.

- Un cane giocoso avrà le orecchie dritte e vi guarderà direttamente negli occhi, in genere tenendo la bocca aperta e scodinzolando. Potrebbe fare un "inchino giocoso", accostando il petto al terreno e sollevando il didietro in aria.

Non imponete le vostre aspettative su luoghi o attività divertenti al vostro cane. Non sempre funziona. Jen ha trascorso un inverno a Miami vicino a un parco per cani, e credeva che sarebbe stato fantastico portarci le sue due giovani golden retriever (Hopper e Venkman). Invece è stato terribile per loro, perché c'erano cani di taglia grande, inclusi molti maschi non castrati che montavano qualunque loro simile nei paraggi e i proprietari non facevano niente per fermarli. Sono state invitate a giocare nell'area riservata ai cani piccoli per una settimana, e Hopper e Venkman la preferivano perché lì i cani erano più educati. Ma nel complesso il parco le ha stressate al punto che cercavano di trascinare Jen nella direzione opposta quando passavano nelle vicinanze.

Jen e Stacey non hanno mai avuto un cane che si divertisse ad accompagnarle a cena fuori al ristorante: per i loro amici a quattro zampe si rivelava una fonte eccessiva di stimoli e stress. Molti cani amano andare al parco o mangiare in veranda con i loro umani, questo è vero, ma se un'attività è divertente per noi non è detto che lo sia anche per loro. Dovrete mettere alla prova il vostro amico a quattro zampe e valutare la sua reazione. Credetegli nel momento in cui vi fa capire che qualcosa non gli piace; non costringetelo a farlo comunque solo perché volete che stia seduto con voi mentre bevete un caffè nel dehors di un bar. Il legame che instaurerete dipende dalla vostra capacità di individuare e rispettare i suoi confini; non basta che segua le *vostre* regole e rispetti i limiti che *voi* avete imposto. Dev'esserci reciprocità. È importante che si fidi di voi, e per farlo deve sapere che agirete sempre nei suoi interessi.

Se seguirete questi passaggi per aiutare il vostro cane ad ambientarsi nella sua nuova casa e a sviluppare routine e rituali piacevoli per entrambi, non impiegherete molto a creare un legame importante. Proverete gioia e tranquillità in presenza dell'altro. Imparerete ad amarvi e fidarvi a vicenda. E prima che ve ne rendiate conto, voi e il vostro amico peloso vi convincerete che l'altra creatura sia *la cosa migliore del mondo!* Come ha scritto Michael Gerson: «Esiste qualcos'altro in casa vostra capace di strapparvi un sorriso ogni volta che lo vedete? [Il mio cane] Jack è un antidepressivo vivente che guaisce e fa pipì a casaccio».

2
Il migliore amico dell'uomo
Una fonte di compagnia e amore incondizionato

Chiunque abbia un cane potrà confermare che un amico a quattro zampe arricchisce la vita. E la cosa non sorprende, dato che i cani condividono con noi la casa e il giardino, l'auto, i programmi, e a volte perfino cibo, letto e vacanze. Oltre a influenzare i nostri piani e i nostri ambienti, migliorano la qualità della nostra vita. Prenderci cura di una creatura pelosa che dipende da noi e ci riempie di affetto incondizionato conferisce un importante senso di gioia, allegria e conforto alla nostra esistenza. E ci ruba il cuore, giorno dopo giorno. Molti proprietari devoti probabilmente accettano questo legame affettivo così com'è, senza domandarsi su quali basi si regga un rapporto tanto gratificante. È un modo più che accettabile per godersi la presenza di un cane in famiglia, tuttavia è affascinante conoscere le ragioni scientifiche e le esperienze che fanno di un cane il migliore amico del suo proprietario.

Victoria lo ha scoperto con la sua golden retriever Teddy, che descrive come la sua "anima gemella". Teddy l'ha aiutata negli anni del liceo e dell'università, e continua a farlo anche adesso, mentre si sta costruendo una vita indipendente. «Riesce a leggere le mie emozioni meglio di chiunque altro» racconta

Victoria, una scienziata del colore del South Carolina. «In un mondo di instabilità, è diventata la mia costante. So che ci sarà sempre, e non mi importa cosa succede durante il giorno, purché la riveda di sera.»

Amber, una scrittrice single di New York, prova sentimenti analoghi per il suo labrador nero. «Il mio cane Hook mi ha insegnato cos'è l'amore» spiega. «Ovviamente voglio bene alla mia famiglia e ho qualche buon amico, ma non avevo idea di cosa si provasse ad amare qualcuno al punto da sentire un dolore fisico al cuore.» Mentre lavorava da casa durante la pandemia, lei e Hook sono diventati ancora più uniti. «L'unico risvolto positivo di quel periodo terribile era vederlo felice di avere qualcuno vicino per tutto il tempo» ammette Amber. «Adoro come mi segue da una stanza all'altra e dorme sul mio letto ogni notte. Non so se proverò mai più una connessione simile con un altro spirito, canino o umano.»

A volte gli animali che amiamo possono addirittura colmare il vuoto di un ambiente familiare incurante o violento, o di una storia d'amore finita male. Nella sostanza, non si tratta di semplici esperienze soggettive. Le ricerche sugli aspetti biologici, psicologici e sociali di questo rapporto gettano luce sul profondo vincolo affettivo tra noi e i nostri cani, e ci forniscono un nuovo linguaggio per descriverlo e capire in che modo viene rafforzato dal tempo trascorso insieme e dalle nostre attività preferite.

Le radici dell'attaccamento

Per decenni i ricercatori hanno sviluppato tecniche per descrivere, misurare e comprendere i legami tra le persone. E sembra che i risultati ottenuti siano applicabili anche a quelli tra cani ed esseri umani, che si fondano su basi emotive, psicologiche e neurochimiche analoghe. La scienza della connessione illustra come e perché il rapporto con i nostri amici pelosi è uno tra i più forti che esistano.

Formulata in origine per descrivere la relazione tra i neonati (umani) e i loro genitori, la teoria dell'attaccamento è un costrutto psicologico che descrive in che modo si instaurano i nostri rapporti. I primi legami di attaccamento emergono nell'infanzia tra noi e i nostri genitori, e la forma e le caratteristiche che assumono influenzano le nostre relazioni per il resto della vita. Uno specifico schema comportamentale applicato ai rapporti in genere è definito "stile di attaccamento", ed è una combinazione di quanto siamo a nostro agio con l'intimità e la connessione emotiva (o fino a che punto la evitiamo) e quanto ci sentiamo ansiosi rispetto ai nostri legami. Lo stile più sano, "l'attaccamento sicuro", è caratterizzato da bassi livelli di evitamento e ansia. Gli altri stili hanno elementi ansiosi, evitanti, timorosi o disorganizzati, e sono più problematici.

Gli stili di attaccamento di una persona tendono a rimanere costanti, ma possono differenziarsi a seconda delle situazioni. E si creano anche tra i cani e i loro umani. Per parafrasare la teoria dell'attaccamento di Bowlby-Ainsworth, sviluppata negli anni Cinquanta, i nostri stili di attaccamento possono influenzare la vicinanza fisica a qualcuno con cui siamo legati, l'angoscia che proviamo quando ce ne separiamo, l'affidabilità della fonte del nostro attaccamento, e il suo rappresentare per noi un rifugio nei momenti di pericolo. Come molti amanti dei cani potranno confermare, questi schemi valgono anche per il legame di attaccamento con i nostri amici a quattro zampe.

Nell'ambito della ricerca, questo concetto è stato recentemente applicato ai rapporti tra esseri umani e animali domestici. Nel caso dei cani era naturale che succedesse, vista la forza del legame di attaccamento, o affettivo, che instauriamo con loro. Dato che i legami forgiati in tenera età hanno un ruolo importante nello sviluppo infantile, i ricercatori hanno esaminato nello specifico la relazione tra bambini e cani, e hanno scoperto che si crea una connessione forte, a volte addirittura più forte di quella con le altre persone. Per esempio, uno studio di Wendie Bodsworth e G.J. Coleman ha confrontato il livello di attaccamento tra i bambini e il loro cane nelle famiglie con uno o entrambi i genitori,[19] ed è emerso che nella prima infanzia il rapporto è più solido nelle case monogenitoriali, dove i cani sostanzialmente compensano i limiti fisiologici di tempo e attenzione che un solo genitore può offrire.

L'attaccamento è reciproco, perché anche i cani formano legami di questo tipo con i loro umani. In una ricerca condotta da Sabrina Karl,[20] alcuni cani hanno osservato una serie di video dei loro caregiver umani e di altre persone conosciute e non, mentre la loro attività cerebrale veniva monitorata con una risonanza magnetica funzionale (fMRI). Di fronte all'immagine dei loro caregiver si attivavano aree del cervello che negli esseri umani sono associate alle emozioni e alla gestione dell'attaccamento e delle ricompense. In pratica, quando il nostro cane ci vede, il suo cervello funziona come quello dei bambini quando vedono i genitori. Questi studi, per quanto recenti, dimostrano che i cani instaurano connessioni profonde con i loro umani, molto simili a quelle che si creano tra persone, anche a livello biologico.

Una delle modalità standard con cui i ricercatori verificano la sicurezza dell'attaccamento in tenera età è l'esperimento della *strange situation* (situazione strana), che coinvolge bambini tra i nove e i trenta mesi e le loro madri. Dapprima bambino e madre vengono portati in una stanza con dei giocattoli, e la madre si siede su una seggiola mentre il piccolo può esplorare l'ambiente. A un certo punto entra uno sconosciuto dall'aria amichevole che parla con la madre e si siede sul pavimento per interagire con il bambino; la madre saluta e lascia la stanza, e il figlio rimane con l'estraneo. Quando la madre torna, l'altra persona se ne va, poi la madre esce di nuovo e il bambino rimane da solo per tre minuti. A seguire, l'estraneo rientra e interagisce con lui. Infine la madre torna e lo sconosciuto abbandona la stanza. La ricerca ha dimostrato che i bambini, in base al loro stile di attaccamento verso i genitori, si comportano in modo diverso in presenza della madre o dell'estraneo. In uno studio condotto da Chiara Mariti,[21] i ricercatori hanno creato una variante di questo esperimento sui cani, e hanno scoperto che quando i proprietari si allontanano gli animali mostrano segni di angoscia, mentre in loro presenza ricercano attenzioni e contatto fisico e sono disposti a esplorare e a giocare. Gli studiosi sono giunti alla conclusione che i cani vedono i loro umani come una "base sicura", un elemento cruciale della teoria dell'attaccamento.

In uno studio collaterale,[22] Lisa Horn e colleghi hanno testato la disponibilità dei cani ad azionare uno strumento per ottenere cibo e consumarlo, a seconda che il proprietario fosse assente, presente ma silenzioso o incoraggiante. È emerso che il coinvolgimento mostrato dal proprietario era direttamente proporzionale alla quantità di tempo che il cane dedicava a risolvere il problema e ottenere l'ambito premio. Questi risultati riflettono l'approccio dei bambini alla risoluzione di problemi in presenza delle madri, e ciò dimostra che gli esseri umani attenti si pongono come una "base sicura" tanto per i loro bambini quanto per i loro cani.

Tornando al lato umano del legame: in uno studio pensato per misurare la forza dell'attaccamento tra le persone e i loro cani,[23] John Archer e Jane Ireland della University of Central Lancashire nel Regno Unito hanno scoperto che i proprietari di cani presentano un'estrema vicinanza ai loro animali, desiderano occuparsi di loro e proteggerli, apprezzano la loro compagnia, e vedono in loro una fonte di conforto emotivo e benessere che genera cambiamenti positivi (per le persone).

La ricchezza del rapporto dipende in parte da fattori biologici e in parte dai fondamenti psicologici del legame. Da quanto è emerso, entra in gioco una matrice invisibile di fitti collegamenti. Non è solo una questione di divertimento, giochi e coccole (anche se hanno il loro peso, ovviamente).

Sul fronte fisiologico si instaura una chimica tra voi e il vostro cane, proprio come succede (si spera!) con il vostro partner romantico. Ma nel caso dei compagni a quattro zampe, una parte fondamentale del vostro legame è associata al rilascio di alcuni importanti ormoni. Come forse saprete, negli esseri umani interviene una scarica di ossitocina (spesso definita "ormone dell'amore" o "ormone delle coccole") quando abbracciamo il nostro partner o i nostri figli, oppure quando si allatta al seno. Lo stesso ormone entra in gioco nel rapporto con i nostri amici pelosi, quando li accarezziamo o li guardiamo negli occhi. E fortunatamente i ricercatori hanno scoperto che succede la stessa cosa anche nei cani.[24] Quando le persone li coccolano, li accarezzano, li guardano negli occhi o giocano con loro, vi è un rilascio di ossitocina che suscita benessere, fiducia e affetto in entrambe le specie. In questo studio, le coppie che trascorrevano più tempo guardandosi negli occhi avevano le scariche di ossitocina maggiori,[25] rilevate tramite la concentrazione di questo ormone nei partecipanti umani e canini.

Restando in tema, si è a lungo dibattuto per stabilire se i cani siano davvero capaci di provare amore o se siano semplicemente bravi a manipolarci per ottenere ricompense. E dato che i cani non parlano, non abbiamo un modo infallibile per ottenere una risposta definitiva. Alcune prove, come il rilascio di ossitocina quando ci guardiamo negli occhi, lasciano intendere che l'affetto dei nostri cani sia sincero. E c'è di più: in uno studio di Gregory S. Berns e colleghi, i ricercatori hanno esposto dodici cani svegli e slegati, che erano stati addestrati a rimanere immobili durante una risonanza magnetica funzionale, a cinque odori: quello del proprietario, di una persona estranea, di un cane conosciuto, di un cane sconosciuto, e il loro stesso odore. Il bulbo olfattivo si attivava in tutti i casi, ma solo l'esposizione all'odore del proprietario faceva illuminare il nucleo caudato nel cervello dei cani, responsabile di coordinare il sistema di ricompensa. I più cinici diranno che succede perché i proprietari danno loro da mangiare (una fonte di piacere). Eppure, tenendo conto di queste reazioni fisiologiche e dell'affetto profondo e duraturo che moltissimi cani nutrono verso i loro umani, abbiamo buone ragioni per pensare che i cani siano capaci di amare. Clive Wynne del Canine Science Collaboratory un tempo non ci credeva, ma ha cambiato idea. Come scrive in *Dog Is Love*: «Non vedo perché dovremmo essere più scettici verso i nostri cani di quanto non siamo verso chiunque altro ci dimostri amore. Se c'è qualcuno che ci ama è proprio il nostro cane».

Dopo un'interazione positiva,[26] voi e il vostro cane registrerete un aumento delle sostanze chimiche che provocano benessere, come le beta-endorfine, la prolattina e la dopamina, e gli esseri umani mostrano anche una riduzione dei livelli di cortisolo, l'ormone dello stress. Oltre a migliorare l'umore e calmarci a livello fisiologico, queste esperienze condivise promuovono la fiducia e rafforzano l'affetto. Ed è soltanto uno dei fattori[27] che gettano le basi per lo sviluppo di un legame di ammirazione reciproca tra voi e il vostro cane.*

* Nel caso ve lo steste chiedendo, il concetto dei linguaggi dell'amore – atti di servizio, doni, parole di affermazione, contatto fisico e tempo di qualità – vale anche per i cani, secondo il comportamentista animale Kyle Kittleson. Per alcuni cani il contatto fisico è il principale linguaggio dell'amore, e quando accarezzate, spazzolate o grattate il vostro amico a quattro zampe, leccarvi è spesso il suo modo per ricambiare il vostro tocco e il vostro affetto.

Sulla stessa lunghezza d'onda

Un altro fattore che contribuisce alla profondità di questo legame sono le esperienze emotive condivise. Non si tratta solo della gioia di giocare al riporto, sguazzare in mare in una giornata di sole o mangiare insieme un secchiello di popcorn sul divano guardando Netflix. È anche l'enorme felicità che provate entrambi rivedendovi dopo qualche giorno di lontananza. Sono l'entusiasmo e la soddisfazione di addestrare il vostro cane a rispondere a un comando specifico o a recuperare il frisbee alla perfezione. Questi piaceri e successi condivisi aiutano a consolidare i vincoli emotivi tra di voi.

A tal proposito, bisogna anche tenere conto di alcune dinamiche più sottili. Non è un segreto che i cani in genere sappiano percepire le emozioni umane – per esempio, riconoscono e distinguono la paura, l'entusiasmo e la rabbia – ma forse non sapete che riescono anche a "recepirle". Proprio come i bambini, che guardano i genitori per imparare a reagire al mondo circostante, i cani spesso guardano i loro umani in cerca di segnali analoghi. Quando i proprietari stillano calma e conforto, i cani avvertono queste emozioni e tendono a considerare l'ambiente sicuro e affidabile. Ma è vero anche il contrario, quindi potreste trasmettere loro lo stress o l'ansia che provate per effetto del contagio emotivo, uno dei componenti dell'empatia. Uno studio condotto nel 2019 da Ann-Sofie Sundman e colleghi[28] su un campione di pastori delle Shetland e border collie ha evidenziato che il livello di stress a lungo termine in questi cani, misurato tramite i livelli di cortisolo nel pelo, va di pari passo con quello dei proprietari. In particolare, la presenza dei tratti del nevroticismo, della coscienziosità e dell'apertura nella personalità dell'umano ha ripercussioni importanti, nel bene o nel male, sui livelli di cortisolo del cane. Alla luce di questi risultati, i ricercatori hanno concluso che «i cani riflettono in larga misura i livelli di stress dei loro proprietari».

Tra esseri umani, la trasmissione delle emozioni avviene nell'arco di pochi millisecondi[29] e può essere innescata dall'imitazione inconscia delle espressioni facciali o del linguaggio corporeo dell'altro. I movimenti muscolari incrementali coinvolti in questa mimica[30] scatenano il sentimento reale nel cervello tramite l'intervento dei neuroni specchio. Queste cellule nervose specializzate, presenti negli esseri umani e nei cani, reagiscono sia quando una determinata azione (come sorridere o aggrottare la fronte) viene compiuta, sia quando viene osservata. In quest'ultimo caso l'osservatore la evoca come se la stesse vivendo in modo naturale e fisiologico. È la cosiddetta "mimica rapida",[31] una reazione inconscia e congruente che scatta in meno di un secondo, e nei cani si verifica anche quando interagiscono o si divertono tra di loro, facendo inchini scherzosi o assumendo un'espressione facciale rilassata con la bocca aperta, due schemi di gioco tipici dei nostri amici a quatto zampe. In uno studio del 2017,[32] Elisabetta Palagi e colleghi hanno scoperto che più il legame sociale tra cani è forte, maggiori saranno i livelli di mimica rapida, e le sessioni di gioco contraddistinte da questo tipo di reazioni tenderanno a durare di più.

È stato inoltre dimostrato che il contagio emotivo avviene anche tra specie diverse, per esempio tra cani ed esseri umani. Come hanno evidenziato numerosi studi,[33] i cani possono essere contagiati dai nostri sbadigli,*[34] sviluppare una minore

* In uno studio in particolare, ventinove cani hanno osservato un essere umano sbadigliare o compiere movimenti controllati con la bocca. Vedendo lo sbadiglio, ventuno di loro hanno sbadigliato in risposta, mentre i movimenti controllati non hanno suscitato reazioni. I ricercatori hanno concluso che questa contagiosità poteva riflettere la capacità dei cani «di provare una forma rudimentale di empatia. Essendo noto che lo sbadiglio modula i livelli di reattività agli stimoli, la sua contagiosità poterebbe aiutare a coordinare le interazioni e le co-

variabilità della frequenza cardiaca[35] (in reazione allo stress) o maggiori livelli di cortisolo[36] quando sentono piangere un neonato, e rispondere alla valenza emotiva delle nostre voci. Inoltre possiedono una "empatia affettiva"[37] – definita come la capacità di condividere i sentimenti degli altri – verso le persone che reputano importanti. Pensate all'aspetto di un cane o un essere umano arrabbiato: i muscoli facciali sono spesso tesi, la mascella serrata, i corpi rigidi. Perciò, se siete in presenza di un cane arrabbiato oppure siete in collera mentre il vostro cane non lo è, potreste inconsciamente rispecchiare le espressioni facciali o il linguaggio corporeo dell'altro e provare le sue stesse emozioni. «L'empatia ha sempre una componente di emozioni contagiose: per capire cosa prova qualcuno dobbiamo provarlo anche noi» spiega Julia Meyers-Manor, professoressa associata del Ripon College a Ripon, Wisconsin. «Per certi versi, riconoscere l'emozione [di un'altra creatura] è più complesso dal punto di vista cognitivo, mentre *sentire* ciò che sente un altro animale è più semplice. Grazie al forte legame che ci unisce ai cani, ci siamo co-evoluti in modo da cogliere i segnali [emotivi] reciproci, che sono diversi rispetto ad altre specie.»

Inoltre, alcuni fattori sensoriali possono influenzare il contagio emotivo tra le persone e i loro compagni a quattro zampe. Innanzitutto, i cani hanno la capacità straordinaria di leggere le nostre espressioni facciali e le nostre posture. Uno studio condotto nel 2018 da Marcello Siniscalchi e colleghi[38] ha scoperto che i cani reagiscono ai volti umani che esprimono sei emozioni basilari – rabbia, paura, felicità, tristezza, sorpresa e disgusto – con cambiamenti nel loro sguardo e nella frequenza

municazioni tra cani e umani». Non è altrettanto certo che gli sbadigli dei cani possano contagiare le persone, anche se a noi autrici di questo libro capita spesso.

cardiaca, segno che sono in grado di distinguere i volti felici,* spaventati e arrabbiati.[39] Per quanto riguarda i suoni,[40] le ricerche di Annika Huber e colleghi del Clever Dog Lab presso la Universität di Vienna hanno dimostrato che i cani reagiscono in modo diverso alle espressioni di angoscia (come il pianto), gioia o entusiasmo, rispetto ad altri vocalizzi o versi non umani. Per esempio, sono più inclini a guardare o avvicinarsi al loro proprietario se vengono esposti a suoni emotivi rispetto a suoni non emotivi, e i segnali di reattività nel cane (come leccarsi le labbra, scrollarsi, e l'immobilità/blocco) aumentano molto quando i suoni hanno una valenza negativa anziché positiva. I cani hanno anche un olfatto particolarmente sviluppato e una grande sensibilità agli odori corporei, che spesso nelle persone cambiano di pari passo con le emozioni e gli stati d'animo.

Quando colgono o condividono le emozioni umane, spesso «i cani usano segnali compositi che includono le informazioni provenienti da un cocktail di sensi, tra cui vista, udito e olfatto, e talvolta anche il tatto, se qualcuno è nervoso» spiega Marc Bekoff, professore emerito di ecologia e biologia evoluzionistica alla University of Colorado Boulder e autore di *I cani senza di noi. Immaginare i cani in un mondo senza gli umani.* Tutte queste competenze rimandano chiaramente a un'intelligenza emotiva e sociale nei cani. E nel complesso, queste forme di consapevolezza sensoriale forniscono loro alcuni dati essenziali sugli stati d'animo delle persone che hanno intorno e degli indizi su come reagire in modo empatico.

Sostanzialmente, la capacità di condividere le nostre emo-

* In particolare, guardarci sorridere ha un effetto profondo sui nostri cani. Da uno studio della University of Helsinki è emerso che amano veder sorridere gli esseri umani, soprattutto quando l'effetto dell'ossitocina li spinge a ignorare segnali minacciosi, come il volto di un estraneo arrabbiato, per concentrarsi sul viso sorridente. In sostanza, l'iniezione di positività ottenuta dalle facce sorridenti prevale sull'istinto protettivo o di sopravvivenza.

zioni potrebbe essere una sorta di collante sociale che ci aiuta a forgiare un senso reciproco di connessione e comprensione e a sviluppare legami forti e duraturi. È possibile che, come hanno suggerito alcuni ricercatori,[41] «esseri umani e cani abbiano uno stile di attaccamento comune», il che spiegherebbe come e perché i cani si sono adattati così bene all'interno della società umana, e come e perché le radici di questo legame umano-canino siano così profonde e resistenti nel tempo.

Per molti anni si è dato per scontato che l'addomesticazione dei cani avesse creato la possibilità di un contagio emotivo come meccanismo di sopravvivenza. Più di recente, questa idea è stata smontata. Uno studio del 2019[42] ha scoperto che il livello di contagio emotivo tra gli umani e i loro compagni a quattro zampe aumenta di pari passo con la durata del rapporto e la quantità di tempo trascorsa nello stesso ambiente.

Regali reciproci

A prescindere che compriate e alleviate un cucciolo o che adottiate un cane anziano, di fatto vi troverete a crescere (o invecchiare) insieme fornendo un sostegno emotivo all'altro. I vantaggi di questo legame non sono affatto unilaterali. Quello che vogliono i cani nel corso della loro vita è semplicissimo: cibo, acqua, esercizio, gioco in abbondanza, attenzioni, affetto, e naturalmente stare insieme ai loro umani. Se hanno tutto questo sono felici, e la loro soddisfazione è gratificante per noi. Durante la pandemia, i cani hanno avuto a disposizione più tempo da trascorrere con le loro famiglie, giocando, facendo passeggiate, e godendo delle ricompense psicologiche di questo legame. Inoltre, secondo i ricercatori di due università australiane, «per i cani, gli esseri umani sembrano rappresentare un partner sociale che […] può essere fonte di realizzazione emotiva e attaccamento».[43] Un attaccamento che «consente loro di interagire in sicurezza con il loro ambiente in presenza dei proprietari e di rispondere con minore angoscia agli eventi minacciosi».

Dal lato umano dell'equazione,[44] con i nostri cani instauriamo un rapporto molto affidabile che in alcuni casi si rivela addirittura più autentico, leale e costante rispetto ai rapporti tra persone. Anche quando i nostri amici pelosi ci deludono comportandosi male, li perdoniamo senza problemi perché sappiamo che le loro malefatte sono involontarie e non le viviamo come attacchi personali contro di noi. Se il vostro cagnolino ha mangiato il pane fresco dal tavolo o stracciato il giornale, probabilmente è perché ha avuto una perdita di controllo momentanea dei suoi impulsi o un grave accesso d'ansia. Il motivo aveva poco a che vedere con voi (e lo sapete). Per fortuna ai nostri amici pelosi basta poco – un'occhiata mortificata e una dose extra di baci e scodinzolii – per espiare i loro peccati e tornare nelle nostre grazie.

Il più delle volte, il legame con i cani ci offre tutti gli aspetti positivi di quello con i nostri simili senza il rischio del rifiuto o dell'abbandono emotivo. In fondo, i cani non sono volubili o capricciosi come gli umani, e non ci giudicano. A differenza di parenti e amici, loro ci mostrano sempre gratitudine, lealtà e adorazione. Con questo non stiamo dicendo che dovrebbero essere i nostri unici amici o rimpiazzare i rapporti umani, ma possono aggiungere una dimensione appagante alla nostra vita e in certi casi perfino compensare alcune qualità di cui i nostri legami umani sono carenti. Se avete avuto un'infanzia tossica – nella quale non venivano rispettati i vostri confini o la vostra autonomia, per esempio, o non vi sentivate amati o apprezzati – con il vostro cane riuscirete a trovare o coltivare le qualità che mancavano in quei rapporti.

Valentina*, un'addetta vendite del New Hampshire, può attestare il potere di queste gratificazioni emotive. Intorno ai venticinque anni si è sposata per poi scoprire che il marito aveva gravi problemi di gestione della rabbia. Con lui doveva sempre camminare sulle uova, preoccupandosi di non fare o dire niente che potesse provocarlo. Quando le ha detto che voleva prendere un cucciolo di golden retriever, Valentina ha accettato anche se non aveva alcuna esperienza con i cani. Sperava che potesse avere un effetto calmante sul marito. Purtroppo non è andata così.

Però Valentina si è subito affezionata a Ben, che è diventato il suo "salvatore mentale" e l'ha aiutata a sentirsi più al sicuro durante i violenti accessi di rabbia del marito. Dopo cinque anni di matrimonio, Valentina ha preso Ben ed è scappata di casa nel cuore della notte. «L'unica cosa che volevo conservare di quel rapporto era il mio cane» racconta. È successo tanti anni fa, e da allora Valentina ha adottato altri due cani, Brady e Dylan. «Ho sempre saputo che non avrei avuto figli per scelta» spiega. «Ma non immaginavo quanto mi avrebbe fatto bene riversare tutto il mio amore e le mie attenzioni sui cani. Appartengo a loro tanto quanto loro appartengono a me.»

Definire il rapporto

In molti danno per scontato che esista un rapporto di tipo genitore-figlio tra gli umani e i loro cani, ma spesso è qualcosa di più complicato. Per alcuni è una sorta di amicizia intima o di compagnia costante, mentre per altri somiglia più a un rapporto fraterno. O ancora, c'è chi percepisce un senso di collaborazione, una fiducia reciproca, o un dare e ricevere. La natura del legame può variare in una certa misura con l'età delle persone e dei cani, ma ci sono altri fattori che influiscono, come le caratteristiche della personalità (incluso il genere), la posizione geografica, lo stile di caregiving e la durata del rapporto.

Una scoperta interessante[45] emersa dagli studi è che chi ha un cane è più legato al proprio animale rispetto a chi ha un gatto, forse perché i cani richiedono maggiori cure individuali che possono accrescere l'affetto.

Tra le espressioni usate dai sociologi per definire l'intensità dei rapporti umani c'è quella di "forza del legame",[46] un concetto che può fornirci un linguaggio adatto a descrivere anche i rapporti con i nostri cani. In genere le relazioni con membri della famiglia e amici intimi sono legami forti, mentre quelle con i conoscenti sono deboli. La forza del rapporto dipende dalla sua durata e dalla quantità di tempo trascorso insieme, dal livello di intensità emotiva e fiducia reciproca, dall'intimità (come condividere segreti e mostrarsi vulnerabili) e dalle cose che si fanno per l'altro (definite formalmente "servizi reciproci"). La nozione di forza del legame si è sviluppata nel contesto delle relazioni tra esseri umani, ma molte delle idee su cui è incentrata possono farci capire meglio l'evoluzione del rapporto con i nostri cani. Applicando questo concetto ai nostri amici a quattro zampe, è chiaro che hanno un ruolo molto intimo nella nostra vita. Passiamo un sacco di tempo insieme e ci dedichiamo con impegno gli uni agli altri. I nostri cani sono incredibilmente vulnerabili con noi, e li accogliamo nella nostra vita privata come raramente facciamo con le altre persone (possono addirittura seguirci in bagno).* E quando condividiamo emozioni forti, loro le ricambiano.

Tanvi è un'avvocatessa che ha adottato il suo cane Felix – un incrocio di golden retriever, husky, akita e pastore tedesco – in

* La prima volta che Stacey ha incontrato il gruppo di The Golden Ratio, è rimasta affascinata da tutti i cani ma in particolare da Guacamole. Prima di uscire a cena con Jen e i rispettivi mariti, Stacey è andata in bagno e Guac ha insistito per accompagnarla, con la sua pallina da tennis in bocca. «Era la prima volta che un cane non mio veniva in bagno con me» spiega. Tra loro si è creato un legame immediato.

un canile quando era ancora cucciolo. Era quello che lei stessa definisce il "momento più buio" della sua vita, mentre stava lasciando un fidanzato violento sia sul piano verbale che emotivo. Poco a poco Felix e Tanvi sono diventati un'ancora di salvezza l'uno per l'altra, e questo legame non ha mai vacillato. «Il mio cane e io siamo praticamente la stessa persona» dice. «Ci troviamo d'accordo su ciò che ci piace o meno, e siamo uniti da un amore inesauribile.»

Ardra Cole,[47] professoressa di scienze dell'educazione presso la Mount Saint Vincent University in Canada, ha voluto comprendere il significato e l'importanza dei rapporti tra esseri umani e animali domestici. Ha lavorato con dieci coppie di partecipanti – persone e cani – e nel corso di un anno ha condotto interviste, osservato e fotografato le coppie insieme. Dalla sua ricerca è emersa una serie di costrutti che riflette la profondità, l'affettuosità e quella che Cole definisce la "natura psico-spirituale" di questi rapporti.

- Attaccamento amorevole: è un rapporto stretto ed emotivo caratterizzato da amore e attaccamento, in cui voi e i vostri cani siete una presenza costante o stabilizzante gli uni per gli altri. Il legame diventa una fonte di conforto piacevole e affidabile per entrambe le creature.
- Amore incondizionato: è una forma semplice e durevole di amore libera da limiti, condizioni o aspettative implicite. È quello che vi spinge a dedicarvi ai bisogni dei vostri cani con una cura e un'attenzione diligente, e i cani reagiscono di conseguenza, dandovi affetto e attenzioni.
- Amicizia leale: con la fedeltà e la devozione che vi dimostrano, i cani vi aiutano a soddisfare il vostro bisogno di compagnia, amicizia e affetto. Questo può contribuire ad alleviare la solitudine e l'isolamento sociale di chi ha reti sociali ridotte o ha perso i contatti con parenti e amici, per un motivo o per l'altro.

- Responsabilità gioiosa: occuparsi di un cane spesso è un atto piacevole, oltre a essere una fonte gradita di scopo, stimolo, avventura e spontaneità. La responsabilità in genere è descritta come un atto d'amore o una fonte di gioia. Offre ricompense intrinseche[48] tra cui il piacere condiviso attraverso il gioco, il rilassamento e l'affetto, tutti elementi che migliorano la qualità della vostra vita.

Oltre a questi costrutti,[49] alcuni ricercatori hanno suddiviso i rapporti cane-umano in varie categorie: il cane come possesso, il cane come portatore di benefici, il cane come compagno o figlio surrogato, e il cane come partner rispettato. In uno studio illuminante,[50] Michael Dotson ed Eva Hyatt della Appalachian State University in North Carolina hanno coinvolto 749 proprietari di cani in un'esplorazione del legame con i loro animali, e ne sono emerse sette attitudini diverse:

- Il rapporto simbiotico: questo legame reciprocamente vantaggioso tra persone e cani include una componente corroborante per gli esseri umani e benefici psicologici per entrambe le creature. Gli individui che hanno quest'attitudine riferiscono che stare con il proprio cane li aiuta a calmarsi quando sono stressati, che si sentono emotivamente legati a lui, e che il suo benessere è importante per loro.
- Un'immagine di sé orientata al cane: in questo schema, il cane è visto al contempo come un'estensione della persona e come il suo migliore amico. Ha un'importanza cruciale per il concetto di sé e il benessere sociale del proprietario. Chi ha quest'attitudine trascorre meno tempo in generale con i suoi simili, e predilige gli "amanti dei cani" perché, per portare avanti un rapporto con altri esseri umani, è fondamentale che accettino il suo cane.
- Antropomorfismo: le persone tendono a considerare il loro cane come una persona, più che un animale, forse ad-

dirittura come un figlio o un membro della famiglia surrogato. Chi ha quest'attitudine ha la sensazione di comunicare bene con i suoi cani e di imparare molto da loro. Inoltre, si impegna a capire "le motivazioni del cane" per decifrarne il comportamento.

- Attività/gioventù: qui il focus è l'aumento dell'attività fisica e dei momenti di gioco associati al possesso di un cane, che aiutano la persona a sentirsi (più) giovane. Il tema di fondo è che il cane può fungere da catalizzatore per superare l'inerzia del suo umano e spronarlo a includere più movimento nella propria vita. Le persone con quest'attitudine giocano di più con i loro cani e colgono ogni occasione per tenersi fisicamente attive con loro, portandoli al parco o lungo i sentieri escursionistici, per esempio.
- Confini: o forse dovremmo parlare di *assenza* di confini o di limiti da parte di alcuni proprietari. In sostanza, impongono meno regole ai loro cani e li lasciano liberi di dormire sul letto o salire sui mobili. Chi si riconosce maggiormente in quest'attitudine non lo vede come un problema, perché predilige la vicinanza derivante dal condividere con il cane il proprio spazio (per intero) rispetto all'ordine di una casa con più limiti e confini.
- Viziare con gli acquisti: i ricercatori hanno introdotto la categoria degli *specialty purchases* (acquisti specializzati) per descrivere la tendenza delle persone a comprare prodotti per i loro cani online, tramite catalogo o in negozio. Ciò riflette l'inclinazione del consumatore ad acquistare prodotti riservati ai cani, uno schema innescato da un maggior coinvolgimento verso l'amico a quattro zampe.
- Disponibilità a adattarsi: quest'attitudine riflette la disponibilità e la propensione a cambiare schemi di vita (inclusa la scelta della casa e del veicolo), abitudini quotidiane e comportamenti d'acquisto per accontentare i propri cani.

Chi è più vicino a queste attitudini tiene in considerazione il proprio cane in molte decisioni che riguardano le spese di casa.

In conclusione, questo studio ha rilevato che «la compagnia dei cani è un fenomeno complesso e sfaccettato in cui proprietari diversi possono rispecchiarsi in misura diversa nelle singole tendenze». Jen e Ingo hanno un'attitudine alla disponibilità a adattarsi e all'antropomorfismo. Molti dei loro cani in passato sono stati maltrattati o trascurati, e meritano di essere considerati membri della famiglia a tutti gli effetti. Inoltre, le loro necessità mediche richiedono un certo adattamento, che è parte della missione di The Golden Ratio. Detto ciò, alcuni tendono invece all'attività e al rapporto simbiotico, soprattutto quando sono abbastanza sani da andare a correre insieme a Jen.

La maggior parte di noi ha una sua personale miscela di queste attitudini nel rapporto con i propri cani, eppure dallo studio emergono alcuni schemi ricorrenti. Le donne registrano punteggi superiori agli uomini in tutte le attitudini, un risultato non proprio sorprendente vista la quantità di sondaggi che le indicano come caregiver principali dei cani nella stragrande maggioranza – quasi il 75 per cento – delle famiglie. Colpiscono in particolare alcuni schemi legati all'età. Sempre secondo questo studio, le persone sotto i trentacinque anni registrano punteggi superiori nel rapporto simbiotico e nell'antropomorfismo, mentre quelle sopra i cinquanta hanno maggiori probabilità di imporre dei confini. I soggetti fra i ventisei e i trentacinque anni sono più propensi a adattare il loro stile di vita per accogliere i cani e a viziarli con gli acquisti. Un'altra tendenza interessante: le persone sono più inclini a un rapporto simbiotico e all'antropomorfismo se i cani sono con loro da almeno dieci anni.

Tutto questo, oltre a essere un affascinante studio demografico, ci aiuta a capire meglio i vari tipi di rapporti tra le persone e i loro cani. Malgrado i tanti denominatori comuni – come il piacere della compagnia, la connessione emotiva e le esperienze condivise – questi legami possono presentare notevoli variazioni di natura e carattere, e possono anche mutare o evolversi nel tempo, proprio come succede nei rapporti tra persone.

Dopo tutto, i legami sani non sono statici ma tendono a essere fluidi o dinamici. Richiedono uno spirito di reciprocità e cure amorevoli per crescere e prosperare. Questo è vero per i rapporti tra persone come per quelli tra voi e i vostri cani. Cogliere le sfumature emotive di queste relazioni e capire come possono mutare nel tempo vi metterà nelle condizioni di instaurare e coltivare un legame forte e duraturo con il vostro amico a quattro zampe. Un legame sul quale entrambi potrete fare affidamento negli anni a venire.

3
Questioni di famiglia
Come i cani possono avvicinarci ai nostri cari

Per certi versi, i nostri cani sono davvero i membri *migliori* della famiglia perché sono attenti, non giudicano, e ci amano incondizionatamente. Al di là del nostro rapporto personale con loro, i nostri amici pelosi possono favorire l'unità e promuovere la vicinanza tra i componenti umani della famiglia. Quando mancano sostegno emotivo e sicurezza, i cani possono colmare questa lacuna migliorando la comunicazione e creando modi nuovi per divertirsi insieme. E se si generano tensioni tra le persone, a prescindere dalla causa, possono aiutarci a dissiparle riportando la calma.

Quando erano piccole, Sophie e Sadie bisticciavano per ogni minima sciocchezza, come capita spesso tra sorelle, ma non litigavano mai per il cane di famiglia Ollie, un golden retriever color crema che adoravano entrambe. Magari si accapigliavano per decidere cosa guardare alla TV, o se una aveva preso in prestito qualcosa dall'altra senza permesso, eppure si guardavano bene dal discutere su chi fosse la preferita di mamma e papà; sapevano che era Ollie. Ogni volta che Ollie entrava in una stanza attirava subito l'attenzione facendo dimenticare ogni dissapore (per il momento, se non altro), e le sorelle si mettevano a giocare con lui o lo portavano a spasso insieme. Negli anni «Ollie mi ha aiutata ad avvicinarmi a mia sorella» racconta Sophie, oggi una graphic designer in Colorado. «Tutte le volte che andiamo a trovare i nostri genitori, mia sorella e io ci scambiamo ancora le fotografie e i video di Ollie per messaggio, oppure ci chiamiamo su FaceTime per vederlo.»

Da giovanissima, Milissa tentava in ogni modo di avere un rapporto più stretto con suo padre, un guardiaparco del Massachusetts. Quando era adolescente, suo padre ha deciso di portare al lavoro con sé il loro labrador Jake, inserendolo nella squadra di ricerca e soccorso. «Cercavo sempre degli espedienti per legare con mio padre, e così mi sono offerta di aiutarlo con l'addestramento dei cani» racconta Milissa, oggi una quarantenne sposata con due cani adottati. «Quasi ogni sabato andavamo insieme al resto della squadra in un bosco per addestrare i cani.» Milissa faceva spesso la parte della vittima, nascondendosi tra gli alberi finché uno di quei «magnifici amici pelosi» non la trovava, ed è convinta che queste sedute di addestramento del sabato mattina siano state cruciali per forgiare un legame stretto con suo padre, che porta avanti ancora adesso.

Di questi tempi la maggior parte di noi[51] – l'85 per cento, stando a un sondaggio della American Veterinary Association – considera i propri cani membri della famiglia a pieno titolo. Alcuni festeggiano addirittura i loro compleanni,[52] con tanto di regali, dolcetti speciali (come i "pupcake", vedi Appendice 3 per la ricetta) e biglietti di auguri firmati; altri fanno loro doni a Natale. In un questionario sottoposto a un campione di proprietari di cani negli Stati Uniti, il 57 per cento degli intervistati ha affermato che, se finisse su un'isola deserta e potesse avere un unico compagno, sceglierebbe il suo animale domestico.

Senza alcun impegno consapevole da parte loro,[53] questi amici pelosi possono diventare una forza aggregante, un magnete che avvicina i membri della famiglia, e a volte addirittura «il *collante* che unisce i vari componenti e aumenta la coesione del gruppo» secondo Froma Walsh, codirettrice del Chicago Center for Family Health. Inoltre, i nostri amati compagni a quattro zampe ci danno un senso di sostegno e sicurezza, sono una fonte di piacere, e disinnescano qualunque tensione interna alla famiglia, come vedremo in questo capitolo.

Modelli di amore incondizionato

I cani non sono soltanto delle creature adorabili all'interno della famiglia. I bambini hanno la tendenza a descriverli come fratelli o migliori amici,[54] e le persone di ogni età instaurano legami con loro perché sono ritenuti affidabili e leali, e una sorta di rifugio emotivo. Non tutti hanno la fortuna di ricevere un simile appoggio dai membri umani della famiglia, e i cani possono colmare questa lacuna. In alcuni casi contribuiscono a cambiare le dinamiche interne a una famiglia, diventando un gioioso punto focale dell'attenzione e dell'affetto collettivi. Insegnano ai più piccoli la responsabilità e il rispetto per la vita,[55] e in molti casi fungono da catalizzatori per promuovere interazioni e contatti umani positivi a qualunque età e in qualunque fase della vita.

Kathy e suo marito sono vicini agli ottanta, e anche il loro cane Angel è in là con gli anni. Nel 2019 «abbiamo deciso che in casa nostra ci voleva nuova vita» spiega Kathy, che vive in Minnesota, e così, appena prima della pandemia, hanno accolto un bovaro del bernese che hanno chiamato Ella. «Alla nostra età eravamo confinati in casa, ma lo spirito, l'umorismo, l'energia e l'amore di Ella ci hanno aiutati a non perdere la testa» prosegue Kathy. La portavano a spasso ogni giorno, a prescindere dal tempo, e incontravano la sorella di Kathy e i suoi cani per fare delle lunghe passeggiate insieme, con tanto di mascherina. Ella ha regalato loro la dose di gioia di cui avevano bisogno, e ha migliorato la loro salute fisica costringendoli a fare regolare esercizio e a stare all'aria aperta. Anche se avevano avuto molti cani in vita loro, aggiunge Kathy, «non abbiamo mai instaurato un legame forte come quello che abbiamo con Ella».

In uno studio approfondito sul potere degli animali nei rapporti familiari,[56] Krista Geller, psicologa delle organizzazioni della Virginia, ha scoperto che i partecipanti consideravano il proprio animale «la gioia più grande» della loro vita, «quasi come un figlio», «migliore delle persone», «un fratello o una sorella minore», «un rapporto importante» o «un altro compagno di giochi». Per tutti, gli animali arricchivano le vite delle famiglie e dei singoli individui in tantissimi modi. Le famiglie funzionano meglio quando ogni membro si sente attivamente amato e supportato, osserva Geller, e spesso gli animali in generale, e i cani in particolare, si pongono come modelli di quell'amore incondizionato che i parenti stretti potrebbero e dovrebbero dimostrarsi a vicenda. In altre parole, quando un componente – in questo caso il cane – funge da esempio edificante, l'intera unità familiare può diventare più amorevole e funzionale. Tutto ciò trova conferma nelle ricerche. In uno studio condotto da Ann Ottney Cain,[57] il 70 per cento dei proprietari di animali dichiara che la propria famiglia è più felice e si diverte di più da quando ha preso un animale domestico, e oltre la metà dei partecipanti afferma che trascorrono anche più tempo insieme.

Maureen, un'espatriata americana che vive con la sua famiglia a Londra, può confermarlo. Molti anni fa stava ascoltando un programma radio della BBC «con il veterinario irlandese Noel Fitzpatrick che ha detto: "Non sottovalutate mai la capacità di un cane di trasformare l'amore di una famiglia"» ricorda. All'epoca non avevano un cane, ma in seguito hanno preso un incrocio tra labrador nero e cocker spaniel di nome Buddy che ha cambiato la loro vita nel migliore dei modi. «Prima che arrivasse, i nostri due figli adolescenti stavano sempre chiusi in camera da soli» racconta Maureen. «Quando è entrato in scena Buddy è cambiato tutto. Hanno iniziato a stare più spesso con noi, e così passavamo più tempo insieme come famiglia.»

Un cane può influenzare le dinamiche familiari aumentando la vicinanza tra i membri umani. In uno studio su novantanove gemelli tra i nove e gli undici anni,[58] Kathryn Kerns e colleghi hanno scoperto che i bambini molto legati al cane di famiglia hanno un attaccamento sicuro verso i genitori e rapporti più positivi con gli amici. L'impatto dei cani può riguardare anche quelle famiglie che tentano di rinforzare il proprio legame in situazioni difficili. Nelle loro ricerche, Sam Carr e Ben Rockett[59] hanno esaminato gli effetti positivi dei cani sui bambini dati in affido in un periodo di sette mesi, e hanno scoperto che i rapporti instaurati con i cani rispondevano ai bisogni di attaccamento dei ragazzini – offrendo una base emotiva sicura e un rifugio al quale affidarsi in caso di problemi – e che questi ultimi volevano stare in compagnia dei cani e sentivano la loro mancanza quando erano separati. Ma la vera scoperta è che i benefici si estendevano anche alle famiglie affidatarie, ammorbidendo la percezione dei bambini riguardo i genitori affidatari e creando l'occasione per costruire legami più stretti. Come hanno osservato i ricercatori, la capacità di un bambino di sviluppare un attaccamento sicuro con un genitore affidatario è cruciale perché favorisce la sua resilienza psicologica e il suo benessere emotivo.

Migliorare la comunicazione

A loro insaputa, i cani possono agevolare la comunicazione all'interno di una famiglia. Oltre a offrire un argomento positivo di cui discutere ogni giorno, creano l'opportunità o l'obbligo di parlare o interagire in senso generale. Spesso è meglio parlare del cane piuttosto che rimanere seduti in silenzio o chiacchierare forzatamente del più e del meno. Qualche anno fa i genitori di Louise hanno preso un cocker spaniel di nome Jasper che, a suo dire, ha migliorato enormemente il loro rapporto, da sempre un po' difficoltoso. Louise non vive più con i suoi ma abita poco lontano, a Londra, e ogni volta che passa a trovarli Jasper le dà «qualcosa di cui parlare» e un'altra creatura con cui interagire. Questo ha allentato la pressione e reso più gradevoli i momenti trascorsi con i suoi genitori. È uno dei vantaggi nascosti di avere un cane in famiglia: si ha sempre a disposizione un argomento di cui parlare e un interesse condiviso, com'è emerso dalla ricerca di Geller. Anche se si affrontano temi che possono sembrare di poco conto, questo tipo di comunicazione permette ai membri della famiglia di condividere uno scopo e un senso di responsabilità.

E a volte i bambini piccoli parlano ai genitori attraverso i cani, attribuendo loro i propri sentimenti e pensieri perché così appare meno spaventoso o rischioso. Anche gli adulti in certi casi si affidano al cane di famiglia per risolvere i battibecchi tra fratelli e sorelle, dicendo cose come: «Smettetela di litigare! Bailey si sta agitando». Inoltre, i partecipanti allo studio di Geller hanno affermato che l'animale di famiglia può fungere da intermediario inconsapevole. Per esempio, c'è chi parla al proprio cane del conflitto insorto con un altro membro della famiglia, abbastanza forte da farsi sentire dagli altri. Questo in sostanza crea l'opportunità per discutere del problema. È un approccio vagamente passivo-aggressivo, senza dubbio, ma è comunque meglio del silenzio.

In un affascinante studio di Deborah Tannen,[60] docente di linguistica presso la Georgetown University, alcune coppie sono state invitate a registrare gli audio delle loro conversazioni per una settimana. Poi Tannen ha esaminato in che modo i membri della famiglia mediavano le loro interazioni con gli altri «come se stessero parlando ai o dei loro cani presenti», e ha scoperto che spesso i cani erano usati come risorse per introdurre una componente di umorismo, attenuare le critiche, fare complimenti, insegnare valori ai più piccoli e «creare un'identità di famiglia che includesse anche i cani».

Per farci un'idea di come funziona, osserviamo questo esempio: un uomo si sta preparando per la sua corsa quotidiana insieme al cane di famiglia e si infastidisce scoprendo che sua moglie lo ha già portato fuori per una passeggiata senza avvisarlo. Anziché sfogare la frustrazione direttamente contro la moglie,[61] si rivolge al cane e gli chiede perché non lo abbia informato, inserendo così una nota di ironia.

Come si evince da questo scenario, la presenza di un cane non solo favorisce una comunicazione chiara tra i membri della famiglia ma li incoraggia ad alleggerire il tono dei loro messaggi o a usare l'umorismo. Coinvolgerlo nella conversazione può rendere meno pesante una lamentela o una critica senza inficiare il messaggio, come dimostrano le scoperte di Tannen. Questo approccio morbido giova ai rapporti familiari, e chiamando in causa il cane – parlando a lui o tramite lui, per esempio – i membri della famiglia rafforzano il legame con l'animale. Il cane non capirà esattamente il contenuto del discorso, ma sentendo il proprio nome e cogliendo il tono scherzoso della voce e/o lo sguardo della persona che sta parlando è probabile che si metta a sorridere o scodinzolare.

È interessante notare che,[62] quando le persone parlano direttamente ai propri cani, spesso usano un tono acuto e cantilenante che ricorda quello con cui ci si rivolge ai bambini, e anche questo potrebbe avere i suoi vantaggi. In uno studio pubblicato nel 2018 sulla rivista *Animal Cognition*, i ricercatori hanno condotto un esperimento su alcuni cani, portandoli in una stanza insieme a due individui con degli altoparlanti sulle gambe che trasmettevano la loro voce registrata: una aveva un tono normale, colloquiale; l'altra usava il cosiddetto *dog-directed speech*, ossia la versione canina del linguaggio usato con i bambini. I ricercatori hanno misurato il tempo che i cani dedicavano a osservare ognuna delle due persone mentre scorrevano le registrazioni, e quanto tempo trascorrevano con ciascuna una volta liberati dal guinzaglio, ed è emerso che guardavano e si intrattenevano più a lungo con i soggetti che usavano il *dog-directed speech*. In conclusione, l'uso di questo linguaggio «accresce l'attenzione del cane e potrebbe rafforzare il legame emotivo tra gli esseri umani e i loro animali».

IL SUPPORTO FAMILIARE DEI CANI DA ASSISTENZA

Quando le famiglie si trovano alle prese con gravi problemi medici, a volte la tensione si ripercuote sull'intera casa, e i cani da assistenza possono fornire supporto a tutti i membri, non solo al malato. Gli psicologi sanno, per esempio, che il disturbo da stress post-traumatico (PTSD) può avere pesanti effetti negativi sui rapporti familiari di un individuo e sul suo funzionamento generale. Dagli studi è emerso che i cani da assistenza danno un aiuto enorme ai veterani dell'esercito affetti da problemi psichiatrici così come alle loro famiglie.

Uno studio preliminare sui veterani affetti da PTSD[63] ha confrontato i rapporti nelle famiglie con e senza cani da assistenza psichiatrica. Stando a quanto riferito dai partner, l'arrivo del cane ha migliorato la qualità della vita e il funzionamento della famiglia. Inoltre, i veterani sembravano meno soggetti a rabbia, isolamento e problemi lavorativi, e questo a sua volta riduceva lo stress per i parenti.

Effetti analoghi sono stati osservati nelle famiglie con bambini affetti da disturbi dello spettro autistico (ASD). In uno studio su un campione di settanta famiglie,[64] Hannah Wright e colleghi hanno scoperto che, in presenza di un cane, i bambini nello spettro autistico percepivano meno ansia sociale, ansia da separazione e sintomi ossessivo-compulsivi. I ricercatori hanno poi confrontato i risultati di un questionario sullo stress familiare ripetuto prima dell'adozione di un cane e tra i sei e i nove mesi dopo, registrando notevoli miglioramenti nel funzionamento della famiglia. Saranno necessari ulteriori studi per comprendere appieno questo fenomeno, ma potrebbe dipendere dal fatto che i cani aiutano a stabilire delle routine e a spingere a collaborare nello svolgimento dei compiti domestici (come dare loro da mangiare); oltretutto, danno modo ai componenti della famiglia di divertirsi insieme, di parlare di un argomento amato e di condividere l'affetto.

Secondo un altro studio svolto dal team di Hannah Wright,[65] i genitori di bambini nello spettro autistico percepiscono una notevole riduzione dei livelli di stress dopo aver accolto un cane in famiglia, anche se potrebbe sembrare vero il contrario. La teoria è che i cani favoriscono un'attenuazione immediata e duratura dello stress in ambienti problematici, offrendo interazioni confortanti, un senso di amore incondizionato e sostegno sociale, e il bisogno di trascorrere del tempo insieme svolgendo attività fisica all'aperto.

Questi vantaggi accomunano tutte le famiglie, a prescindere dalle difficoltà mediche che si trovano ad affrontare. In uno studio su 126 famiglie in cui un membro aveva un cane da assistenza,[66] Jessica Bibbo e colleghi hanno scoperto che l'animale migliorava il funzionamento familiare e la salute psicosociale dei componenti. I benefici di questi cani sulle persone che assistono sono noti da tempo, ma oggi abbiamo prove concrete che la loro presenza aiuti anche il resto della famiglia. Come hanno osservato i ricercatori: «L'impatto di un cane da assistenza potrebbe estendersi oltre il suo beneficiario e avere effetti positivi sul funzionamento psicosociale di tutti i membri della famiglia».

Un motivo di divertimento

Un altro importante beneficio dei cani sui legami familiari è che offrono ai singoli membri un motivo per giocare o allenarsi insieme. Se tutti amano il cane e vogliono stare con lui, il divertimento viene condiviso non solo con l'animale ma anche con gli altri componenti della famiglia. Può diventare un'esperienza di gruppo. Questi vantaggi hanno trovato conferma nelle ricerche svolte da Carri Westgarth e colleghi[67] che, studiando l'impatto delle passeggiate con il cane su un campione di trentotto proprietari britannici, hanno scoperto che uno dei benefici di questa attività è il rafforzamento dei legami familiari. Quando ne avevano il tempo, i membri della famiglia accompagnavano fuori il cane insieme, approfittando dell'occasione per riconnettersi tra loro.

Nel 2020, quando è scoppiata la pandemia di Covid, per la prima volta Zachary ha preso in affido un cane a tempo pieno, una papillon di nome Davy. «Davy ci ha spinti a uscire, esplorando nuovi parchi ogni giorno e aiutando me e la mia famiglia a legare di più» spiega Zachary, un ventenne che vive con sua madre e sua sorella in Kentucky. In seguito Davy ha trovato la sua casa definitiva, diventando un cane da assistenza, mentre Zachary e i suoi parenti hanno preso in affido altri tre papillon in fase di addestramento e adottato Callie, «una fantastica cagnetta che aveva abbandonato il programma».

Uno studio pilota condotto da Katie Potter e colleghi ha esaminato le ripercussioni di un cane in affido su un campione di dodici famiglie.[68] Dopo sei settimane, le persone dichiaravano di essere fisicamente più attive, e che il cane aveva apportato vari miglioramenti alla loro vita, spesso donando gioia, felicità, divertimento e compagnia, e rendendo la famiglia più unita. Sull'aspetto migliore di avere un cane in affido, uno dei partecipanti ha detto: «La cosa più bella di accogliere X è stato collaborare con tutta la famiglia per accudirlo». Un altro ha risposto: «È una fonte costante di felicità nella mia vita. Tornare a casa non è mai stato così piacevole, e sapere che la troverò sempre lì ad aspettarmi mi dà un senso di gioia e conforto».

Promuovere un ambiente familiare più pacifico

Una delle ripercussioni forse più importanti della presenza di un cane sulle dinamiche familiari è l'allentamento della tensione. Lo studio di Geller ha evidenziato che, quando le interazioni tra i membri umani diventano tese, i cani li fanno ridere o perlomeno li distraggono in modo da ridurre il loro livello di stress. Anche se non riescono a calmare tutti i componenti, sono una fonte di conforto di fronte ai turbamenti. Come abbiamo visto, prendersi un momento per abbracciare o accarezzare un cane ha un effetto tranquillizzante che può ripercuotersi anche sulle dinamiche familiari.

Dalle ricerche è emerso che un cane gioca un ruolo anche nell'alleviare "l'ansia relazionale" di una famiglia,[69] intesa come l'ansia o la tensione che si crea tra i singoli membri, per esempio tra madre e padre, tra figlio e genitore o tra fratelli e sorelle, e che può spingerli ad allontanarsi. Nel suo studio, Ann Ottney Cain ha scoperto che i cani possono assumere il ruolo di pacificatori, facendo cose carine o richiedendo attenzioni in momenti di stress familiare, e distraendo i singoli membri dal problema in questione. In altri termini, avvertono lo stress domestico e assumono atteggiamenti giocosi per attenuarlo, aiutando i loro umani a ritrovare «un senso di equilibrio» e a riprendere il controllo dei loro sentimenti. In caso di conflitti intensi, i cani talvolta reagiscono avvicinandosi al membro vulnerabile della famiglia per proteggerlo o confortarlo.

Sebastian è cresciuto in quello che descrive come un «ambiente molto stressante e competitivo». A volte perfino il loro cane, un jack russell terrier di nome Alex, sembrava avvertire la tensione, e si avvicinava a lui tremando quando scoppiavano litigi violenti. Per tutta la sua infanzia Sebastian ha trovato conforto nella presenza di Alex. «Mi dava quel briciolo di felicità e speranza di cui avevo bisogno per non perdere la testa» racconta Sebastian, che oggi lavora come tutor in Pennsylvania. «Riusciva a strapparmi un sorriso anche quando tutto il resto sembrava andare a rotoli.»

Nel tempo Alex è diventato l'angelo custode emotivo della famiglia. «Non che facesse qualcosa di specifico, ma era sufficiente quell'aura generale di amore che condivideva con tutti per migliorare le cose» ricorda Sebastian. «Il suo senso di famiglia era commovente.» Durante il giorno Alex teneva sotto controllo i singoli membri e si rifiutava di dormire finché tutti gli altri non erano andati a letto. «Non ho mai dimenticato la gentilezza e l'affetto che riversava sulla nostra famiglia» aggiunge Sebastian.

Uno studio di Jennifer Applebaum e Barbara Zsembik ha esaminato il ruolo degli animali domestici in situazioni familiari avverse o turbolente.[70] Intervistando 1421 genitori di famiglie con animali, hanno scoperto che il legame tra le due specie si rafforzava di pari passo con l'accrescersi delle tensioni tra i componenti della famiglia. In sostanza, all'aumentare dello stress nell'ambiente domestico, gli animali acquisivano maggiore importanza nelle loro vite. Come ha scoperto Sebastian, avere un cane amorevole e affettuoso può mitigare l'impatto a lungo termine delle tensioni familiari.

Che siano energici o rilassati, grandi o piccoli, a pelo lungo o corto, i cani possono assumere il ruolo cruciale di attenuare i dissidi familiari, ponendosi addirittura come surrogati nel caso di rapporti difficili o malsani. Ciò non significa che nelle famiglie unite e amorevoli abbiano meno importanza, al contrario! In pratica creano un ponte tra i vari componenti, dando loro un motivo di condivisione e connessione.

I cani, inconsapevolmente, sono un fattore coesivo che aiuta i singoli membri di una famiglia ad avvicinarsi e rafforzare il loro rapporto. C'è una valida ragione per cui i bambini spesso considerano quelli con i cani tra i legami familiari più significativi. In un modo o nell'altro, i cani si guadagnano a tutti gli effetti un posto in famiglia. Per citare John Grogan, autore di *Io & Marley*: «Sono straordinari l'amore e la gioia che [i cani] apportano nelle nostre vite e come ci avviciniamo l'uno all'altro grazie a loro».[71]

4
Creature sociali
Come i cani possono migliorare la nostra vita nella comunità

Non capita solo nei film come *Partnerperfetto.com* o *Dog Days* che i nostri compagni a quattro zampe uniscano le persone. Succede anche nella vita vera. Il motivo è che ci fanno entrare in connessione con gli altri quando siamo fuori casa, in altre parole sono dei facilitatori sociali. Siamo in grado di superare ansie e timidezza e interagire meglio con le altre persone quando abbiamo un amico peloso al nostro fianco. Ci aiuta anche a rompere il ghiaccio, fornendo un argomento accessibile e positivo di cui parlare, eliminando così l'imbarazzo di rapportarci con gente nuova e allontanando da noi l'attenzione e la pressione. Inoltre, la presenza di un cane in famiglia permette ai suoi membri umani di rilassarsi sul piano fisiologico e mentale, il che si riflette in una maggior disinvoltura nelle relazioni sociali.

Questo fenomeno è stato ribattezzato "il fattore animale da compagnia" da Lisa Wood e colleghi,[72] secondo i quali gli animali domestici riescono a fungere da ponte o catalizzatore per i diversi tipi di rapporto sociale, dalle interazioni accidentali con i vicini di casa a una conoscenza più approfondita, dalla creazione di nuove amicizie all'ampliamento delle reti di supporto sociale. Un'altra scoperta interessante che ha coinvolto gli abitanti di Stati Uniti e Australia è che avere un cane aumenta il "capitale sociale".[73] Questo concetto rimanda alternativamente alle connessioni tra persone e reti sociali con conseguente senso di affidabilità e reciprocità, al "collante" che tiene unite le comunità, e alla «materia prima della società civile che scaturisce dalle interazioni quotidiane fra persone». Negli Stati Uniti, chi porta a spasso il cane ogni giorno riferisce di avere molte più probabilità di fare amicizia. In altri termini, i nostri amati animali possono fornirci l'antidoto all'isolamento sociale. E questo vale sia per i bambini che per gli adulti.

Kathryn, che vive a Trinidad e Tobago, è sempre stata introversa ma lo è diventata un po' meno da quando ha adottato due cuccioli di razza mista qualche anno fa. «Anche uno dei miei cani è un vero introverso, l'altro invece è l'esatto opposto e saluta ogni essere umano che incontra, assicurandosi che lo facciamo anche noi» riferisce Kathryn, che si occupa di barche. Apprezza le passeggiate al parco con i suoi cani e chiacchierare con le persone che incontra. «Sto imparando che gli sconosciuti non sono cattivi» spiega. «Abbiamo addirittura fatto amicizia con gente fuori dai parchi.»

Kelsey, figlia unica di genitori di una certa età, racconta di essere stata una bambina timida e solitaria con difficoltà a trovare amici. A dieci anni i suoi genitori hanno portato a casa una cucciola socievole di goldendoodle che Kelsey ha chiamato Emma, e le due si sono subito affezionate. Quando la portava a spasso, la cagnetta la tirava verso gli altri bambini del quartiere, che si divertivano a giocare con Emma, che amava stare al centro dell'attenzione. Fino ad allora Kelsey era restia ad avvicinarsi a persone che non conosceva e attaccare bottone. In breve tempo, la socievole Emma non le ha lasciato scelta perché attirava come un magnete gli altri bambini verso di sé e la sua umana. «All'inizio scambiavo due parole con loro mentre la accarezzavano, ma con il tempo ho iniziato ad aprirmi e a sentirmi più sicura» ricorda Kelsey.

Poco a poco ha stretto amicizia con gli altri bambini della sua via, uscendo con loro dopo la scuola e nei fine settimana, andando al cinema, alle feste, e giocando, e tredici anni dopo sono ancora uniti. «La mia cucciola estroversa mi ha aiutato a sviluppare doti comunicative e a fare amicizia» racconta Kelsey, che oggi studia matematica e cybersicurezza nel nord della Virginia. «Ancora adesso la uso per rompere il ghiaccio quando conosco gente nuova.»

Storie del genere non sono insolite, e le ricerche ci spiegano il perché. Innanzitutto,[74] i cani incoraggiano le persone a trascorrere più tempo fuori e le rendono riconoscibili nel quartiere. Spesso i vicini non sanno il loro nome ma ricordano quello dell'animale, e a volte i cani attirano attivamente l'attenzione incrociando lo sguardo degli estranei, avvicinandoli, scodinzolando, e magari andando in cerca di coccole. Ma anche se non lo fanno, restano comunque un magnete sociale che unisce le persone. Per esempio, June McNicholas e Glyn M. Collis della University of Warwick, nel Regno Unito,[75] hanno condotto due studi i cui partecipanti dovevano portare in giro un cane addestrato a ignorare le attenzioni dei passanti. Malgrado il distacco dell'animale, la frequenza delle interazioni sociali aumentava, soprattutto tra sconosciuti. Potrebbe dipendere dal fatto che i cani creano un terreno comune tra chi li possiede e chi li apprezza, e incontrarli spesso induce un estraneo a porgere un saluto amichevole o attaccare bottone. Ma c'è di più.

Questo fenomeno sembra connesso alla tendenza umana a percepire chi è accompagnato da un cane come più gradevole e attraente, sia nella vita reale che in fotografia. Kelly Ann Rossbach e John P. Wilson della Cleveland State University hanno svolto uno studio mostrando a trentaquattro partecipanti fotografie di persone sole, con un cane o con dei fiori,[76] chiedendo di valutare quanto gli individui in foto apparissero cordiali, felici e rilassati. Le persone fotografate insieme a un cane hanno ricevuto punteggi più alti in tutte le categorie. In sostanza, quando siamo in compagnia di un cane sembriamo più rilassati e allegri.

Si registra un effetto analogo anche nel mondo fisico. In uno studio di Deborah L. Wells,[77] una donna del suo team di ricerca si è seduta in un parco da sola, poi con un cane, una pianta in vaso e un orsacchiotto. Quando era con un cucciolo di labrador retriever o un labrador adulto riceveva più sorrisi e sosteneva più conversazioni con gente sconosciuta rispetto a quando aveva con sé un orsacchiotto o una piantina. (Un risultato a nostro avviso sorprendente, perché vedere una donna seduta al parco con una pianta in vaso dovrebbe suscitare perlomeno qualche battuta di spirito.) L'effetto del cane come catalizzatore sociale è così forte che si verifica anche in presenza di esemplari timidi o freddi,[78] come conferma lo studio di June McNicholas e Glyn M. Collis citato in precedenza. In tutte le sue variazioni, questo esperimento evidenzia che le interazioni sociali con i passanti sono più numerose in presenza di un cane.

Se avere un cane ci aiuta a parlare con gli estranei e a interagire con i vicini, non stupisce che possa involontariamente favorire anche i rapporti romantici, trasmettendo impressioni che possono avere un certo peso in contesti amorosi. Una ricerca guidata da Sigal Tifferet[79] ha dimostrato che le donne, leggendo storie di uomini con e senza cani, percepiscono quelli con i cani come più attraenti, premurosi, e con un maggior potenziale di instaurare legami seri, cosa che potrebbe incrementare il loro quoziente di attrattività. Ed ecco la vera sorpresa: questa percezione scatta anche se le donne non hanno mai visto gli uomini di persona!

Come abbiamo già visto, quando le persone si incontrano nella vita reale, i cani possono farle sembrare più attraenti e affabili. Ci aiutano a conoscere e conversare con potenziali partner per gli stessi motivi per cui agevolano i rapporti con gli estranei e i vicini di casa: sono un lubrificante sociale che richiede attenzioni, crea un facile argomento di dialogo e ci consente di rilassarci. Ma possono far sbocciare un amore anche in altri modi.

Nell'estate del 2020, il ventottenne Thomas ha adottato un cane di due anni di nome Mia, un incrocio tra labrador nero e australian cattle dog che, come afferma lui stesso, gli ha permesso di trovare l'amore della sua vita. Durante le loro passeggiate, in un quartiere alla periferia di Chicago, incontravano un sacco di cani e Mia abbaiava spesso. Quando succedeva, Thomas si scusava con l'altro proprietario, oppure attraversava la strada per evitare conflitti. Un giorno del 2020, Mia lo ha strattonato con insistenza verso una giovane donna e il suo cane, che era molto simile a lei. Malgrado il distanziamento sociale imposto durante la pandemia, Thomas ha chiesto alla donna se i loro cani potessero salutarsi, perché era evidente che Mia lo desiderava, e lei ha acconsentito. Nel frattempo, lui e l'altra padrona, Jenny, si sono ritrovati a chiacchierare per tre quarti d'ora. Sono andati subito d'accordo, e Thomas dice che è stato come se Cupido lo avesse centrato con una delle sue frecce. Nel giro di sedici mesi si sono fidanzati ufficialmente. (Strana coincidenza: al rifugio in cui Thomas ha adottato Mia, la cagnetta si chiamava proprio Cupid.)

Abbattere le barriere sociali

Per inquadrare quanto detto nel giusto contesto, teniamo a mente che approcciare uno sconosciuto per strada, oltre a essere imbarazzante, è considerato generalmente scortese se non addirittura inquietante. Il sociologo Erving Goffman ha coniato il termine "disattenzione civile"[80] per descrivere i modi in cui le persone riconoscono brevemente la presenza di estranei nelle immediate vicinanze rispettandone lo spazio personale e la privacy; lo si può fare con un rapido contatto oculare e un sorriso fugace prima di distogliere velocemente lo sguardo, minimizzando la possibilità di una conversazione. Questa etichetta sociale ci aiuta a stabilire confini tra noi e le persone che incontriamo nei luoghi pubblici, ma può anche impedirci di entrare in sintonia con loro. I cani ci permettono di abbattere questa barriera invisibile, dato che spesso attirano l'attenzione degli estranei fissandoli per convincerli ad accarezzarli, o semplicemente correndo loro incontro e scodinzolando. In alcuni casi, però, anche i cani perfettamente addestrati che ignorano i passanti stimolano la connessione e la conversazione (e per fortuna sono anche un'ottima scusa per interromperla quando diventa imbarazzante; basta dire: «Be', la saluto. Fido ha bisogno di muoversi!»).

L'effetto di agevolazione sociale può influenzare i proprietari anche in modi inaspettati. I nostri amici a quattro zampe spesso intuiscono se qualcuno è un amante dei cani, affidandosi al loro sesto senso, al linguaggio corporeo e al comportamento della persona, o alla loro capacità di fiutare con il loro olfatto prodigioso i socievoli e rilassati feromoni. Sono dotati di un intuito straordinario. Riescono addirittura a capire quando qualcuno sta mentendo, ovviamente a loro. In una serie di esperimenti pensati per valutare la reazione dei cani alle persone inaffidabili,[81] un team di ricercatori guidato da Akiko Takaoka ha usato la tecnica del "punta e riporta". Nel primo round, la persona puntava il dito con sincerità verso un contenitore pieno di giochi e croccantini; nel secondo mostrava ai cani un contenitore con i croccantini e uno vuoto, poi indicava quello vuoto; nel terzo si ripeteva il protocollo del primo. Quasi tutti i cani seguivano l'indicazione dell'umano nella prima fase ma, dopo essere stati ingannati nella seconda, non tutti andavano a prendere i croccantini nel terzo round. I ricercatori hanno dedotto che i cani «traggono conclusioni sull'attendibilità di un essere umano in base ai segnali che lancia, e hanno la flessibilità di modificare il loro comportamento di conseguenza». In altre parole, i cani si affidano inconsciamente alla massima: se mi freghi una volta è colpa tua, se mi freghi due volte è colpa mia. E non hanno nessuna intenzione di farlo succedere.

Detto ciò, non sono infallibili. Spesso imparano a conoscere il nostro carattere con l'esperienza e adattano il loro comportamento di riflesso; in certi casi l'istinto e l'intuito non bastano. È importante ricordarlo perché, quando il nostro cane prende subito in simpatia una persona, può influenzare l'idea che ci siamo fatti di lei e addirittura incoraggiarci ad abbassare la guardia e sentirci a nostro agio in sua presenza. In fin dei conti, il nostro amico peloso ha dato la sua approvazione. Ma una persona gentile e amorevole con i nostri compagni a quattro zampe potrebbe esserlo altrettanto con noi, o al contrario avere una tendenza al controllo, alla critica, o altri atteggiamenti sgradevoli nei confronti degli altri esseri umani. Stacey non dimenticherà mai l'accoglienza gioiosa che il suo pastore australiano Wolfy riservava al marito di una sua amica. Era un comportamento insolito per Wolfy, che di norma era distaccato o scontroso con le persone. Eppure adorava quell'uomo, e scodinzolava ai suoi piedi ogni volta che lui passava a trovarli. Questo, naturalmente, ha rafforzato la stima di Stacey per il marito dell'amica, che però a un certo punto ha iniziato a ingannare e tradire la moglie, finché non si sono lasciati.

Il punto è che solo perché al nostro cane piace qualcuno non significa che dovremmo fidarci ciecamente. Lo sappiamo tutti, in una certa misura, ma è facile avere una buona opinione di una persona appena incontrata se il nostro cane ne va pazzo. Rischiamo di lasciarci condizionare, e non sempre nel nostro interesse. La verità è che i cani a volte apprezzano anche i cretini. Non sono infallibili nel valutare il carattere, perciò non accantonate del tutto il *vostro* giudizio.

Connettersi con i membri della comunità

I nostri cani ci rendono riconoscibili agli occhi dei vicini, anche solo come “la mamma di Rocky”. Che si tratti di avere interazioni superficiali con estranei o di rendere più gradevoli le amicizie spontanee di quartiere, il nostro legame con i cani agevola la connessione con gli altri e la creazione di un senso di comunità. Un progetto di ricerca guidato da John Rogers[82] prevedeva di registrare le conversazioni occasionali tra gli anziani che portavano a spasso i cani in un campo caravan. Queste persone chiacchieravano soprattutto dei loro cani, come prevedibile, però parlavano anche *ai* cani, ponevano domande *sui* cani degli altri, e raccontavano aneddoti sui propri. E soprattutto, i passanti conversavano dei rispettivi cani a prescindere che questi fossero presenti o meno.

Quando nel 2013 si è separata dal suo primo marito, Stacey ha tenuto con sé il loro cane Inky e ha iniziato a portarlo a passeggio molto più di prima. Durante queste uscite incontrava spesso John, che abitava dietro l’angolo, insieme ai suoi due cani. Negli anni John e Stacey avevano scambiato due chiacchiere ogni tanto, di solito parlando dei cani o dei figli, e anche se le sembrava un tipo a posto e un abile conversatore, non lo conosceva bene. Parlando con lui in quell’afosa estate del 2013, Stacey ha scoperto che John e la moglie si erano separati due anni prima, e poco a poco hanno iniziato a parlare di questioni sempre più personali.

Passeggiando con i cani e chiacchierando, anche se a distanza di almeno quattro o cinque metri perché i loro cani non andavano d'accordo, si sono scoperti a vicenda e hanno trovato dei punti in comune. Una sera John le stava raccontando le sue disavventure amorose, e a furia di porgli domande Stacey ha perso la voce. John le ha suggerito di tornare a casa e coricarsi, ma lei non voleva che quel momento finisse. «Sarebbe più semplice se potessimo chiacchierare davanti a un caffè, anziché ai due lati della strada!» è sbottata. Dopo una lunga pausa, John ha risposto: «Ottima idea».

Per qualche settimana non è successo niente, poi John le ha proposto di uscire a bere qualcosa un venerdì sera. Da quel momento hanno iniziato a frequentarsi regolarmente. Dopo qualche settimana Stacey ha informato i figli di dieci e quindici anni che stava uscendo con un vicino, ma loro non hanno riconosciuto il nome. Quando ha spiegato che viveva dietro l'angolo, di fronte al campo da tennis, nella casa dove un tempo abitava una bambina di cui Nate, il figlio maggiore di Stacey, si era invaghito all'asilo, lui ha ribattuto: «*Chi?*... Intendi il proprietario di Bagel e Abby?». Era tutto ciò che sapevano di John. Una delle loro prime domande è stata: «A Inky sta simpatico?». La risposta era un sì convinto, e questo ha aiutato i ragazzini a dargli una possibilità. Due anni dopo è diventato il loro patrigno.

Oltre a trascinarci fuori casa e incoraggiarci a passare più tempo all'aperto,[83] i nostri cani ci aiutano a creare legami nella comunità. Senza fare niente di speciale, ci rendono più riconoscibili nel quartiere. Questa idea di un "estraneo familiare", una persona che impariamo a distinguere dopo averla vista nelle nostre vite quotidiane senza nemmeno il bisogno di parlarle, ci consente di abbattere le barriere in vista di una comunicazione futura. Nel capitolo 2 abbiamo introdotto il concetto sociologico di "forza del legame" applicato ai rapporti. Be', i cani possono aiutarci a costruire anche "legami deboli" tramite interazioni occasionali con altri membri della comunità. È opinione diffusa che i legami forti abbiano più benefici di quelli deboli, ma entrambi hanno un ruolo importante nella nostra vita. Una ricerca di Gillian Sandstrom è giunta all'interessante conclusione secondo cui le persone che interagiscono più spesso con i loro legami deboli in genere sono più felici.[84]

I cani facilitano queste connessioni sociali spontanee nelle nostre comunità in parte perché si avvicinano alle persone e attirano l'attenzione degli estranei, e in parte perché diventano un argomento di conversazione neutro e naturale. Malintzin, che lavora come tata per un bambino con bisogni speciali a Dallas, può confermarlo: le uscite quotidiane al parco con Willow, il suo incrocio di alano, l'hanno aiutata a conoscere altre persone e i loro cani. Molti dei ventenni e trentenni che frequentavano il parco erano originari di altri stati e non avevano parenti nelle vicinanze. Quelle che sono nate come interazioni casuali poco a poco hanno unito il gruppo fino a dare una sensazione di "famiglia", spiega Malintzin. «I cani ci hanno spinti a uscire nel mondo e a creare una cosa bellissima di cui nessuno di noi potrebbe più fare a meno. Ci diamo supporto emotivo a vicenda e ci occupiamo dei cani degli altri quando ce n'è bisogno». Si aiutano anche in caso di disastri domestici, crisi personali e quant'altro, attraverso il loro gruppo su Snapchat.*

* Per molte persone, guardare foto di cani carini sui social media regala una pausa salutare e gradevole dal tran-tran quotidiano. Vi siete mai chiesti se i social potrebbero aiutarvi a rafforzare il legame con il vostro cane? Jen sì, perciò ha condotto uno studio nel suo laboratorio alla University of Maryland, e ha scoperto che la risposta è affermativa. In un questionario sottoposto a oltre milletrecento proprietari di cani su Twitter, la stragrande maggioranza ha risposto che l'uso di social media orientati ai cani è servito a creare una connessione emotiva più forte con il proprio amico a quattro zampe e a rafforzare il senso di compagnia reciproca. Inoltre, si è rivelato utile per affrontare i problemi di salute dell'animale, trovare nuovi giochi e croccantini, e sentirsi parte di una comunità e non dei "cagnari pazzi" e solitari. Perciò, la prossima volta che vi troverete a scorrere le foto di cani altrui online, non sentitevi in colpa: state scoprendo nuovi modi per rinsaldare il vostro legame!

La sua esperienza non è un caso isolato.[85] Una ricerca condotta da Max Bulsara su una comunità della provincia australiana ha rilevato che la presenza di cani consentiva ai vicini di casa di aumentare le interazioni sociali, farsi più favori a vicenda (un aspetto importante per costruire legami solidi), coltivare rapporti amichevoli e rafforzare il senso di comunità. Sorprendentemente, queste percezioni e questi benefici si estendevano anche a coloro che non avevano animali domestici.

Un altro vantaggio del rafforzamento delle comunità attraverso i cani è che può contribuire a rendere i quartieri più sicuri. Spesso gli abitanti sventano collettivamente le attività criminali tenendo d'occhio quello che succede in strada e instaurando rapporti di fiducia tra di loro. Uno studio di Nicolo Pinchak e colleghi[86] si è domandato se nei quartieri con più cani, e dunque con più persone che portano a spasso i propri amici a quattro zampe ci fosse un maggior "controllo del vicinato" e quindi meno crimini. Esaminando fattori quali reddito, istruzione, età ed etnia, i ricercatori hanno scoperto che i quartieri con più cani registravano meno reati contro la proprietà, e quando i vicini costruivano legami di fiducia tra di loro, la maggior presenza di cani era associata anche a un tasso inferiore di aggressioni, rapine e omicidi. Spingendoci a frequentare le nostre comunità, i cani contribuiscono a creare quartieri più sicuri per tutti.

I BENEFICI DI PORTARE I CANI AL LAVORO

La presenza dei nostri amici pelosi non si limita ad aggiungere una nota di leggerezza e allegria sul posto di lavoro, ma è in grado di influenzare anche le interazioni tra collaboratori, favorendo un comportamento prosociale. In una serie di studi di Stephen Colarelli e colleghi,[87] alcuni gruppi di persone impegnati in un compito interattivo di problem solving mostravano più coesione verbale e cooperazione quando c'era un cane. Nel caso di minori interazioni fra colleghi, i partecipanti giudicavano gli altri membri del gruppo più affidabili in relazione alla presenza o meno dei cani. In breve, i cani rendono le persone «più collaborative, rilassate, socievoli, attive, entusiaste e attente» sul luogo di lavoro.

In un'altra ricerca condotta da Randolph Barker della Virginia Commonwealth University,[88] le persone che portavano i cani al lavoro riferivano livelli inferiori di stress durante tutta la giornata e una maggior soddisfazione professionale rispetto ai colleghi senza animali. Parlando alla American Animal Hospital Association,[89] Steven Feldman, direttore esecutivo della Human Animal Bond Research Initiative (HABRI) Foundation, ha spiegato che nel complesso «gli animali sul posto di lavoro contribuiscono [...] alla cooperazione e alla soddisfazione dei dipendenti».

Fortunatamente,[90] le politiche pet friendly stanno diventando più comuni in ambito aziendale, dove si evidenzia un interesse crescente a migliorare il benessere dei dipendenti. Come hanno osservato i ricercatori della University of Southern California: «Mentre in passato gli animali da compagnia erano visti come un beneficio esclusivo dei dipendenti, i fattori che hanno ripercussioni positive sui lavoratori si riflettono in un miglioramento del morale in ufficio, in una riduzione dell'assenteismo e in un sano equilibrio tra vita privata e lavoro». È una situazione vantaggiosa per tutti.

Il potere dei cani da assistenza

Il potere dei cani di integrare le persone nella loro comunità trova forse la sua massima rappresentazione nei cani da assistenza. Le ricerche dimostrano che, grazie a loro, le persone affette da una serie di disabilità incontrano meno difficoltà a forgiare legami sociali. Uno studio guidato da Lynette A. Hart[91] ha esaminato l'effetto di questi cani sul modo in cui le persone in sedia a rotelle interagiscono con gli estranei in pubblico. Se accompagnati da un cane da assistenza, i partecipanti venivano salutati più spesso quando andavano a fare la spesa e avevano interazioni più frequenti con adulti e bambini, e questo li spingeva a uscire più spesso di sera di quanto non facessero prima di avere un cane da assistenza.

Analogamente,[92] una ricerca ha dimostrato che le persone cieche accompagnate da un cane guida percepiscono meno stress nei luoghi pubblici, anche rispetto alla comunicazione e all'interazione sociale, e le persone sorde[93] riferiscono un miglioramento nei rapporti con i vicini e la comunità in generale. I partecipanti allo studio hanno affermato che, grazie alla presenza del loro cane, le persone li conoscevano, li notavano ed erano più gentili. In sostanza, tutti i tipi di cani da assistenza offrono esperienze simili e benefici sociali ai loro umani, a prescindere dal tipo di disabilità o dalla razza dell'animale. Molti di questi vantaggi sono in linea con quelli di cui beneficiamo tutti noi, anche se le ripercussioni sulle persone con disabilità possono essere più profonde e significative, visti i loro problemi a socializzare con gli altri mentre si muovono nel mondo.

Tutti questi risvolti positivi non stupiscono, perché i benefici dei cani sulle nostre interazioni sociali hanno molti denominatori comuni. Tanto per cominciare, quando siamo con loro tendiamo a essere più rilassati sul piano fisiologico e mentale. I cani ci aiutano a rimanere concentrati sul presente,[94] poiché le interazioni che li vedono coinvolti si focalizzano per loro stessa natura sul qui e ora, e questo giova alla nostra psiche. Come già accennato, un cane spesso aiuta a rompere il ghiaccio con vicini e conoscenti, rendendo più facile creare legami.

Che sia perché aumentano la nostra sicurezza e migliorano l'umore o perché ci rendono più aperti agli altri, i nostri amici pelosi agevolano e arricchiscono le amicizie, le relazioni romantiche e i legami all'interno della comunità. Ma soprattutto, entrambe le specie – bipedi e quadrupedi – traggono benefici dalle attenzioni, dal senso di cameratismo e dalla coesione sociale che ne conseguono. È proprio il genere di legame che molti di noi sono ben felici di costruire.

Seconda parte

MANTENERCI IN SALUTE

5
Fare attività
Come i cani ci incoraggiano a uscire e a muoverci

La vita moderna è frenetica e complicata, e molti di noi sono sopraffatti dalle responsabilità o si sentono tirare contemporaneamente in varie direzioni. E c'è anche chi deve affrontare ostacoli medici o ambientali che gli impediscono di uscire e muoversi con regolarità. Negli Stati Uniti, solo il 53 per cento degli adulti sopra i diciotto anni segue le linee guida sull'attività aerobica consigliata,[95] secondo il Centers for Disease Control and Prevention. Anche per questo i cani giovano alla nostra salute e al nostro benessere. Hanno bisogno di stare all'aperto e muoversi, e ci danno un motivo estremamente persuasivo per alzarci dal divano o staccarci dal computer e fare più esercizio fisico. È uno dei tanti benefici di questo rapporto su entrambe le specie.

In letteratura medica, possedere un cane è definito un "interesse di salute pubblica"[96] perché ha il potenziale di promuovere una sana attività fisica. E il motivo non è un mistero. I cani, senza rendersene conto, spingono i proprietari a essere più attivi fisicamente, a rimettersi in forma e a tenere sotto controllo il peso, e tutto questo può ridurre il rischio di sviluppare malattie croniche come il diabete e le cardiopatie.

Secondo uno studio del 2019 di Carri Westgarth e colleghi,[97] nel Regno Unito i proprietari di cani hanno una probabilità quattordici volte superiore di fare passeggiate ricreative, e sono quattro volte più inclini a rispettare le linee guida sull'attività fisica che prevedono 150 minuti di esercizio aerobico alla settimana. Il semplice atto di camminare regolarmente ha numerosi vantaggi sulla salute umana,[98] come ridurre il rischio di ipertensione, diabete e cardiopatie, rinforzare ossa e muscoli, allentare stress e tensione, migliorare l'umore, e incrementare le energie e la funzionalità cognitiva. E non costa niente. Basta uscire di casa, mettere un piede davanti all'altro e muoversi.

Un benefico effetto domino

I proprietari di cani non hanno solo maggiori probabilità di dedicarsi all'attività fisica durante le passeggiate con i loro animali ma, per una sorta di reazione a catena, tendono a camminare più spesso anche per svago e per necessità. Tramite un questionario condotto su oltre milleottocento adulti di Perth, in Australia, Hayley Cutt e una squadra di ricercatori[99] hanno scoperto che meno del 25 per cento dei proprietari di cani li porta a spasso cinque o più volte alla settimana, eppure svolgono molto più esercizio fisico rispetto ai non proprietari. Semplicemente, camminano più spesso nel quartiere o nei momenti di svago, accumulando cinquantacinque minuti aggiuntivi di attività fisica alla settimana, inclusi quaranta di passeggiate, rispetto a chi non ha cani. Risultato: i nostri amici a quattro zampe ci spingono a camminare di più anche al di fuori delle uscite "formali" con loro.

Detto ciò, avere un cane come compagno di passeggiate in genere aumenta il fattore di gradimento e potrebbe incoraggiarci a camminare più a lungo, per una distanza maggiore o più spesso. A volte passeggiare o giocare a palla insieme è così piacevole o divertente da non sembrare nemmeno un'attività fisica ma una forma di svago e un'occasione per passare del tempo di qualità con il nostro amico a quattro zampe. Da una ricerca di Yue Liao e colleghi[100] è emerso che fare esercizio con un cane amplifica gli effetti positivi sull'umore rispetto all'attività fisica pura e semplice, e non ci dà l'impressione di svolgere un *lavoro* ma di trascorrere momenti gradevoli insieme, e questo ci spinge a volerlo fare più spesso.

In uno studio del 2017, Carri Westgarth e i suoi colleghi britannici[101] hanno esaminato le motivazioni che spingono le persone a portare a spasso i loro cani. Sebbene venga generalmente descritta come una responsabilità e un'attività «dedicata al cane», i proprietari sono felici quando hanno l'impressione che i loro animali si stiano godendo l'esperienza. Vedere i cani divertirsi durante le uscite provoca un piacere indiretto[102] che a sua volta offre una motivazione intrinseca* a trasformare le passeggiate in un'abitudine. Il desiderio di attività fisica e interazioni sociali è un elemento secondario, non un fattore determinante. Sono le interazioni con i cani – i ricercatori usano la definizione di "partner" – a motivare le persone a portarli a spasso con regolarità. E il desiderio di fare «ciò che è meglio per il cane» scaturisce dal forte legame che si è instaurato tra di loro.

Amy, che guida un'organizzazione non-profit nel Maryland, lo ha scoperto in prima persona quando ha preso i suoi barboncini Auggie e Billie nel 2008 e nel 2011. Era sempre stata una donna attiva, che faceva yoga e andava in palestra più volte alla

* "Motivazione intrinseca" significa fare qualcosa perché provoca dentro di noi un senso di piacere o soddisfazione, anziché per ottenere un determinato risultato o ricompensa, come perdere peso (una forma di motivazione estrinseca). Anche se entrambe possono essere utili nella vita, quella intrinseca in particolare è associata a cambiamenti comportamentali duraturi e a un aumento del benessere.

settimana, ma con l'arrivo dei suoi cani ha iniziato a camminare molto di più. Ben presto le loro passeggiate sono diventate imprescindibili, tre volte al giorno dai dieci ai trenta minuti ciascuna in settimana ed escursioni più lunghe nei boschi durante i week-end e le vacanze. Amy e Billie hanno portato avanti queste uscite anche dopo la scomparsa di Auggie nel 2018, ed è difficile stabilire chi si diverta di più. Quando Billie la vede prendere pettorina e guinzaglio, si mette a girare in tondo come un cane da circo. A volte, nei giorni infrasettimanali, Amy è seccata al pensiero di staccare dal lavoro a mezzogiorno, ma è una sensazione che ha vita breve. «Una volta fuori mi rendo conto di quanto sia importante quella pausa» spiega Amy, che ha anche due figli adulti. «Mi aiuta a mettere a fuoco la mia giornata e mi costringe a rallentare e riflettere un po', invece di limitarmi a *fare*.»

Si è scoperto che la presenza di un cane favorisce un aumento dell'attività fisica nelle persone di ogni età, sia giovani che anziane. Una ricerca[103] ha dimostrato che i bambini tra i dieci e i dodici anni che vivono in una famiglia con un cane dedicano 29 minuti in più alla settimana a camminare e 142 minuti in più a svolgere esercizio fisico rispetto a quelli che non lo hanno. E da uno studio di Philippa Margaret Dall e colleghi[104] è emerso che gli adulti con un cane che vivono da soli compiono in media 2760 passi in più al giorno a un'andatura d'intensità moderata e trascorrono meno tempo seduti rispetto a quelli senza cani.

Effetti olistici sulla salute

Oltre al movimento, passare del tempo all'aperto e in connessione con la natura, anche solo camminando tra gli alberi del quartiere o in un parco vicino, può essere profondamente terapeutico per entrambe le specie. Una scoperta interessante emersa da uno studio di Wilma L. Zijlema e colleghi[105] è che i proprietari di cani, oltre a dedicarsi più spesso alle camminate ricreative, passano anche più tempo in contesti naturali con elementi verdi o blu (alberi, boschi, parchi o specchi d'acqua). Sono attività di per sé benefiche, perché gli ambienti naturali hanno effetti molto rigeneranti su di noi, calmandoci[106] e attenuando l'ansia, migliorando la memoria e la funzionalità cognitiva,[107] riducendo la pressione sanguigna,[108] rinforzando il sistema immunitario[109] e aumentando vitalità ed energia. Se i nostri amici pelosi ci spingono a uscire e a prendere una dose salutare di sole (benvenuta, vitamina D!), aria fresca, fitoncidi (particelle aromatiche e volatili con proprietà antimicrobiche, emesse da piante e alberi), suoni della natura e altri stimoli benefici, abbiamo un altro debito di riconoscenza nei loro confronti.

Emma, che si è da poco laureata in infermeria veterinaria in Scozia, può confermarlo. Soffre di depressione dall'età di quattordici anni, e il suo cane Murphy, uno springer spaniel inglese, la spinge a uscire regolarmente e a muoversi un po'. Questo l'ha aiutata a controllare il suo disturbo dell'umore e ha rinsaldato il loro legame. «Quando cammino da sola con il mio cane all'aperto, o quando corre libero senza guinzaglio, tendo a mettere da parte i pensieri pressanti o a zittirli del tutto, e mi sento molto meglio» spiega. «Lo amo tantissimo, non so che fine avrei fatto senza di lui.»

Mangiare e allenarsi per due

Durante la pandemia,[110] molte persone e i loro cani hanno messo su peso, soprattutto agli inizi, quando eravamo tutti chiusi in casa e abbiamo preso abitudini poco salutari. Anche se non possono impedirci di ingozzarci di biscotti o gelato di sera per alleviare lo stress, i nostri amici pelosi ci costringono a fare più movimento e questo aiuta noi e loro a perdere peso, se ne sentiamo il bisogno o la voglia. Non basta camminare con un cane per ritrovare abitudini sane, ma è senza dubbio un passo nella direzione giusta. E si è scoperto che questo legame è in grado di amplificare i benefici per la nostra salute, generando cambiamenti a lungo termine.

In un affascinante studio olandese svolto da J. Rebecca Niese e colleghi,[111] i ricercatori hanno esaminato gli effetti di un approccio antropocentrico oppure caninocentrico alla perdita di peso – a seconda che l'interesse primario dell'intervento fossero le persone oppure i loro animali domestici – ricorrendo a programmi improntati sull'alimentazione e sull'esercizio fisico. Sono stati dati consigli per dimagrire a quattro gruppi distinti: agli umani soltanto, soprattutto agli umani con qualche suggerimento aggiuntivo per i cani, soltanto ai cani (i consigli venivano dati ai loro caretaker), e soprattutto ai cani con qualche dritta ulteriore per gli umani. In tutte e quattro le categorie sono dimagriti sia gli animali sia i loro proprietari. Non importava su chi si focalizzasse il programma; svolgendolo insieme dimagrivano entrambi. Però il dimagrimento era sensibilmente maggiore quando i consigli erano rivolti a tutte e due le specie. Occuparsi del proprio peso corporeo e di quello dei propri cani accresceva notevolmente il senso di responsabilità, portando a ridurre le abitudini fisiche e alimentari malsane nei cani. In altre parole, per i proprietari e i loro amici a quattro zampe si creava un potente effetto sinergico tra mangiare bene, fare esercizio e perdere peso.

Un programma simile condotto dal Wellness Institute del Northwestern Memorial Hospital di Chicago[112] ha cercato di sfruttare al massimo «il legame tra gli esseri umani e i loro compagni animali». In uno studio della durata di un anno intitolato «People and Pets Exercising

Together» (Persone e animali che si allenano insieme, abbreviato in PPET), trentasei coppie di persone sovrappeso o obese con un cane obeso e cinquantasei persone sovrappeso o obese senza cani hanno seguito un programma di dimagrimento. In entrambi i casi, gli esseri umani hanno ricevuto consigli di gruppo su alimentazione e attività fisica, mentre i cani sono stati sottoposti a una dieta a controllo calorico. Trascorso un anno, entrambi i gruppi di persone hanno raggiunto una perdita di peso analoga (intorno al 5 per cento, un calo che ha benefici comprovati per la salute umana e riduce il rischio cardiovascolare) e i cani obesi hanno perso in media il 15 per cento di peso. I due gruppi hanno aumentato il livello di attività fisica settimanale, ma i proprietari di cani lo hanno fatto in misura maggiore, e si sono attenuti al programma in modo più rigoroso.

Una delle scoperte più interessanti è che le persone inserite nel programma insieme ai loro animali hanno identificato alcuni fattori chiave che si sono rivelati particolarmente utili: il loro cane ha agito da motivatore e costante promotore dell'attività fisica, portarlo a spasso era molto piacevole, e vederlo dimagrire suscitava in loro un orgoglio genitoriale. In breve, i cani erano una fonte potente di supporto sociale e motivazione per i loro umani, soprattutto perché li ispiravano a muoversi di più, e i benefici si riflettevano su entrambe le estremità del guinzaglio.

Anche al di fuori di un programma formale di dimagrimento, i cani possono aiutare i proprietari a perdere i chili in eccesso. Katie, una trentenne che vive in Colorado, spiega di essere stata sovrappeso per gran parte della vita, fino all'arrivo del suo cane Addie, un incrocio tra labrador e chow chow che l'ha aiutata a dimagrire. Terminato il suo master in meteorologia, Katie ha avuto problemi di depressione che l'hanno costretta ad assumere dei farmaci. Stanca di sentirsi apatica, infelice e a disagio con il suo corpo e il suo stato mentale, ha deciso di intervenire per migliorare la sua salute fisica. È partita dalla dieta, introducendo più verdura e cereali integrali e riducendo hamburger e cibo spazzatura. Ha anche smesso di abbuffarsi per lo stress (di cioccolato, il più delle volte) e ha cominciato a portare a spasso Addie varie volte al giorno, un'attività che adoravano entrambe. Questo l'ha convinta a inaugurare un vero e proprio regime di allenamento per partecipare a una maratona. La compagnia allegra e il muso sorridente di Addie al suo fianco l'hanno motivata a portare avanti le nuove abitudini salutari. «Ho perso più di dieci chili e non mi sono mai sentita meglio» afferma Katie. «Sarò per sempre grata al mio cane.»

Coltivare l'amore reciproco

Jen ha la passione per la corsa e una lunga lista di trucchetti da usare in quelle giornate fredde, grigie e piovose in cui non avrebbe nessuna voglia di alzarsi dal divano e uscire di casa. Come prima cosa indossa la sua tenuta da corsa. Poi mette le scarpe e si alza. Se non è sufficiente, e inizia ad accampare scuse per attardarsi sul divano e inviare un'altra e-mail di lavoro, ha un modo infallibile per convincersi a uscire: Hopper. La più anziana del gruppo di The Golden Ratio è stata la compagna di corse preferita di Jen per sei anni (finché l'artrite non l'ha costretta a rallentare). Jen doveva solo metterle il collare da esterno per scatenare il suo entusiasmo. Hopper scodinzolava, girava in tondo e si piazzava con il muso contro la porta, smaniosa di uscire a prescindere dall'ora o dalle condizioni meteo. Nessuna persona dotata di un cuore sarebbe riuscita a dirle di no, e un attimo dopo erano già fuori a correre nel bosco, felici per l'attività fisica e la compagnia reciproca. Adesso Jen deve trovare da sola la motivazione per correre nelle giornate uggiose.

Anche se i benefici di passare più tempo all'aperto sono innegabili, uno dei vantaggi principali dell'attività fisica svolta insieme ai cani è che rafforza il legame con loro. Uno studio di Kate Campbell e colleghi[113] della University of Otago in Nuova Zelanda ha esaminato gli effetti di portare a spasso il cane su un gruppo di persone adulte, identificando tre temi ricorrenti: i partecipanti sentivano una «connessione emotiva» con il loro cane, si creavano «interazioni sane» con le altre persone e la natura, e le passeggiate contribuivano al «benessere psicologico» dei proprietari, felici di fare contento il loro cane. Tutti questi elementi miglioravano la vita di cani ed esseri umani, e le passeggiate aiutavano i proprietari a stare meglio. I ricercatori hanno concluso che «portare a spasso i cani genera nei proprietari un senso di rilassatezza, calma e allentamento dello stress».

È difficile rimanere tesi o di cattivo umore mentre passeggiamo con il nostro amico a quattro zampe respirando aria fresca e scambiando qualche occhiata allegra di tanto in tanto. Di norma siamo felici quando i nostri cani sono felici, e in genere lo sono sempre quando vanno a spasso. Ogni volta che ci vedono prendere il guinzaglio cominciano a scodinzolare o fanno un balletto festoso accompagnato da guaiti euforici: sono tutte manifestazioni di gioia, e hanno effetti contagiosi. Mentre siamo all'aria aperta, poi, l'appagamento reciproco può fungere da rinforzo positivo per il nostro legame.

I partecipanti allo studio neozelandese riferiscono che le passeggiate li hanno avvicinati ai loro cani sotto vari aspetti. Hanno dato loro un senso di scopo e una soddisfazione personale, soprattutto vedendo l'entusiasmo dei cani e la loro felicità. Li hanno anche aiutati a capirli più a fondo. In quei momenti dedicati a se stessi e ai loro amici pelosi hanno imparato a leggerne meglio le espressioni, gli sguardi e il linguaggio corporeo. E grazie all'esercizio fisico regolare alcuni cani hanno iniziato a comportarsi meglio – può confermarvelo qualunque addestratore –, cosa che a sua volta ha creato un ambiente più tranquillo a casa. Se si riduce l'ansia per i comportamenti scorretti dei cani, le persone riescono a percepire una connessione più positiva con loro.

Un aspetto interessante è che le passeggiate e il rafforzamento del legame possono influenzarsi a vicenda. Se svolte con costanza, queste uscite vi faranno sentire più uniti, e un legame stretto con il vostro cane può rendervi più propensi ad accompagnarlo fuori con frequenza e regolarità. Uno studio di Angela L. Curl e colleghi[114] ha esplorato le associazioni tra il possesso di un cane, la creazione di un legame, la propensione a camminare e la salute fisica negli adulti statunitensi in là con gli anni. Ne è emerso che le persone con un rapporto più forte con i loro cani hanno maggiori probabilità di portarli a spasso, e di dedicare più tempo a questa attività ogni volta.

Dopo essersi trasferita dal suo fidanzato nel 2020, Sarah, che lavora nel settore del marketing nel Regno Unito, si è subito affezionata al suo cane Tiberius. Sarah è affetta da fibromialgia, che provoca dolori muscolo-scheletrici diffusi molto debilitanti, e ha notato che Tiberius stava «diventando un po' troppo grassottello». Siccome lei ha bisogno di fare esercizio per tenere sotto controllo il dolore, lo ha reclutato come suo compagno di allenamenti e hanno cominciato a passeggiare regolarmente insieme. Da allora Tiberius, che oggi ha sette anni, è dimagrito, e Sarah ha notato un calo considerevole nella frequenza e nell'intensità delle fasi acute di dolore. «Ha giovato tantissimo alla mia salute mentale» spiega «e adesso si diverte a camminare tanto quanto me.»

Joan Wharf Higgins e colleghi[115] hanno condotto dei focus group e intervistato alcuni proprietari di cani in merito all'abitudine di passeggiare e al rapporto con i loro animali. L'obiettivo dei ricercatori era capire meglio come e perché portare a spasso i cani aumenti i livelli di attività fisica. Sono emersi in particolare quattro temi, due noti – che i cani agevolano le interazioni sociali e aiutano a muoversi di più – e due nuovi – che le passeggiate con loro trascendono la distinzione tra specie e che i cani sono «i compagni di camminate perfetti». Nello studio, i proprietari hanno descritto i loro amici a quattro zampe come membri della famiglia con cui hanno una forte connessione emotiva, e hanno dichiarato di empatizzare con la loro felicità al momento della passeggiata, cosa che rafforza in loro il desiderio di portarli a spasso. Come hanno osservato i ricercatori, «un atteggiamento empatico va a beneficio di coloro che accudiscono i cani perché, essendo responsabili della salute e del benessere di questi membri apprezzati della famiglia, ne traggono la motivazione, l'occasione e la costanza per camminare».

In altri casi, i nostri amati compagni pelosi possono aiutarci a scavare a fondo e a trovare dentro di noi la forza per affrontare o superare incredibili difficoltà fisiche, portandoci a muoverci più spesso. Nel 2015 Charlie*, una paramedica britannica, è sopravvissuta per miracolo a un terribile incidente stradale. Ha riportato gravi ferite, incluso un braccio distrutto, una rotula fratturata e un danno neurologico. Dopo essere stata dimessa dall'ospedale, il suo cane Diesel, un incrocio tra pastore tedesco, rottweiler e Staffordshire bull terrier, passava tantissimo tempo raggomitolato sotto le sue gambe in fondo alla poltrona reclinabile. Poco a poco Charlie si è ripresa abbastanza da accompagnare il cane in brevi passeggiate, che sono via via diventate sempre più lunghe. In questo modo «ho potuto rimettermi in forze, e alla fine sono tornata a lavorare come paramedica» spiega Charlie, che non ha ancora trent'anni.

Nel 2017, purtroppo, un vecchio problema alla spalla aggravato dall'incidente l'ha costretta a prendersi un congedo dal lavoro. Come se non bastasse, ha sviluppato un'estrema spossatezza causata da una grave forma di anemia, e una grossa ulcera allo stomaco per tutti gli antinfiammatori assunti dietro prescrizione medica per il dolore articolare. Nel 2019 è stata operata d'urgenza per una perforazione dello stomaco.

Quando è tornata a casa dall'ospedale, Diesel era al settimo cielo. «Mi sono sentita più amata di quanto credessi possibile» ricorda Charlie. Ha ricominciato da capo il processo di guarigione, questa volta a un ritmo più lento. Poco a poco ha ritrovato le forze, e «più di un anno dopo sono di nuovo in grado di portarlo a spasso» racconta. «Sono sicura che senza di lui non mi sarei mai ristabilita così in fretta». Con tutto il tempo trascorso insieme negli ultimi anni, il loro legame è ormai indissolubile. Oggi Diesel è prossimo alla vecchiaia (ha circa nove anni) ma è ancora un adorabile torello di quaranta chili. «Mi rendo conto sempre di più che quel cane è il mio animale del cuore, e non so proprio come avrei fatto senza di lui» ammette Charlie, che oggi lavora come social media manager. «È merito suo e soltanto suo se non ho perso la testa dopo tutto quello che è successo.»

Come ha scoperto Charlie, il conforto e il sostegno che traiamo dal rapporto con i nostri cani ci motivano a portarli a spasso, come fosse una sorta di ricompensa amorevole. In un piccolo studio[116] condotto su adulti con problemi di salute a lungo termine quali sclerosi multipla, osteoartrite, asma, oppure ansia e depressione, i ricercatori hanno accompagnato i partecipanti nelle consuete passeggiate con i loro cani, registrandoli mentre parlavano della loro salute e del loro benessere e ponendo alcune domande a riguardo, con un'attenzione particolare agli effetti del portare a spasso i loro animali. Ne è emerso che le persone con problemi di salute a lungo termine hanno un rapporto stretto con i propri cani, e sentono un «obbligo d'amore» che li spinge ad accompagnarli nelle loro passeggiate, «dove gli incontri cordiali e le emozioni piacevoli» accrescono la sensazione di benessere.

Anche quando non avete voglia di uscire perché si gela, piove o vi sentite esausti, portate fuori comunque i vostri cani perché per loro siete disposti a fare cose che non fareste per voi stessi. È una manifestazione d'amore, un gesto di buona volontà. Lo considerate un vostro dovere o una vostra responsabilità – un «obbligo d'amore» – e non volete deludere i vostri cani, che indubbiamente lo apprezzano.

Nel tempo potrebbe instaurarsi un circolo virtuoso autoperpetuante in cui i benefici fisici e la connessione emotiva che derivano dal compiere esercizio fisico insieme rafforzano il legame tra di voi; questo a sua volta potrebbe motivarvi a continuare a camminare, correre, andare in bicicletta, pattinare o compiere qualunque altra attività fisica con il vostro amico peloso, che consoliderà ulteriormente il vostro rapporto… e così via. Tanto per cambiare, e per espandere la vostra comfort zone reciproca, potreste andare a nuotare o allenarvi per una gara. Oppure fare escursioni e campeggio, massimizzando i vantaggi per entrambi grazie al tempo trascorso insieme nella natura. Qualunque attività fisica scegliate, voi e i vostri compagni pelosi potrete spronarvi strada facendo e godervi il semplice piacere di queste uscite insieme. E probabilmente tornerete a casa sentendovi più uniti che mai.

6
Mantenersi in forze
Come i cani possono favorire il nostro benessere fisico

Di solito i dottori non compilano ricette in cui consigliano ai pazienti di prendere un cane, ma forse dovrebbero. Dopo tutto, i cani possono avere effetti straordinari sulla nostra salute fisica e sulla capacità di gestire vari problemi medici. Possono impedirci di sviluppare allergie, ridurre la pressione sanguigna e la frequenza cardiaca (soprattutto in risposta a situazioni stressanti) e alleviare i dolori cronici (di emicrania o alla bassa schiena, per esempio). Le ricerche hanno inoltre dimostrato[117] che i proprietari di cani si addormentano con più facilità di chi non ne ha. Gli effetti positivi sul nostro benessere fisico sono molteplici e hanno motivazioni diverse, come vedremo.

Innanzitutto, chi ha la responsabilità di accudire un'altra creatura tende a riguardarsi maggiormente, per rimanere il più possibile al suo fianco. Inoltre, i cani favoriscono un ciclo del sonno regolare basato sull'ora in cui escono a fare i loro bisogni prima di dormire e su quella in cui si alzano al mattino. Nel lungo termine, un sonno più tranquillo può aiutare a mantenere un peso salutare, rinforzare il sistema immunitario, preservare la memoria, ridurre lo stress e il rischio di sviluppare problemi medici gravi come cardiopatie e diabete.

Amy, che ha svariati problemi di salute inclusi dolori cronici e depressione, ha trovato la forza di andare avanti grazie a Leia, il suo cane da pastore di nove anni. Suo marito è in marina, e negli ultimi anni è stato quasi sempre in missione, perciò a casa ci sono soltanto Amy, la sua cagnolina e due gatti. «La presenza di Leia, che mi spinge a uscire e a essere più attiva, è fondamentale» spiega Amy, una quarantenne che vive nello stato di Washington. Oltre alle passeggiate fanno anche giardinaggio insieme, e vedere la gioia di Leia quando esce di casa e rincorre gli scoiattoli la fa sentire meglio. «Certi giorni rimarrei volentieri a letto ma, siccome ho lei e devo prendermene cura, tengo duro» racconta.

In generale, sembra che i cani ci rendano più sani di quanto saremmo senza di loro, ed è un discorso valido a prescindere dalla cultura di appartenenza. Bruce Headey ha sottoposto i proprietari di cani australiani a un questionario,[118] e ha scoperto che dormono meglio e vanno più raramente dal medico rispetto a chi non possiede cani. Hanno anche meno probabilità di assumere farmaci per il cuore. Ciò non dipende dal fatto che sono di costituzione più forte ma dalla presenza di un amico peloso nella loro vita. James Serpell ha condotto uno studio nel Regno Unito[119] seguendo per dieci mesi un gruppo di persone che avevano appena adottato un animale domestico. I proprietari di cani e gatti hanno registrato una notevole riduzione di problemi di salute minori come mal di testa, difficoltà a dormire, indigestione e sinusite nel primo mese, e nel caso dei cani questa tendenza si è protratta per tutta la durata dello studio; questi soggetti hanno ottenuto anche punteggi migliori in vari parametri di salute generale e incrementato notevolmente l'attività fisica. In Cina, uno studio di Headey e colleghi[120] pubblicato sulla rivista *Social Indicators Research* ha rilevato che i proprietari di cani «si allenano più spesso, dormono meglio, riferiscono un incremento delle loro condizioni di salute e forma fisica, chiedono meno giorni di malattia sul lavoro e vanno più raramente dal medico».

Questi effetti non sono certo una coincidenza. Condividere la vita con un cane può avere ripercussioni profonde sulla nostra salute complessiva, influenzando il nostro stato mentale, le abitudini di movimento e addirittura alcuni meccanismi interni del nostro corpo e le reazioni ai condizionamenti ambientali. L'autore americano di thriller Dean Koontz[121] aveva ragione quando ha dichiarato: «Accarezzare, grattare e coccolare un cane può placare la mente e il cuore quanto la meditazione profonda, e giova allo spirito quasi quanto la preghiera».

Cambiare la nostra biologia

Alcuni benefici per la salute derivanti dall'avere un cane sono invisibili a occhio nudo, e non li percepiamo perché avvengono all'interno del nostro corpo. Come vedremo, dividere la vita con un cane può influenzare il microbioma, la totalità di batteri, funghi e altri microorganismi che vivono dentro di noi e sulla nostra pelle. Questi microbi sono una parte fondamentale del nostro organismo:[122] stando alle ultime ricerche, il nostro corpo contiene tante cellule microbiche quante sono quelle umane. Potrebbe sembrare un problema,[123] ma la maggioranza di questi batteri in realtà è benefica in quanto favorisce la digestione, produce le vitamine di cui il corpo ha bisogno, regola il sistema immunitario e contribuisce a proteggerci dai batteri nocivi che causano le malattie.

Ovviamente gli esseri umani non sono l'unica specie dotata di un microbiota. Anche i cani lo hanno, e vivendo insieme ai nostri amici pelosi scambiamo microbi con loro, che si rotolano nel fango, ficcano il naso ovunque durante le passeggiate e portano in casa di tutto attraverso il pelo e la pelle. Una ricerca di Rob Knight e colleghi della University of Colorado, Boulder,[124] ha rilevato che le persone con uno o più cani presentano molti dei loro microorganismi sulla pelle. In sostanza, cani e umani finiscono per avere popolazioni di microbi simili sulla pelle e sul pelo, e in misura minore anche negli organi interni, in virtù dei loro contatti frequenti. E la cosa non dovrebbe stupirci se pensiamo a quanti microbi si trasferiscono da loro a noi (e viceversa) quando li accarezziamo, ci giochiamo o li coccoliamo.

La presenza di un cane altera addirittura il contenuto della polvere che si deposita in casa. Uno studio condotto da Albert Barberán e colleghi[125] ha esaminato la polvere in circa milleduecento abitazioni statunitensi e ha scoperto che le comunità di batteri e funghi variano in base al clima e alla zona geografica, ma la presenza di animali domestici, soprattutto di cani, ha «una notevole influenza sul tipo di batteri rinvenuti nelle abitazioni». Anche nelle case più ordinate c'è polvere nell'aria, sul pavimento e sulle superfici. Alexandra Sitarik e colleghi[126] hanno raccolto campioni di polvere da cinquantaquattro abitazioni, in metà delle quali viveva un cane, e hanno ripetuto la rilevazione nel momento in cui l'animale arrivava in casa e a un anno di distanza. Al termine dello studio, la presenza del cane era associata a «una percentuale più alta di variazione nella composizione batterica della polvere», incluse tracce di *Moraxella*, *Porphyromonas*, *Capnocytophaga*, *Fusobacterium*, *Streptococcus* e *Treponema*. E sorpresa delle sorprese: non è una cosa negativa.

Al contrario, la cosiddetta "ipotesi del microbiota" suggerisce che la polvere in case con cani potrebbe influenzare lo sviluppo e la risposta del sistema immunitario umano cambiando la composizione del microbioma intestinale riducendo il rischio di allergie e asma. Un numero considerevole di ricerche ha concluso che i bambini cresciuti insieme ai cani hanno meno probabilità di sviluppare allergie, eczema o asma,[127] che spesso si presentano insieme in quella che viene definita la "triade atopica". La teoria degli allergologi è che un'esposizione precoce alla forfora canina generi un'elevata tolleranza agli allergeni, e vivendo con un cane si creerebbe un effetto "mini-fattoria" capace di modificare lo sviluppo del sistema immunitario dei bambini, stimolandolo a *non* reagire alla forfora e ad altri microbi presenti negli animali, tanto da portare a una tolleranza più alta verso i cani e determinati germi e allergeni volatili, in modo da prevenire così potenziali allergie.

Secondo gli scienziati, questa potrebbe essere la spiegazione del perché i bambini cresciuti insieme ai cani soffrano meno di allergie rispetto agli altri. Le ricerche svolte dal dottor Bill Hesselmar[128] della Göteborgs Universitet in Svezia e dal suo team di studiosi hanno esaminato i dati di oltre mille bambini tra i sette e gli otto anni, e hanno scoperto che il 49 per cento di quelli cresciuti senza animali domestici ha sviluppato allergie, rispetto al 43 per cento di quelli con un animale e al 24 di quelli con tre animali. In conclusione, la prevalenza di condizioni allergiche nei bambini si riduce in modo proporzionale al numero di animali che vivono in casa con loro nel primo anno di vita. Questo è un esempio dell'effetto "mini-fattoria". Un altro studio del dottor Dennis R. Ownby e colleghi[129] presso il Medical College of Georgia ha evidenziato che abitare con almeno due cani o gatti nel primo anno di vita riduce notevolmente il rischio di sviluppare future allergie. Riassumendo: vivere con diversi animali comporta un'esposizione a vari tipi di microbi, e potenzialmente anche una maggior protezione da problematiche allergiche.

Un antidolorifico naturale

Negli ultimi anni Risa ha sviluppato una colite ulcerosa e un'artrite psoriasica, due condizioni dolorose che l'hanno costretta a mettersi in congedo dal lavoro. Da quando ha adottato la sua maltipoo Penny nell'estate del 2017, la cagnetta è stata per lei fonte di grande conforto. «Le piace leccare le articolazioni gonfie delle mie mani e accoccolarsi addosso a me di sera» racconta Risa, una trentacinquenne che vive a New York. «Capisce quando non mi sento bene, e non mi molla un secondo se sto passando una giornata particolarmente brutta.» La presenza di un cane ha migliorato enormemente la sua salute mentale e l'ha aiutata anche a livello fisico, spingendola a uscire e a muoversi di più perché, rivela Risa, Penny «fa affidamento su di me ogni singolo giorno. Siamo diventate piuttosto dipendenti l'una dall'altra, e a me sta benissimo».

Avere un cane non rende immuni al dolore, ma può aiutare a sopportarlo meglio. In parte questo è dovuto al fatto che i cani sono una fonte costante di significato, connessione e sostegno nella nostra vita, tutti elementi che possono alleviare indirettamente il dolore. Le ricerche portate avanti da Mary Janevic della School of Public Health presso la University of Michigan[130] hanno esaminato in che modo gli adulti di una certa età affetti da dolori cronici si sentano influenzati dai loro animali. Alcune risposte sono illuminanti. I partecipanti riferiscono che i loro cani li motivano ad alzarsi e a muoversi, e questo attenua le loro sofferenze. Inoltre li distraggono dal male che provano, e portano a un generale miglioramento dell'umore. Agevolano la socializzazione, permettendo ai loro proprietari di interagire di più con gli altri e ricevere un supporto sociale. E anche il piacere e le risate suscitati dagli animali domestici li aiutano a non pensare al dolore. Analizzando le tematiche emerse in queste risposte, i ricercatori hanno notato una corrispondenza con le strategie di autogestione cognitivo-comportamentali raccomandate per le persone affette da dolori cronici quali emicranie, mal di schiena, artrite e fibromialgia. Queste strategie includono il tenere sotto controllo l'umore, rilassarsi, distrarre la mente dalle sensazioni fisiche, partecipare alle attività quotidiane, socializzare e fare esercizio (portando a spasso il cane, per esempio). Come ha osservato Janevic in un'intervista: «Occuparsi di un animale domestico può dare un senso di scopo quotidiano e una routine che spinge le persone ad andare avanti, anche quando i dolori si acutizzano. In questo modo, gli animali si possono considerare una risorsa *naturale* per l'autogestione dei dolori cronici».[131]

Questi risultati hanno trovato conferma in uno studio di April DuCasse e colleghi[132] presso la Florida A&M University, in cui le persone con dolori cronici affermano che i loro animali domestici hanno portato miglioramenti all'umore, al senso di speranza, ai livelli di attività, al comfort e alla funzionalità. In un altro studio guidato da Eloise Carr della University of Calgary in Canada,[133] i ricercatori hanno intervistato una decina di persone con dolori cronici che vivevano con un cane, identificando quattro tematiche ricorrenti: i cani danno significato alla vita, fungono da caregiver, offrono supporto emotivo e tengono compagnia. Oltre all'impatto positivo sulla vita dei loro umani, alcuni partecipanti hanno trovato anche «una ragione di vita e un interesse verso il futuro», nonché «un sostegno che ne mitiga le sofferenze e consente loro di condurre un'esistenza più significativa».

Questi risultati si rispecchiano nella storia di Perri, una trentenne della Florida che insegna alle scuole elementari e soffre di emicranie croniche, ansia e depressione. Ogni volta che ha un accesso di emicrania, il suo cane Maya, un incrocio tra pastore, terrier e sheltie, rimane al suo fianco finché lui non si sente meglio. È come se Maya avesse un sesto senso per le sue sofferenze e si fosse sobbarcata il ruolo di angelo custode canino. Maya non è un cane da assistenza addestrato, spiega Perri, «però capisce come mi sento e sa come farmi stare meglio, generalmente sdraiandosi accanto a me».

Problemi di cuore

Passando all'apparato cardiocircolatorio,[134] gli studi suggeriscono che possedere un cane porta a una riduzione della pressione sanguigna, dei livelli di colesterolo, del rischio di sviluppare il diabete di tipo 2 e delle reazioni fisiologiche allo stress. Questo, almeno in parte, spiegherebbe come mai avere un cane è associato a un rischio di morte per malattie cardiovascolari inferiore del 31 per cento.[135] La notizia non è del tutto inaspettata, se consideriamo che la semplice vicinanza di un cane ha un effetto calmante sulla maggior parte delle persone. Ma quando siamo con il *nostro* cane, i benefici si amplificano grazie alla fiducia, all'affetto e al legame che ci uniscono.

Vari studi condotti su diverse fasce di età hanno rilevato che in compagnia dei cani la frequenza cardiaca, la pressione sanguigna e i livelli di stress calano. Una ricerca di Erika Friedmann e colleghi[136] ha esaminato l'impatto della presenza di un cane su alcuni ragazzini tra i nove e i sedici anni invitati a leggere ad alta voce. Notando una diminuzione della frequenza cardiaca e della pressione, i ricercatori hanno concluso che la vicinanza dell'animale modificava la loro percezione della situazione, facendola apparire meno minacciosa e più socievole. Uno studio analogo di Julia K. Vormbrock e John M. Grossberg[137] ha monitorato pressione sanguigna e frequenza cardiaca in un gruppo di studenti e studentesse universitari chiamati a interagire con alcuni cani a livello tattile, verbale e visivo. Quando accarezzavano il cane la pressione scendeva, mentre il battito rallentava se toccavano o parlavano con l'animale.

Ciò non significa che la presenza di *qualsiasi* creatura amichevole fornisca un supporto e allevi lo stress in situazioni sperimentali angoscianti. Per esempio, le ricerche dimostrano che non sempre la vicinanza di altre persone ha gli stessi effetti benefici. In uno studio di Karen Allen e colleghi,[138] alcuni adulti sono stati posti in situazioni mentalmente e fisicamente stressanti, come eseguire calcoli aritmetici a mente e sottoporsi al "cold pressor test" immergendo la mano in acqua e ghiaccio (per indurre una reazione fisiologica allo stress). I partecipanti erano rispettivamente da soli, con il loro coniuge, con il loro cane o gatto (se lo avevano), con un amico (in alternativa all'animale) o con il coniuge *e* un animale o un amico. In tutti gli scenari, le persone accompagnate dai loro animali domestici avevano una frequenza cardiaca basale e livelli pressori inferiori, che aumentavano in misura minore durante le situazioni di stress e tornavano alla normalità più in fretta.

Possiamo verosimilmente concludere che, quando i proprietari di cani affrontano gli stress e le tensioni onnipresenti nella vita moderna, i loro corpi tendono a essere meno reattivi sul piano fisiologico e, mentre gestiscono queste sfide, la risposta cardiovascolare rimane relativamente calma. Considerando le vicissitudini del mondo in cui viviamo, è una risorsa con un enorme potenziale in ambito sanitario. Se avere un cane può aiutarci a evitare un'eccessiva sollecitazione fisica allo stress, l'apparato cardiocircolatorio subirà meno pressioni e questo, a lungo andare, gioverà alla nostra salute.

Per chi soffre di problemi cardiaci, avere un cane può contribuire a mitigarne gli effetti. Un esempio emblematico:[139] uno studio di Karen Allen, Barbara Shykoff e Joseph Izzo, Jr. ha scoperto che, quando le persone affrontano uno stress mentale, gli animali domestici, a differenza dei farmaci, riescono a limitare l'aumento della pressione sanguigna. Lo studio invitava alcuni pazienti ipertesi a risolvere un problema matematico difficile, e tutti i partecipanti hanno registrato un'analoga reazione basale. In seguito è stato somministrato loro un farmaco per ridurre la pressione, che ha funzionato in maniera uniforme a livello basale, ma in condizioni di stress mentale si sono evidenziate delle variazioni. Nei proprietari di cani che avevano assunto il farmaco, le reazioni fisiologiche – come i picchi di pressione – erano nettamente inferiori rispetto agli altri. Pertanto, i ricercatori hanno concluso che il supporto sociale fornito dagli animali domestici ha un ruolo importante nel ridurre la reazione fisiologica dei proprietari alle situazioni di stress.

È chiaro che avere un cane non basta a evitare l'insorgere di malattie cardiovascolari, ma può agevolare il recupero qualora si presentassero. Una ricerca di Mary Herrald e colleghi ha rilevato che, tra le persone colpite da infarto,[140] i proprietari di cani hanno molte più probabilità di completare la riabilitazione cardiaca, che in genere prevede di sottoporsi a fisioterapia, imparare a gestire i fattori di rischio ed evitare le fonti di stress quotidiane. Inoltre, da uno studio di Mwenya Mubanga e colleghi[141] si è evinto che le persone con cani sopravvivono più a lungo dopo aver subito infarti o ictus ischemici. Molte altre ricerche[142] supportano questa correlazione tra il possesso di un cane e la sopravvivenza a episodi cardiovascolari.

Una delle prime esplorazioni in materia è stato uno studio svolto da Erika Friedmann e Sue Thomas nel 1995.[143] Seguendo per un anno 369 pazienti colpiti da infarto, è emerso che i proprietari di cani avevano una probabilità molto più bassa di morire in quel lasso di tempo. Anche se la spiegazione di questo effetto positivo non è immediatamente evidente, un'ipotesi logica potrebbe essere che la necessità di portare fuori il cane a intervalli regolari garantisce un'attività fisica più frequente, che a sua volta migliora la salute cardiovascolare. Ma non era questo il punto focale dello studio. Nessuno dei pazienti con animali *diversi* dai cani era morto entro un anno dall'infarto, per cui la protezione si estenderebbe anche a chi possiede animali che non richiedono un esercizio fisico.

Quindi dev'esserci sotto qualcos'altro, e probabilmente ha a che vedere con il supporto emotivo e sociale offerto dai nostri amici pelosi. Il supporto sociale – un tema che ritorna spesso in questo libro – è alla base dei tanti modi in cui i cani migliorano le nostre vite. In ambito psicologico il termine descrive la sensazione di essere accuditi, aiutati e inseriti in una comunità. Due pilastri fondamentali del supporto sociale sono il sostegno emotivo, che include intimità, amore, affetto, fiducia e accettazione, e la compagnia, per cui ci sentiamo accolti e a nostro agio con la persona o la comunità che ci dà appoggio.* Durante la pandemia di Covid, uno studio condotto da Jonathan Bowen ha indagato il modo in cui i proprietari di cani in Spagna caratterizzavano il supporto sociale ottenuto dai loro amici a quattro zampe, e ha scoperto che i partecipanti «ricevono conforto dal contatto fisico con i loro cani e dalle attività condivise con loro, e li trattano come confidenti alla stregua di amici e familiari». Inoltre, i ricercatori hanno notato che in molti casi «i cani hanno il vantaggio di essere più disponibili rispetto alle fonti di sostegno umane».

Avere supporto sociale non significa solo sentirsi bene:[144] in realtà è un fattore importante per la nostra salute mentale e fisica, ci aiuta a essere più sani e riduce il rischio di morte prematura. Una meta-analisi di Hsiu-Hung Wang e colleghi[145] ha evidenziato che il livello di supporto sociale di una persona prevede in modo significativo ognuna delle sedici variabili associate alle condizioni di salute, tra cui lo stato di salute complessivo, i sintomi fisici e psicologici, i comportamenti adattivi, la depressione e il livello di stress. Quando gli esseri umani non hanno accesso a un solido supporto sociale – perché sono isolati, non hanno rapporti con la famiglia, vivono in situazioni non solidali, o sono anziani e hanno visto gran parte della loro rete sociale trasferirsi altrove o morire – la loro salute ne risente. In queste circostanze, i cani possono garantire una

* Gli altri due pilastri sono il supporto finanziario e quello informativo, che purtroppo i nostri cani in genere non sono in grado di fornirci.

maggior sensazione di sostegno sociale e tutti i benefici annessi per la salute.

Oltre alle tante attività quotidiane che rafforzano il nostro legame, come nutrirli, portarli a spasso, lavarli e accarezzarli, i bisogni e le attenzioni dei cani introducono nelle nostre vite un piacevole senso di ordine, struttura, scopo e responsabilità. E i ricercatori ipotizzano che siano in grado di darci anche un supporto discreto che va ben oltre quello di cui sono capaci le altre persone.

Al di là di studi e statistiche, molti di noi hanno provato sulla propria pelle questi vantaggi. Nel 2018 il marito di Michelle, Clint, ha avuto un ictus, e si è trovato alle prese con problemi non solo di linguaggio ma anche mnemonici e cognitivi che lo hanno costretto a prendersi un congedo dal suo lavoro nel governo della contea. Clint era da sempre il preferito del loro segugio Allie, e dopo l'ictus, quando è tornato a casa dal centro di riabilitazione, Allie è stata la sua fedele compagna. «È rimasta al suo fianco ogni giorno. Lui le parla, cosa che lo aiuta con i suoi problemi linguistici, e lei lo costringe sul divano se si sta strapazzando troppo o la sua pressione sanguigna aumenta» spiega Michelle, che ha un impiego part-time presso la biblioteca della loro città in Arizona. Sapere che c'è Allie a badare a Clint mentre è al lavoro le dà un grande conforto.

Avere il supporto e le attenzioni di un caregiver canino può essere di particolare importanza per chi deve gestire un problema di salute cronico o si sta riprendendo da una malattia grave. Come hanno scritto Erika Friedmann e colleghi su *Public Health Reports*:[146] «Gli animali domestici sono sempre a nostra disposizione come fonte e destinatari di attenzioni. Lo scambio di affetto tra persone e animali ha una natura ben precisa che differisce dalle interazioni con i membri della famiglia e altri parenti». Mentre i rapporti familiari sono spesso «carichi di ambivalenza e stati emotivi negativi», i sentimenti verso i nostri cani tendono a essere privi di ambiguità. Oltre a nutrire un amore e un'adorazione incondizionati nei loro confronti, scegliamo di crogiolarci nel conforto e nell'affetto smodato che ci offrono senza condizioni. «Gli animali domestici sono una fonte di conforto che può essere programmata su richiesta del proprietario, perlopiù scevra da limiti, contrattazioni o suppliche» hanno osservato i ricercatori. È davvero una medicina potente, e ci cambia sul piano fisiologico e psicologico.

Al di là degli effetti specifici sui diversi parametri della nostra salute, il rapporto con i cani potrebbe involontariamente cambiare anche l'atteggiamento e l'approccio che abbiamo verso il nostro stato fisico e la nostra vita. È naturale che vogliate prendervi cura del vostro amico a quattro zampe il più a lungo possibile, e questo potrebbe indurvi a migliorare il vostro stile di vita e il modo in cui gestite lo stress. Forse vi spingerà a riguardarvi, assumendo i farmaci prescritti dal medico, facendo attività fisica regolare o andando a letto prima. Se non volete farlo per il vostro benessere, fatelo per il suo. Quando amate un cane con tutto il cuore e con tutta l'anima, è importante assaporare e sfruttare al massimo il tempo che trascorrete insieme.

7
Servire e proteggere
Come i cani possono rilevare malattie e pericoli

Qualche anno fa John, un sessantenne magro e atletico, ha sofferto per dieci giorni di un'indigestione persistente. Malgrado la debolezza, ha tentato di ignorare il malessere portando avanti la sua routine quotidiana, incluso il suo lavoro nel settore della cantieristica marina alle Florida Keys. Non aveva in programma una visita dal medico, ma il suo cane Chomp, un incrocio tra griffone di Bruxelles e carlino con il pelo biondo e ispido e un indimenticabile underbite, era di tutt'altro avviso. Per tre volte, in quei dieci giorni, John si è svegliato con Chomp sul petto che gli leccava la faccia all'impazzata con la sua lingua ruvidissima. Per John non erano i soliti risvegli notturni dovuti a qualche strano rumore, alla moglie che si rigirava nel letto o ad altri elementi di disturbo; ogni volta riprendere i sensi era una fatica immane. A quel punto spingeva via Chomp, si girava sul fianco e tornava a dormire. Allora il cane, che di norma era buffo e giocoso, stava di guardia con la testa appoggiata sul bordo del letto e lo guardava dormire. «Sentivo il suo respiro sul viso, e quando aprivo gli occhi era seduto lì con i suoi occhietti nero corvino che mi fissavano» ricorda.

John sapeva che Chomp stava cercando di dirgli qualcosa, e alla fine si è deciso a fissare una visita con un cardiologo. Durante una prova da sforzo il suo cuore di fatto si è fermato: in pratica è morto nello studio del medico, e lo hanno dovuto rianimare. Nel giro di poche ore lo hanno trasportato in eliambulanza in un ospedale di Miami, dove si è scoperto che il 98 per cento dell'arteria discendente anteriore sinistra, il vaso principale che porta il sangue in quel lato del cuore, era occlusa. Gli infarti dovuti al blocco di questa arteria sono i cosiddetti *widowmaker* (creatori di vedove) per il loro tasso di mortalità. Lui ha avuto la fortuna di sopravvivere.

A quanto è emerso, durante il sonno John smetteva di respirare a intervalli, e Chomp se ne accorgeva, per questo gli saltava sul petto facendo quella che John ha definito "rianimazione canina". In ospedale i medici gli hanno impiantato uno stent, e al suo risveglio si sentiva già meglio. Anche se Chomp non è più con noi, occupa ancora un posto d'onore nel cuore del suo proprietario. Mentre raccontava questa storia, la sua voce ha lasciato trapelare tutto l'amore e l'apprezzamento che provava per lui. «Sono qui solo per merito suo. Devo la vita a Chomp, ne ho l'assoluta certezza.»

I cani hanno la capacità portentosa di percepire i problemi di salute dei loro umani. Riescono a individuare sul nascere l'ipoglicemia nei diabetici, gli attacchi di epilessia, o la presenza di allergeni volatili in persone con gravi allergie. I cani da assistenza consentono a chi soffre di certi disturbi o malattie di vivere le proprie giornate con maggior serenità. Perfino quelli non addestrati colgono i segnali di alcuni tipi di cancro, diabete, allergie e altre condizioni mediche grazie al loro incredibile olfatto.

Il naso finissimo dei cani

Grazie al loro olfatto potente, i cani da allerta medica riescono a fiutare i cambiamenti biochimici nel corpo umano. Prima di addentrarci in spiegazioni scientifiche, vediamo alcuni aspetti straordinari del naso dei cani. Il loro olfatto è molto superiore a quello umano[147] perché, a seconda della razza, possiedono tra i duecento milioni e il miliardo di recettori olfattivi nelle cavità nasali,[148] rispetto ai circa sei milioni degli esseri umani; inoltre, il bulbo olfattivo nel loro cervello, deputato ad analizzare gli odori, è circa quaranta volte più grande del nostro.[149] Come se non bastasse, i cani hanno uno strumento olfattivo speciale chiamato organo di Jacobson che si trova in fondo alle cavità nasali e intercetta i feromoni e altre sostanze chimiche del corpo. Gli scienziati stimano che il loro fiuto sia tra le dieci e le centomila volte migliore di quello umano. Ecco perché a loro basta una rapida annusata[150] per capire se un nuovo amico peloso è maschio o femmina, socievole o aggressivo, sano o malato.* Se noi percepiamo l'ambiente soprattutto tramite la vista, pur notando anche gli odori, per i cani è vero il contrario.

L'olfatto dei cani è fondamentale per la loro funzionalità e la loro sopravvivenza. Jen ne ha avuta una testimonianza diretta. La sua K, durante la vecchiaia, ha sviluppato l'uveite, un'infiammazione dello strato centrale dell'occhio che può compromettere la vista; colpisce spesso i golden retriever e provoca fitte estremamente dolorose. Jen ha cercato di controllarla per mesi, ma

* Quando i cani si fiutano tra loro, come capita spesso, i maschi puntano subito sull'area della coda (seguendo gli odori secreti dalle ghiandole sebacee intorno all'ano), mentre le femmine cominciano più spesso dal muso (pervaso dall'odore della saliva), secondo Alexandra Horowitz, autrice di *Una questione di naso. Essere un cane in un mondo di odori.*

alla fine si è resa necessaria un'ablazione a entrambi gli occhi, che ha alleviato le sofferenze di K ma l'ha resa cieca. Nella prima settimana a casa andava a sbattere contro mobili e porte, anche se conosceva benissimo la disposizione degli interni della loro piccola abitazione. Allora Jen ha avuto l'idea di comprare un set di oli essenziali per contrassegnare gli ambienti. Usando un bastoncino cotonato, ne ha applicato una puntina all'altezza della testa di K sugli stipiti delle porte, sulla scala e gli arredi che urtava più spesso. Ha usato un olio diverso per ogni zona, in modo che il cane potesse distinguere la porta della cucina dal bordo delle scale. Era una quantità così piccola da risultare impercettibile a noi umani, ma ha consentito subito a K di muoversi nello spazio riducendo al minimo le collisioni. In pratica quelle puntine di olio le hanno restituito la capacità di "vedere" la casa.

Attraverso il naso i cani riescono a vedere anche il passato, cogliendo gli indizi lasciati dai nostri odori. Così come le persone capiscono se qualcuno si è introdotto in casa loro e ha fumato una sigaretta, i cani sanno chi è stato nei paraggi, quanto tempo prima, e che problemi aveva, fiutando gli odori rimasti nell'aria. È una capacità che ci viene mostrata spesso in azione alla TV, quando i cani da traccia danno un paio di sniffate a un calzino e corrono nei boschi a cercare una persona scomparsa. I loro corpi si sono evoluti a questo scopo.[151] Di fatto, molti segugi e altre razze da traccia hanno le orecchie lunghe perché li aiutano a orientare e concentrare gli odori verso il naso sensibile. Prendiamo i bracchi, per esempio.[152] Quando puntano il muso verso il basso,[153] le orecchie lunghe raccolgono gli odori dal terreno e dall'ambiente e li convogliano verso il naso per massimizzare le opportunità di fiutarli, secondo Alexandra Horowitz, autrice di *Una questione di naso. Essere un cane in un mondo di odori.*[*]

* Nei cani come negli esseri umani, lo starnuto è un riflesso che aiuta a liberare il naso da corpi estranei che lo solleticano o lo irritano, ma per i cani potreb-

Fiutare la malattia

Con queste finissime capacità olfattive, i cani colgono i minimi cambiamenti nelle sostanze chimiche prodotte dal nostro corpo, quelle variazioni impercettibili all'uomo o che si verificano agli esordi di una malattia, quando ancora non ci sentiamo molto diversi da prima. Il nostro apparato olfattivo non è abbastanza forte o sensibile da notarli. «I cani sono straordinariamente sensibili ai cambiamenti nei loro umani»[154] spiega Horowitz, a capo del Dog Cognition Lab presso il Barnard College di New York. «Se una persona è stata infettata da virus o batteri avrà un odore diverso.» Ciò è dovuto ai cambiamenti nella chimica del corpo causati dalla malattia.

Per questo motivo i cani sono usati sempre più spesso in esperimenti che puntano a rilevare le malattie negli esseri umani – come cancro, diabete, tubercolosi, narcolessia, malaria, e perfino il Covid – fiutando campioni di sangue, sudore, pelle, alito o urina per identificare le variazioni nell'odore di queste sostanze. Nell'autunno del 2020 si è scoperto che i cani riuscivano a individuare le infezioni da Covid tramite l'olfatto.[155] I cani poliziotto sono stati addestrati a fiutare il Covid in campioni di sudore, e nelle prove iniziali lo hanno rilevato prima ancora che i test molecolari confermassero la positività. Secondo uno studio recente di Edward H. Maa e colleghi,[156] i cani addestrati riescono a riconoscere il mentone, un composto organico volatile, nel sudore umano prima e durante gli attacchi epilettici, oltre che nei momenti di paura. E possono imparare a rilevare anche l'isoprene,[157] una sostanza chimica comune nel respiro umano che aumenta in modo significativo quando le persone affette da diabete di tipo 1 hanno un pericoloso calo di glucosio nel sangue.

be avere uno scopo secondario, sempre secondo Horowitz: pulire il naso da un odore fiutato per prepararsi al successivo.

Questi super fiutatori riconoscono non solo l'odore dell'ipoglicemia (zuccheri bassi nel sangue) ma anche quello dell'iperglicemia (zuccheri alti nel sangue). Per le persone diabetiche sono due condizioni pericolose in quanto, se non trattate, possono causare vista sfocata, confusione, difficoltà a parlare, crisi epilettiche, coma e altri eventi potenzialmente letali. I cani da compagnia in alcuni casi riescono a percepire questi odori,[158] e da uno studio è emerso che i cani di persone diabetiche mostrano dei cambiamenti comportamentali quando la glicemia dei proprietari imbocca una direzione pericolosa. I ricercatori ricollegano questa capacità alle alterazioni degli odori,[159] visto che in condizioni sperimentali i cani hanno allertato i membri (umani) della famiglia di una variazione di glicemia mentre dormivano o erano in un'altra stanza con la porta chiusa (perciò era impossibile che avessero osservato qualcosa di diverso nel loro comportamento).

Lauren, una donna non ancora trentenne affetta da diabete di tipo 1, racconta che la sua labrador gialla Ricki, addestrata come cane da allerta diabete, le segnala qualunque cambiamento preoccupante nei suoi livelli di glicemia. Ricki è in grado di percepire le sue variazioni di glucosio semplicemente fiutandola. All'inizio era stata addestrata ad avvertirla se i livelli salivano sopra i 200 mg/dL o scendevano sotto i 100 mg/dL, mentre negli ultimi anni ha affinato le sue capacità, restringendo il campo e aiutando Lauren a tenere sotto controllo la glicemia. Una volta Lauren aveva un brutto raffreddore e si è addormentata in pieno pomeriggio, finché non ha sentito una sorta di grugnito che diventava sempre più forte, e un «ticchettio di unghie» intorno al suo letto. A un certo punto Ricki l'ha svegliata dandole dei colpetti con la zampa. «Avevo la glicemia intorno a trentacinque e, a giudicare dalla quantità di bava sul pavimento, Ricki stava tentando di svegliarmi da un bel po'» racconta Lauren, una communication specialist della California meridionale. «So che quel giorno mi ha salvato la vita. Dormivo profondamente e avevo la glicemia bassissima.» Da allora Ricki l'ha svegliata molte volte, di solito quando il glucosio nel sangue è a livelli meno pericolosi.

La teoria[160] è che i composti organici volatili secreti dal corpo umano tramite il respiro, il sudore, la pelle, l'urina, le feci e le secrezioni vaginali riflettono la condizione metabolica di un individuo. Le analisi chimiche[161] hanno rilevato 1840 sostanze chimiche volatili che potrebbero essere indicatori di cancro e altre malattie negli esseri umani. Quando un problema medico cambia la concentrazione di queste sostanze o ne introduce di nuove, l'odore corporeo muta. I cani non addestrati[162] potrebbero notare che il loro umano ha semplicemente un odore diverso, mentre quelli da assistenza sono in grado di riconoscere odori specifici legati a determinate malattie. In ogni caso, l'olfatto di un cane è il denominatore comune di queste capacità di rilevare la malattia.

INDIZI SUL CANCRO

Gli scienziati hanno ipotizzato per la prima volta che i cani sapessero riconoscere l'odore del cancro nel 1989.[163] Il melanoma è stato una delle prime forme tumorali studiate in tal senso, e i cani addestrati a riconoscerne l'odore[164] lo individuavano nella stragrande maggioranza dei casi tramite campioni di tessuto nascosti sulla pelle di volontari sani, senza falsi positivi, nel senso che non indicavano mai la presenza di cancro quando non c'era. Da allora, decine di studi hanno confermato questo fenomeno, che potrebbe avere importanti ripercussioni a livello sanitario. In uno studio di Gianluigi Taverna e colleghi[165] dell'Istituto Clinico Humanitas di Milano, due pastori tedeschi antiesplosivo sono stati addestrati a riconoscere i composti organici volatili associati al cancro alla prostata nei campioni di urina e a distinguere i campioni cancerosi da quelli non cancerosi. Uno dei due cani ha rilevato il cancro nei 362 campioni con un'accuratezza del 100 per cento, l'altro del 98,6 per cento.[166]

In un altro studio, condotto da Hideto Sonoda e colleghi[167] dell'Università di Kyushu in Giappone, sono stati prelevati campioni di alito e feci liquide da persone sane e pazienti affetti da tumore del colon-retto prima della colonscopia. Poi i campioni sono stati sottoposti a un labrador retriever addestrato a fiutare il cancro, che si sedeva di fronte a quelli in cui rilevava l'odore di una neoplasia. Sorprendentemente, il cane ha saputo riconoscere il tumore nei campioni di alito con un'accuratezza del 91 per cento, e del 97 in quelli delle feci. E anche nei casi in cui il cancro era in fase precoce. Queste scoperte sono solo la punta dell'iceberg. Nella loro analisi della letteratura in materia, Federica Pirrone e Mariangela Albertini, medico veterinario, hanno scritto: «Svariate prove suggeriscono che i cani potrebbero fornire un importante contributo alla riduzione della mortalità per alcune tipologie di cancro».[168]

Inoltre, i cani possono allertare le persone di alcune emergenze mediche acute derivanti da infezioni o malattie comuni, come hanno scoperto Chelsea e suo marito. Dal momento in cui hanno portato a casa la figlia neonata dall'ospedale, il loro cane Striker, un incrocio tra golden retriever, husky e cane da pastore australiano, ha sorvegliato con attenzione la bambina. Nell'agosto del 2021 la piccola ha contratto all'asilo la malattia mani-bocca-piedi, un'infezione virale. Chelsea è rimasta a casa con lei mentre il marito era fuori città per il matrimonio del suo migliore amico. A parte il disagio causato dalle vescicole in bocca e dallo sfogo cutaneo, la bambina non sembrava stare particolarmente male. Un giorno però, alle cinque del mattino, Striker si è svegliato di soprassalto ed è corso di fronte alla cameretta della piccola, ringhiando e piangendo.

Quando Chelsea ha aperto la porta, ha trovato la figlia carponi, scossa dai conati e con la faccia livida. «Stava soffocando per il muco e non riusciva a respirare» ricorda Chelsea. «L'ho subito piegata sul mio ginocchio e le ho colpito ripetutamente la schiena per liberare le vie aeree.» Non appena ha ripreso a respirare normalmente, Chelsea ha chiamato un'ambulanza che ha portato di corsa sua figlia in ospedale. Oltre alla mani-bocca-piedi, i medici le hanno diagnosticato un crup e le hanno prescritto epinefrina e altri farmaci per agevolare il respiro. «Sarebbe soffocata se il nostro cane non mi avesse avvertita in quel momento» spiega Chelsea. Una volta tornate a casa, Striker è rimasto accanto alla bambina fino alla sua piena guarigione. «Se non fosse stato per Striker, non so se oggi nostra figlia sarebbe viva.»

Sui social media si trova una quantità sbalorditiva di storie di cani che hanno allertato i loro proprietari di vari problemi medici. Un'anziana signora, per esempio, si è fatta visitare perché il cane di famiglia continuava a fiutare un punto specifico del suo piede, e il medico ha individuato un nodulo sospetto che si è rivelato un melanoma cutaneo. Una coppia australiana ha preso un cane da assistenza, un incrocio di boxer, per il figlio affetto da autismo e difficoltà sensoriali, e l'animale ha rilevato l'assenza tipica, una forma di epilessia che lo portava a perdere conoscenza o a fissare il vuoto per alcuni secondi, pur non essendo stato addestrato a questo tipo di problematiche.

Per contestualizzare, è bene sapere che le crisi epilettiche in genere hanno tre fasi: la fase prodromica o aura, l'attacco in sé (fase ictale), e il periodo di ripresa dopo la crisi (fase post-ictale). Durante la fase prodromica,[169] alcune persone presagiscono l'arrivo di una crisi attraverso cambiamenti d'umore, difficoltà a dormire o a restare concentrate, stordimento, un senso di déjà-vu, mal di testa o formicolio in varie parti del corpo. Sapere quando arriverà un attacco epilettico è cruciale, soprattutto se si è in situazioni pericolose, per esempio alla guida. E anche se la persona è a casa, le crisi possono farla cadere a terra, con il rischio di riportare gravi lesioni.

Pochi secondi di preavviso possono bastare a creare un ambiente più sicuro in vista di una crisi, per questo avere un cane da allerta può portare enormi benefici a chi soffre di epilessia a scarso controllo. Uno studio di Edward Maa e colleghi[170] del Comprehensive Epilepsy Center presso il Denver Health ha scoperto che i cani da assistenza addestrati riuscivano non solo a identificare l'odore tipico delle crisi epilettiche nel sudore dei sessanta partecipanti, ma anche a rilevare la presenza di questo odore *prima* dell'attacco nel 79 per cento dei casi. In questo studio, la durata media della fase di preavviso (o prodromica) dell'odore era di 68,2 minuti, un tempo più che sufficiente a mettere in atto «diversi interventi terapeutici o di sicurezza logistica».

In un'analisi delle ricerche condotte sui cani di allerta/reazione alle crisi epilettiche, Amélie Catala e colleghi[171] della Normandie Université in Francia hanno scoperto che l'intervallo di tempo nel quale il cane attirava l'attenzione e allertava la persona epilettica era molto variabile – da dieci secondi a cinque ore – ma affidabile dal 70 all'85 per cento dei casi, secondo i loro proprietari. Una ricerca precedente di Val Strong e colleghi[172] nel Regno Unito ha rilevato che i cani potevano essere addestrati a identificare in anticipo le crisi epilettiche inviando segnali chiari ai loro proprietari (come abbaiare, saltellare e dare colpetti con la zampa) dai quindici ai quarantacinque minuti prima dell'attacco. Questo, oltre a rendere le persone più fiduciose e attive grazie alla consapevolezza di poter gestire le eventuali crisi, portava anche a una riduzione delle crisi stesse. Sapendo che sta per arrivare un attacco, chi è affetto da epilessia ha la possibilità di assumere farmaci che aiutino a controllarlo.

Le esperienze reali di persone epilettiche confermano questi benefici. Per esempio D*, che studia in un college dell'Arkansas, soffre di epilessia da quasi tutta la vita. A quindici anni, mentre era a casa, ha avuto una crisi tonico-clonica (anche nota come "grande male") durante la quale ha smesso di respirare e il battito del polso è rallentato in modo pericoloso; in seguito, D ha riportato un'emiparesi del lato destro del corpo durata parecchie ore. La fase post-ictale può causare una forte spossatezza, e quella notte D ha dormito per sedici ore. Al suo risveglio, l'indomani, il suo cane River, un incrocio tra labrador e border collie di quasi quaranta chili, aveva la testa appoggiata sulle sue mani. River non era un cane da assistenza, eppure è rimasto al suo fianco per giorni. «Mi faceva la guardia giorno e notte» ricorda D. «Io ho continuato a tremare e a sentirmi debole per diversi giorni, e lui faceva sempre le scale con me. Quando mi fermavo si fermava anche lui e aspettava che ripartissi.» La compagnia di River ha dato a D un senso di protezione e sicurezza grazie al quale ha potuto continuare a condurre una vita regolare.

È una reazione comune, soprattutto tra persone che hanno cani da allerta epilessia.

La squadra di Val Strong ha sviluppato un altro studio su questi cani che includeva un sondaggio sulla qualità della vita, dal quale si sono evinti notevoli benefici per le persone con crisi tonico-cloniche. «I pazienti riferiscono che possedere un cane da allerta ha avuto vari effetti positivi, tra i quali un miglioramento dei rapporti personali, una maggior sicurezza di sé, la capacità di lavorare, un senso di sicurezza/tranquillità, una riduzione di cattivo umore o depressione, un calo dell'ansia e un aumento dell'indipendenza.»[173]

In altri casi, i cani da allerta medica e assistenza aiutano i proprietari rimanendo sempre vigili. I nostri amici a quattro zampe sono dotati di un intuito straordinario e ci tengono d'occhio, spesso osservando il nostro linguaggio corporeo e il nostro comportamento. Quando notano un cambiamento preoccupante o disorientante, anche minimo, possono venire in nostro soccorso se stiamo per svenire, fornirci un appoggio se ci sentiamo deboli, o saltarci sul petto se abbiamo qualche anomalia del respiro, com'è successo a John.

L'olfatto finissimo dei cani spesso li avverte se i loro amati umani hanno qualche problema o malattia. E dal momento che sanno leggere le nostre espressioni facciali, è probabile che riescano anche a intuire quando proviamo dolore o altre forme di disagio fisico. Questa coppia dinamica di doti di percezione sensoriale è la ragione per cui i nostri amici pelosi, che siano o meno addestrati a rilevare malattie croniche o potenzialmente letali, ci aiutano ad allontanare o evitare un pericolo. E se all'improvviso sembrano ossessionati da una parte specifica del nostro corpo, forse sarebbe una buona idea farla controllare da un medico. Potrebbe fare la differenza per la nostra salute e la nostra stessa vita.

Anche nelle situazioni isolate in cui un cane vi allerta di un possibile rischio medico, questo intervento rafforzerà il vostro legame. Se il vostro amico peloso vi conosce così bene da cogliere il minimo cambiamento nei segnali del vostro corpo, proverete un'immensa gratitudine sapendo che il vostro benessere è in zampe sicure.

8
Un sostegno per la salute mentale
Come i cani possono aiutare in caso di problemi psichiatrici

Marian*, che soffre di un disturbo d'ansia e attacchi di panico, spiega che il suo cane Rusty le ha offerto un soccorso emotivo in molte occasioni. «Al liceo, quando formalmente non ero ancora in terapia, il mio cane era l'unico capace di alleviare l'ansia tutte le volte che rimanevo sveglia fino a notte fonda con degli attacchi di panico pensando ai compiti e alle lezioni» racconta Marian, che oggi frequenta il college a Boston. Finché non andava a letto, Rusty rimaneva con lei e tentava di distrarla o di consolarla se era nel panico, cosa piuttosto frequente, soprattutto quando aveva dei saggi da consegnare o una verifica imminente.

In certi momenti si sentiva così disperata e sopraffatta da avere pensieri suicidi. «Senza Rusty sarei stata decisamente peggio, e con ogni probabilità l'avrei fatta finita.» Per fortuna non è andata così, e Marian ha ricevuto le cure psichiatriche di cui aveva bisogno, che hanno posto fine ai pensieri suicidi ma non alle sue vicissitudini emotive. Rusty l'ha aiutata anche quando la madre è morta di cancro nel 2020 e lei era devastata dal dolore. «Occuparmi del mio cane mi ha costretta ad andare avanti» dice. «Mi ha salvato la vita più volte di quanto vorrei ammettere, per il solo fatto di esistere e di starmi vicino nei momenti più bui della mia vita.»

Oltre a tirarci su di morale quando siamo tristi, i cani possono alleviare parte del disordine interiore di quanti soffrono di gravi disturbi mentali, come vedremo in questo capitolo. E una volta arginato il tumulto emotivo, il potente legame umano-canino può aiutare queste persone a condurre una vita piena. Chiaramente i cani non sostituiscono la terapia e altre cure mediche fondamentali nel caso di problemi psichiatrici, ma offrono un ulteriore sostegno. E siccome danno un significato e uno scopo all'esistenza dei loro proprietari, in certi casi riescono a diventare una valida ragione di vita per loro.

Negli Stati Uniti come nel resto del mondo i disordini mentali sono sempre più diffusi. I disturbi d'ansia affliggono quarantotto milioni di adulti statunitensi,[174] mentre ventun milioni di persone hanno avuto un grave episodio depressivo nell'ultimo anno, e nove milioni hanno sofferto di un disturbo da stress post-traumatico (PTSD). D'altro canto, si stima[175] che tra i giovani dai tre ai diciassette anni siano stati diagnosticati quasi nove milioni di casi d'ansia e/o depressione negli ultimi anni, spesso accompagnati da problemi comportamentali o di condotta. Queste cifre riflettono enormi sofferenze emotive.

Le ricerche degli ultimi anni dimostrano che un cane può aiutare le persone affette da ansia e depressione clinica, ridurre i sintomi del PTSD, alleviare l'angoscia acuta da trauma, agevolare la ripresa da dipendenze o disturbi alimentari, e molto altro. La sua presenza,[176] secondo gli studi, può addirittura attenuare la paura di chi sta per sottoporsi a terapia elettroconvulsivante per curare una depressione grave. E le sedute di terapia con la partecipazione attiva di un cane possono ridurre l'anedonia,[177] vale a dire l'incapacità di trarre piacere da attività di norma gradevoli, che accompagna spesso la schizofrenia.

Questi benefici per la salute mentale derivano forse dal fatto che i cani ci costringono ad abbandonare la nostra comfort zone e a tirare avanti, uscendo, respirando aria fresca, facendo esercizio fisico e/o rendendoci conto che siamo più adattabili di quanto credessimo. E parte di questi effetti tranquillizzanti proviene dalle risposte neurochimiche all'interazione con i nostri amici pelosi. Stare con un cane amato o socievole[178] aumenta il livello di serotonina, ossitocina e altre sostanze chimiche nel cervello umano che ci fanno sentire bene, e al contempo riduce il cortisolo, l'ormone dello stress: una combinazione di risultati che genera un senso di calma.

I cani hanno la capacità prodigiosa di cogliere e alleviare il nostro stress fisiologico e psicologico. In uno studio uscito nel 2022 sulla rivista *PLOS One*, Clara Wilson e colleghi hanno raccolto campioni di alito e sudore da trentasei persone prima e dopo lo svolgimento di un compito di aritmetica stressante, inserendoli in contenitori racchiusi in un'apposita struttura insieme ad altri campioni neutri o basali, e sottoponendoli uno a uno a quattro cani addestrati. Gli animali esibivano un "comportamento d'allerta" – fermandosi davanti allo sportello target e tenendo il naso vicino o premuto contro lo sportello per cinque secondi – nel caso dei "campioni sotto stress". Sorprendentemente, sono riusciti a identificarli nel 94 per cento dei casi.

Samantha, una terapista occupazionale che soffre d'ansia e di un disturbo ossessivo-compulsivo, era sul punto di farsi ricoverare quando ha preso la sua labrador Clara, che da allora è stata il suo salvagente emotivo in tantissime occasioni. «Sembra sempre capire quando sono in uno stato di angoscia emotiva o fisica e il suo comportamento cambia, viene a sdraiarsi accanto a me e mi appoggia la testa sulle gambe» racconta Samantha. «Con lei mi sento me stessa come non mi era mai capitato prima.»

Inoltre, avere un cane dà un senso quotidiano di scopo e una routine che aiutano a forgiare una connessione importante tra chi è emotivamente in difficoltà e il suo compagno a quattro zampe. Forse uno dei vantaggi più grandi è che le persone, in presenza dei loro cani, si sentono libere di essere quello che sono e di provare quello che provano; non si sentono costrette a fingersi allegre o coraggiose quando in realtà sono depresse o impaurite, come potrebbe succedere alla presenza di altri esseri umani. Prendiamo l'esempio di Kimberly, una veterana dell'esercito che ha servito in Afghanistan e soffre di PTSD e crisi epilettiche. Kimberly racconta che Cooper, un incrocio tra golden retriever e border collie, «mi ha insegnato che non c'è niente di male a essere la persona che sei, e che c'è molto altro nella vita, oltre ai miei problemi».

Uno studio di Cheryl Krause-Parello e Kristie Morales[179] ha indagato l'impatto dei cani da assistenza su ventuno veterani dell'esercito, molti dei quali soffrivano di depressione, ansia o PTSD, e ne è emerso che questi cani aiutano ad alleviare l'isolamento sociale. Parlando del suo cane da assistenza, un partecipante ha detto: «Mi ha dato qualcosa da amare e mi dimostra un affetto incondizionato, e grazie a questo sono uscito da una profonda depressione e ho trovato un motivo per vivere e amare di nuovo ed essere una persona completa. Non fosse stato per lui, sinceramente credo che mi sarei ucciso».

Oltre a godere della loro eccezionale compagnia, spesso le persone si sentono capite e sostenute sul piano emotivo dai loro cani, e questo può avere vantaggi incredibili per chi patisce l'isolamento causato da problemi psichiatrici. Il sentimento che provano non è frutto della loro immaginazione. Una ricerca di Attila Andics e colleghi[180] ha usato la risonanza magnetica funzionale (fMRI) per esaminare il cervello dei cani, e si è scoperto che possiede le stesse regioni di decodifica del suono presenti nel cervello umano. Questo consente loro di processare l'intonazione della voce e recepire la valenza emotiva di ciò che viene detto. Anche se i cani non comprendono le parole esatte, colgono il succo del messaggio e spesso sono sensibili al linguaggio corporeo degli esseri umani. Per questi motivi, e per il fatto che i cani forniscono amore incondizionato e un sostegno incrollabile, chi soffre di problemi mentali nei momenti di difficoltà può sentirsi più incline a cercare la compagnia del proprio cane affezionato e non giudicante, piuttosto che rischiare una reazione meno prevedibile da parte dei suoi cari.

Nel 2015, la salute mentale di Lily* «è caduta in picchiata» mentre portava avanti un lavoro a tempo pieno e gli studi universitari in Australia. È stata ricoverata in un reparto psichiatrico in cui è rimasta più di otto mesi, lottando contro PTSD e depressione maggiore. Dopo le dimissioni è andata a stare dai suoi genitori mentre cercava di capire cosa fare della propria vita. Un giorno sua madre l'ha portata a dare «solo un'occhiata» ad alcuni cuccioli, ed è tornata a casa con Baxter. «Ha dato un senso alla mia vita in un momento in cui vedevo tutto nero, e quando ho imparato a prendermi cura di lui ho capito che non c'era niente di male nel prendermi cura anche di me stessa» spiega Lily, che oggi è sposata e ha una figlia di due anni. «Il legame che abbiamo è indescrivibile. Senza dubbio è il motivo per cui sono ancora viva oggi.» Il loro scambio d'amore era talmente magico che la famiglia ha deciso di prendere un altro cane.

Trarre forza dal sostegno del vostro cane

È ampiamente riconosciuto che avere un supporto sociale forte – la sensazione che ci siano persone che ci vogliono bene e alle quali possiamo rivolgerci nel momento del bisogno – allevia i sintomi e il recupero da varie problematiche tra cui PTSD, disturbo bipolare e depressione maggiore.[181] Tuttavia, le malattie psichiatriche possono indurre all'isolamento e ostacolare la creazione di rapporti sani. Per contro, entrare in connessione con i cani è facilissimo, e a loro non interessa se è una giornata no, se dovete annullare i vostri impegni (tanto meglio, così possiamo stare a casa!), o se processate il mondo in modo diverso dagli altri. Non vi giudicheranno, purché li trattiate bene; a loro basta sostenervi e starvi vicino per essere felici.

Per questo i cani hanno un ruolo cruciale nel fornire supporto sociale alle persone con problemi mentali cronici che non andrebbe sottovalutato. In un affascinante studio di Helen Brooks e colleghi[182] della University of Manchester e della University of Southampton nel Regno Unito, i ricercatori hanno condotto interviste faccia a faccia tra i venti e i novanta minuti con cinquantaquattro adulti affetti da disturbi mentali di lunga data come schizofrenia e disturbo bipolare. L'obiettivo era esplorare il senso di sicurezza e connessione scaturito dalle loro reti sociali. I partecipanti erano invitati a disegnare grafici a bersaglio delle loro reti, rappresentando il ruolo svolto dagli animali, dalle attività e dalle varie persone all'interno della loro vita. Il 60 per cento degli intervistati ha collocato gli animali domestici nel cerchio centrale, il più importante, e la maggior parte di loro ha riferito di avere rapporti difficili con amici e parenti, un «divario di comprensione» tra sé e le altre persone, oppure un sostegno limitato al di là di quello fornito dai loro compagni animali. Alcuni hanno spiegato di avere relazioni tese o incrinate con la loro cerchia familiare e di amicizie a seguito di passati comportamenti legati alla malattia mentale. Per i loro animali invece non rappresenta un problema, anzi, cani e gatti sono sempre presenti per loro, e questo genera un senso duraturo di sicurezza e fiducia in quel legame.

I risultati di questo studio non sono un caso anomalo. In una meta-analisi di ventuno studi, Javier Virués-Ortega e colleghi[183] hanno esaminato l'impatto sociale degli interventi assistiti con animali, quasi sempre cani, sui pazienti anziani o affetti da depressione o schizofrenia, e sono giunti a conclusioni analoghe.

In particolare, il funzionamento sociale, i disturbi comportamentali, la depressione e l'ansia dei partecipanti miglioravano sensibilmente grazie al supporto sociale dei cani ottenuto attraverso la terapia.

A volte questo legame può essere una vera ancora di salvezza per chi ha toccato il fondo della disperazione, come ha avuto modo di scoprire Brittany, una program specialist presso un ente governativo in Texas che soffre di disturbo bipolare di tipo II. Oltre ad avere lunghi episodi di depressione e pensieri suicidi, a volte pratica l'autolesionismo, tagliandosi o bruciandosi nel tentativo di alleviare il dolore emotivo. Brittany è convinta che il suo goldendoodle Jefferson le abbia salvato la vita in diverse occasioni. Pur non essendo addestrato come cane di supporto emotivo, «è sensibile alle mie emozioni, e ogni volta che piango mi salta in braccio e mi lecca il viso, e questo mi aiuta» racconta. «Quando comincio a farmi del male di solito mi dissuade abbaiando, saltandomi sulle gambe e sdraiandosi sopra di me», con tutti i suoi trenta chili di peso.

E quando Brittany ha avuto tendenze suicide, il suo cane le si è sdraiato accanto e l'ha confortata. In altre occasioni, il solo pensiero di Jefferson abbandonato a se stesso senza capire cosa fosse successo le ha impedito di togliersi la vita. A un certo punto, prima della pandemia, i suoi genitori sono andati a trovarla da un altro stato e Brittany ha provato a convincerli a portare con loro Jefferson per un po'. «Mia madre si è resa conto che stavo di nuovo male senza che le parlassi espressamente di suicidio» spiega Brittany. Questo l'ha indotta a chiedere il supporto aggiuntivo di cui aveva bisogno, a sua madre e al suo terapeuta. «Sinceramente, non credo che sarei viva oggi senza il mio cane» ammette.

La solitudine è un fattore che ricorre in varie malattie mentali,[184] in quanto le persone con gravi problemi psichiatrici spesso hanno difficoltà a instaurare rapporti positivi,[185] perché nei momenti di sofferenza si ritirano dal mondo esterno, o per altri motivi ancora.* Purtroppo la solitudine può esacerbare alcuni disturbi mentali. Per esempio, uno studio di Jonathan Prince e colleghi[186] ha svelato che le persone con malattie mentali gravi che si considerano particolarmente sole hanno una probabilità di essere ricoverate in reparti psichiatrici 2,7 volte superiore rispetto a chi ha un maggiore supporto sociale. Alleviando la solitudine, i cani possono migliorare la loro vita.

Le ricerche di Janet Hoy-Gerlach e colleghi[187] presso la University of Toledo hanno esplorato gli effetti degli animali da assistenza emotiva sugli adulti con gravi malattie mentali, attraverso un programma pilota in cui i partecipanti venivano abbinati a cani (o gatti) provenienti da un rifugio. Il programma metteva a disposizione cure veterinarie gratuite, e si occupava dei cani in caso di ospedalizzazione dei pazienti, che soffrivano principalmente di depressione maggiore, disturbo bipolare o disturbo schizoaffettivo. I partecipanti sono stati chiamati a rispondere ad alcuni questionari all'inizio del programma e a distanza di un anno, incluso uno che misurava la solitudine. Come si evince dai risultati, in quell'intervallo han-

* Un fenomeno analogo può capitare alle persone affette da demenza, e i cani sono in grado di aiutare anche loro. Uno studio di Carol Opdebeeck e colleghi ha esaminato gli effetti del possesso di un cane sulle persone con demenza, e ha scoperto che i soggetti che hanno un cane e se ne prendono cura hanno minori probabilità di sentirsi soli. Inoltre, una ricerca di Nancy Richeson ha valutato l'impatto dei cani da terapia sugli anziani con demenza ospedalizzati: i cani sono stati condotti in ospedale cinque volte alla settimana per tre settimane, in modo che i pazienti potessero accarezzarli, dare loro dei croccantini, spazzolarli e parlare con gli animali e i loro addestratori; dopo le sedute, lo staff ha monitorato la frequenza con cui i pazienti interagivano tra loro, e al termine delle tre settimane ha rilevato un aumento considerevole nelle loro interazioni sociali, nonché una riduzione dei comportamenti dirompenti o agitati.

no percepito una notevole riduzione di solitudine, ansia e depressione, e hanno attribuito questi miglioramenti all'animale da assistenza emotiva.

Il contatto fisico

Quando le persone con gravi disturbi mentali si isolano o vengono ospedalizzate, viene a mancare un aspetto importante del supporto sociale che è la possibilità di un contatto fisico affettuoso. Stiamo parlando di ricevere abbracci da amici oppure coccole da un genitore o un partner. Il tatto è un senso importantissimo,[188] non solo perché ci fa conoscere il mondo in tutta la sua ricchezza, ma anche per il nostro benessere fisico ed emotivo. Riduce l'ansia e la pressione sanguigna, e aumenta il rilascio nel cervello di sostanze chimiche che ci fanno sentire bene, come ossitocina e serotonina. La deprivazione di contatto,[189] per contro, è associata a un incremento di ansia, depressione e senso di solitudine, e a un minor benessere.

Nel 2018 Olivia ha adottato dal Rescue Ranch un incrocio tra pastore tedesco e golden retriever di nome Kona che le ha cambiato la vita. Olivia aveva bisogno di un cane da assistenza, e Kona aveva un talento naturale. «Ha superato le mie aspettative, imparando a placare il PTSD e l'ansia di cui soffro e aiutandomi con l'ADHD» spiega Olivia, che è affetta anche da fibromialgia, e lavora per un'azienda di comunicazione a Sacramento. Oltre a fornirle stabilità e a eseguire una terapia di pressione profonda con il suo corpo quando ne ha bisogno, Kona è una fonte di stimoli tattili che la aiuta con il disturbo da deficit di attenzione.

Ovviamente ci sono momenti in cui non è possibile avere un contatto fisico umano, com'è successo durante il lockdown all'inizio del Covid. La deprivazione di contatto si verifica anche in contesti istituzionali, per esempio nei casi di ospedalizzazione per gravi malattie psichiatriche. Le ricerche[190] hanno evidenziato che gli animali in queste situazioni possono intervenire con il cosiddetto "tocco affettivo", inteso come un segno di affetto o un modo per dare conforto o supporto a una persona. In altri termini,[191] accarezzare o coccolare un cane socievole può portare gli stessi benefici di uno scambio di abbracci o coccole con i nostri cari.

Green Chimneys è una scuola residenziale terapeutica di New York[192] specializzata in interventi assistiti con animali per giovani con problemi comportamentali che nelle scuole ordinarie non riescono a eccellere. In uno studio condotto in questo istituto, i ricercatori hanno esaminato l'importanza dei cani nella cura dei ragazzi sottoponendo i giovani ospiti e il personale a interviste e questionari, e addirittura leggendo le poesie scritte dai ragazzi sui cani che vivevano nei dormitori. Nella stragrande maggioranza dei casi, i cani erano descritti come compagni apprezzati e affettuosi, e il ruolo del contatto fisico era ritenuto fondamentale. Parlando di Lambert, il cane del suo studentato, un allievo ha dichiarato: «Avere Lambert in dormitorio significa avere qualcuno da coccolare, abbracciare e riempire di baci, che oltretutto ricambia!». Inoltre, i giovani ospiti erano contenti che i cani passassero qualche minuto a letto con loro prima di addormentarsi. Era una fonte preziosa di consolazione e conforto.

La presenza di un cane in contesti terapeutici non giova solo ai pazienti ma anche al personale. Nello studio sui cani alla Green Chimneys, i membri dello staff hanno riferito che i cani donavano amore incondizionato anche a loro, oltre agli studenti, e questa cosa era molto apprezzata.

John, che lavora nell'amministrazione sanitaria di una struttura terapeutica ambulatoriale ad alto volume per la cura delle dipendenze, ha tre cani e non sa come sarebbe sopravvissuto al

2020 senza di loro. Durante il caos e le difficoltà della prima fase della pandemia, faticava ad arrivare a fine giornata. A casa si rivolgeva sempre più spesso ai suoi cani in cerca di stabilità, e il tempo passato con loro è diventato parte del suo regime di salute mentale. «Quando arrivavo a casa, prima di ogni altra cosa andavo in giardino a giocare e respirare aria fresca per un'oretta, o anche di più se il tempo non era troppo brutto» racconta John, che è sposato e vive in Minnesota. I cani amavano quel rituale, ma mai quanto lui. «Essendo un terapeuta, ho iniziato a rendermi conto più chiaramente di quanto avessi bisogno dei cambiamenti che si verificano nel mio cervello [quando passo del tempo con loro]. Andare a cercarli e trascorrere quei momenti insieme a loro è diventato un rituale che mi ricarica ogni giorno.»

I CANI AGEVOLANO LA CONNESSIONE SOCIALE E ALLEVIANO L'ANSIA

I cani, inoltre, possono accrescere il supporto sociale per chi è affetto da malattie mentali favorendo la connessione con gli altri. Come abbiamo già visto, sono un'ottima scusa per attaccare bottone, aiutano persone che non si conoscono a superare la timidezza, l'ansia sociale o i momenti imbarazzanti, e a entrare in sintonia. La presenza di un cane distoglie l'attenzione da noi, ci aiuta a rilassarci sul piano psicologico ed emotivo, e ci offre un argomento piacevole di conversazione. Non sorprende[193] che lo studio di Krause-Parello e Morales abbia dimostrato che i cani da assistenza migliorano il funzionamento delle famiglie umane dei veterani, fornendo loro un legame centrale su cui fondare i loro rapporti. Sono una sorta di lubrificante o facilitatore sociale all'interno della famiglia, o un catalizzatore dell'impegno verso gli altri membri. Un partecipante ha detto ai ricercatori che senza il suo cane da assistenza non avrebbe mai saputo creare un rapporto così stretto con i suoi parenti.

Come si è detto, la vicinanza di un cane riesce a ridurre i livelli di ansia e migliorare l'umore per varie ragioni. E succede a prescindere che le persone siano a casa o indaffarate nelle loro attività quotidiane, in ambienti scolastici o contesti terapeutici. L'ultimo caso è degno di nota perché il fatto di essere in cura per disturbi mentali può accrescere l'ansia, e anche qui i cani tornano utili, infatti si è scoperto che possono ridurre il timore dei pazienti in contesti terapeutici e potenzialmente migliorare i risultati a lungo termine.

In uno studio su 107 studenti della University of Pennsylvania,[194] Melissa Hunt e colleghi hanno chiesto ad alcuni partecipanti di mettere per iscritto un ricordo traumatico, mentre il gruppo di controllo era invitato a descrivere gli oggetti presenti in una stanza arredata. I due gruppi erano composti da due sottocategorie, in una delle quali era presente un cane durante l'esercizio. Come prevedibile, è emerso che parlare di un trauma provocava più ansia rispetto al descrivere una stanza arredata, ma in misura minore quando era presente un cane. Le narrazioni di eventi traumatici erano simili in entrambe le sottocategorie, dunque l'ansia non era inferiore perché stavano evocando episodi meno dolorosi: era la semplice vicinanza dell'animale a fare la differenza. Inoltre, gli studenti che avevano esposto il loro trauma in presenza di un cane presentavano sintomi depressivi molto più contenuti al termine dello studio.

I cani possono alleviare l'ansia anche in contesti ospedalieri. Per esempio, Sandra Barker e Kathryn Dawson hanno svolto uno studio[195] per valutare i livelli di ansia di 230 pazienti psichiatrici ospedalizzati al termine di un'unica seduta di terapia di gruppo in presenza di cani addestrati. I soggetti potevano accarezzare e interagire con il cane e il suo addestratore, mentre il gruppo di controllo partecipava a una sessione ricreativa senza animali. I ricercatori hanno misurato i livelli di ansia dei pazienti prima e dopo la seduta, e hanno notato che diminuivano in entrambi i gruppi nel caso di persone con disturbi dell'umore, ma solo l'intervento assistito con animali riduceva l'ansia per chi soffriva di disturbi diversi, inclusi quelli psicotici. Ecco cos'hanno teorizzato gli studiosi: «Forse i cani da terapia trasmettono un senso di sicurezza e conforto che manca nelle terapie ospedaliere più tradizionali. In alternativa, è possibile che offrano un diversivo non minaccioso alle situazioni ansiogene. Oppure è il contatto fisico con il cane a ridurre l'ansia dei pazienti, come riferito in altre popolazioni».

Quando sono previsti trattamenti più estremi o invasivi, la presenza di un cane può contribuire ad alleviare anche la paura, oltre all'ansia. Un altro studio, condotto da Sandra Barker e colleghi presso la Virginia Commonwealth University,[196] ha esaminato gli effetti degli interventi assistiti con animali su ansia, paura e depressione in pazienti psichiatrici che dovevano sottoporsi alla terapia elettroconvulsivante (TEC), generalmente usata nei casi di depressione maggiore o disturbo bipolare farmacoresistente. Trentacinque pazienti sono stati divisi in due gruppi, e a giorni alterni trascorrevano un quarto d'ora con un cane prima della terapia oppure leggevano una rivista in una sala d'aspetto. Il tempo passato con il cane riduceva la paura del 37 per cento e l'ansia del 18 per cento, segno che i cani potrebbero tornare utili anche in questi contesti.

Un motivo per riprendersi

I cani possono essere dei validi alleati terapeutici anche fuori dai contesti ospedalieri. L'attivazione comportamentale, per esempio, è una tecnica che talvolta viene inserita nella terapia cognitivo-comportamentale (CBT) per la depressione e il disturbo da stress post-traumatico. In sintesi, alla base c'è l'idea che le persone si identifichino nelle attività che amano e le rendono felici e le inseriscano nella loro routine quotidiana con l'obiettivo di migliorare il proprio umore. Grazie ai sentimenti positivi derivanti dallo svolgimento dell'attività, le persone in teoria[197] dovrebbero essere più propense a ripeterle in futuro, e questo a sua volta aumenterebbe le probabilità che si sentano meglio nel lungo termine. Non è sempre facile iniziare questo processo, ma i cani possono dare una mano.

I cani, infatti, hanno bisogni che richiedono l'intervento umano e creano una routine. La maggior parte dei proprietari sente la responsabilità di soddisfare le esigenze dei propri cani, siano esse cibo, passeggiate, gioco o affetto. Una ricerca di Mary Janevic e colleghi[198] ha rilevato che avere un cane spinge chi soffre di dolori cronici a uscire a passeggiare anche quando è sofferente o spossato, e questo è un esempio concreto di attivazione comportamentale. Un effetto analogo si può riscontrare nei casi di disturbo mentale.

In uno studio su 119 adulti[199] con una malattia mentale diagnosticata o problemi psichici, Roxanne Hawkins e colleghi hanno esplorato i modi in cui gli animali da compagnia, soprattutto i cani, influenzano la salute mentale e il benessere. Sono emersi sei temi ricorrenti: un aumento del tono edonico (che è alla base della capacità di provare piacere), una maggior motivazione e attivazione comportamentale, una riduzione dei sintomi dell'ansia e degli attacchi di panico, un maggior numero di connessioni sociali e meno solitudine, una diminuzione dei comportamenti rischiosi (come l'autolesionismo) e un sostegno al processo di recupero. Come ha osservato un partecipante: «Dover portare a spasso il mio cane quando avrei voluto solo rimanere in casa mi ha costretto a uscire e ammirare la bellezza del mondo, a prendere un po' d'aria fresca, a vedere la sua gioia mentre scorrazzava e giocava, e a tenermi in allenamento.

Tutte queste cose ti aiutano [...] nei momenti difficili». Per citare un altro partecipante: «Non credo che gli animali possano risolvere i problemi mentali, ma [possono] aiutarci ad affrontarli. Soffro ancora d'ansia, però sono convinto che il mio cane contribuisca ad alleviarla».

Così come è fondamentale che le persone ricevano le giuste cure mediche per i disturbi psichici, è altrettanto importante che intervengano sulla propria vita per regolare l'umore, ottenere un supporto sociale e imparare ad affrontare le avversità. Nel mondo moderno lo stress è inevitabile, in fin dei conti, e può esacerbare molte problematiche mentali. I cani sono utili perché infondono un senso di conforto e affetto, danno un motivo per uscire all'aria aperta e fare esercizio fisico, e si pongono come una forza stabilizzante e una fonte di sostegno costante.

I vostri amici a quattro zampe possono dare anche un senso e uno scopo alla vostra vita. Per citare Jaimie, una studentessa universitaria del Missouri che soffre di ansia e depressione: «Spesso è difficile essere *vivi*. La mia cagnolina mi fa venire *voglia* di essere viva. Ho bisogno di lei tanto quanto lei ha bisogno di me».

Terza parte

SOSTENERCI EMOTIVAMENTE

9
Sono tutti animali da supporto emotivo

Chiunque abbia un cane confermerà che i nostri amici pelosi sanno tirarci su di morale quando ci sentiamo turbati, irritabili o giù di corda. Sono il nostro supporto emotivo quotidiano, che ce ne rendiamo conto o meno. Jen fa regolarmente affidamento sui suoi cani in questo senso. Quando è triste o sopraffatta dalla realtà stressante del mondo, spesso si sdraia sul tappeto del soggiorno e in pochi secondi si trova circondata da una nuvola di golden retriever. Anche se sono distratti, hanno una specie di sesto senso che li avverte quando Jen è nei paraggi, e così le si stringono intorno, cercando di ritagliarsi uno spazio per leccarle la faccia o stendersi su di lei, poi fanno il giro e la riempiono di nuovo di affetto. Questi incontri durano al massimo qualche minuto – presto diventano soverchianti – ma l'esuberanza e l'amore dei suoi cani le fanno dimenticare qualunque cosa la turbasse. È un modo semplice per fare un reset emotivo. Dopo essersi goduta questo abbraccio di gruppo, riesce quasi a percepire il calo della pressione sanguigna e dei livelli di stress e l'aumento delle endorfine. Le sedute di coccole dei suoi cani la fanno sentire ogni volta più felice e rilassata.

A quanto pare, non è solo una cosa bizzarra che piace a Jen. Le ricerche dimostrano che il tempo passato con un cane, anche se poco, ci fa sentire meglio in una miriade di modi e può aiutarci ad affrontare varie sfide emotive e forme di frustrazione, tristezza e angoscia. Innanzitutto, interagire con i nostri amici a quattro zampe ci distoglie dai nostri pensieri per concentrarci sul presente, mentre ci occupiamo dei loro bisogni e ci godiamo le loro reazioni positive, e tutto questo ne fa un'esperienza consapevole di alleggerimento dello stress. A volte i cani insistono per avere la nostra completa attenzione, premendo il muso contro di noi finché non la ottengono. Come se non bastasse,[200] stare vicini a un cane allegro anche per pochi istanti è sufficiente ad abbassare la pressione, migliorare l'umore, diminuire l'ansia e favorire il benessere complessivo.

Uno studio di Molly K. Crossman e colleghi[201] della Yale University ha valutato gli effetti di un'unica, breve interazione con un cane sull'umore e l'ansia delle persone. Prima dell'esperimento, i ricercatori hanno misurato l'umore dei partecipanti con un questionario, dopodiché li hanno invitati a passare liberamente del tempo con un cane (un meticcio grigio di trenta chili di cui non conoscevano il nome, ma di indole buona). Potevano accarezzarlo, giocarci o semplicemente stare in sua compagnia. Nel frattempo, il gruppo di controllo passava quel tempo in sala d'attesa o guardando video e foto di cani online. Dopo sette muniti, i ricercatori hanno sottoposto di nuovo i partecipanti al questionario iniziale, registrando un miglioramento dell'umore e un calo dell'ansia in chi aveva interagito con il cane rispetto ai due gruppi di controllo.

Un altro studio sviluppato da Dasha Grajfoner e colleghi[202] della Heriot Watt University di Edimburgo ha ottenuto esiti analoghi. Dopo aver risposto a una serie di sondaggi sull'umore, 132 studenti universitari dovevano interagire per venti minuti con un cane, con il cane *e* il suo addestratore o solo con l'addestratore. Al termine hanno completato un altro sondaggio per misurare l'effetto della condizione sperimentale, ed è emerso che i venti minuti trascorsi con il cane avevano migliorato significativamente il benessere, l'ansia e l'umore degli studenti, in particolare quando l'addestratore non era presente.

Tra sette e venti minuti: ecco quanto ci è voluto perché lo stato emotivo e mentale dei partecipanti migliorasse grazie al conforto di un amico peloso. In questi studi i partecipanti non conoscevano i cani – in pratica erano degli estranei – eppure la magia è scattata comunque. Immaginate cosa succede quando trascorriamo del tempo con un cane con cui abbiamo un legame affettivo. Le possibilità sono infinite.

In Dogs We Trust

I cambiamenti d'umore suscitati dal vostro cane potrebbero scaturire almeno in parte dall'amore e dall'affetto incondizionati che vi legano e dalla profonda fiducia corrisposta. Talvolta l'azione ansiolitica di questo rapporto è reciproca, come ha scoperto Stacey. Quando la sua famiglia ha adottato Inky, un incrocio di akita di quattro mesi, il cucciolo era un cane timido, sensibile e terrorizzato da qualunque cosa, come i tuoni, i fuochi d'artificio, i viaggi in macchina e le visite dal veterinario. Per tranquillizzarlo, Stacey spesso gli parlava o gli cantava con voce rassicurante. Lo infilava in una ThunderShirt stretta durante i temporali e gli dava il Rescue Remedy, una formula omeopatica raccomandata dal suo veterinario, nei momenti in cui era particolarmente ansioso. Dopo essersi calmato, Inky mostrava la sua riconoscenza con coccole e baci, che a loro volta avevano un effetto confortante su di lei.

Questo livello di fiducia è altrettanto forte dal lato umano dell'equazione. Gli studi[203] dimostrano che ai cani diciamo cose che non avremmo mai il coraggio di dire ai nostri simili.

In particolare, i proprietari di cani sono più propensi a sfogarsi con i loro animali (anziché con gli amici o i partner romantici) quando provano depressione, gelosia, ansia, apatia e paura. Il punto è che ci fidiamo implicitamente dei nostri cani e sappiamo che non ci giudicheranno, quindi non corriamo rischi confidandoci con loro. In generale, i cani vogliono solo amarci, adorarci e stare con noi, e la maggior parte di noi ne è consapevole, in una certa misura. Le nostre aspettative reciproche sono piuttosto basilari – condividere affetto e prenderci cura dell'altro sul piano fisico ed emotivo – e questa semplicità ci permette di trarre conforto e appagamento dalle nostre interazioni.

Uno studio di Lawrence Kurdek[204] ha scoperto che nei momenti di afflizione emotiva siamo più inclini a confidarci con i nostri cani anziché con genitori, fratelli e sorelle, amici o figli, soprattutto se facciamo generalmente fatica ad aprirci con gli altri. Forse dipende dalla tendenza di molti di noi a creare con i nostri amici pelosi dei "legami di attaccamento" che percepiamo non solo in loro presenza ma anche quando siamo lontani e ne sentiamo la mancanza. I cani sono una fonte affidabile di conforto,[205] e sappiamo di poterci rivolgere a loro nelle situazioni angoscianti.

Anche la ricerca condotta da Aislinn S. Evans-Wilday e colleghi[206] della University of Lincoln, nel Regno Unito, ha ottenuto risultati analoghi. Nel caso di problemi emotivi complessi – depressione, gelosia, ansia, apatia ed emozioni legate alla paura – siamo più inclini a confidarci con i nostri cani anziché con i partner romantici o gli amici ai quali ci rivolgiamo in genere. Pur trascurando le ragioni di questa tendenza, lo studio osserva che chi possiede un cane spesso lo considera una sorta di "rifugio", una "base sicura" che gli consente di esplorare questioni complesse e assumersi dei rischi con più tranquillità e fiducia.

In ogni caso, i nostri confortanti compagni pelosi vengono sempre in nostro aiuto, ed è raro che ci deludano emotivamente come fanno a volte le persone. Mentre un amico umano può criticarci o spettegolare di qualcosa che gli abbiamo rivelato, i cani manterranno sicuramente i nostri segreti e ci ascolteranno quando avremo bisogno di dare sfogo alle nostre frustrazioni. Ogni tanto si comporteranno male – rompendo qualche oggetto, rovistando nella spazzatura o mangiando qualcosa che non dovrebbero – ma non ci deluderanno mai a livello emotivo come fanno i nostri simili.

Sam, una specializzanda del New Jersey, racconta che il suo incrocio di terrier di sette anni di nome Zoey la fa ridere con i suoi comportamenti bizzarri ma la aiuta anche a risollevarsi quando è depressa, con un'espressione che sembra dirle: *Ti prego, possiamo andare a spasso?* Nelle loro passeggiate di un'ora, Sam parla spesso con Zoey perché, afferma, «non riferirà a nessuno quello che le dico e non mi giudicherà». Avere questo spazio sicuro e questa amica fidata alla quale rivelare i propri sentimenti è importantissimo per lei, tanto da dichiarare che durante la pandemia ha capito che il suo cane è migliore di qualunque amico umano.

In generale i nostri cani ci fanno sentire anche supportati a livello sociale: accuditi, incoraggiati, amati e sostenuti. Le ricerche sono concordi nell'affermare che un ampio supporto sociale è un elemento cardine della nostra salute mentale e fisica e, anche se tendiamo ad associarlo alle altre persone, i cani possono essere un appoggio spontaneo nella nostra vita e offrirci molti degli stessi benefici. Anche una breve sessione di coccole in un momento di stress può darci la sensazione che il nostro cane sia concentrato su di noi e ci stia donando affetto e sostegno, e il nostro umore ne gioverà. Inoltre, passare del tempo con il nostro amico peloso può offrirci una distrazione temporanea dalle preoccupazioni, alleviando l'ansia e lo stress.

Carrie, una neolaureata che vive con il marito ad Austin, Texas, ha tratto un enorme conforto dalla sua golden retriever

Layla negli ultimi anni. Come se la facoltà di legge, l'abilitazione alla professione, l'ansia e l'isolamento sociale della pandemia non fossero già abbastanza stressanti, suo padre è morto in seguito a una dura battaglia contro il cancro nella loro casa di famiglia nel Regno Unito. Carrie è riuscita a tornare qualche giorno a casa per dirgli addio, ma non ha potuto piangerlo insieme alla madre e questo ha amplificato il suo dolore. Per fortuna Layla, che all'epoca aveva sei anni, è sempre stata straordinaria nell'intuire i suoi stati d'animo – «a volte ne è consapevole prima ancora di me!» – e in quel periodo non l'ha persa d'occhio neanche per un secondo.

«Non riuscivo quasi mai a trasmettere a parole le mie emozioni o a esprimere quello che provavo e di cui avevo bisogno, neanche con mio marito» spiega Carrie. Con Layla «non dovevo spiegare niente. Lei capiva quando ero sopraffatta dalle emozioni e mi dava quello di cui avevo bisogno in quel momento». Se Carrie era triste o piangeva, Layla le metteva le zampe sul petto e le leccava la faccia, oppure appoggiava la testa sulla sua spalla. «Quando vado in ansia prende un giocattolo e me lo appoggia sul ginocchio, è il suo modo per invitarmi a giocare con lei e a distrarmi dalle mie preoccupazioni» spiega Carrie. «È stato un enorme sollievo sentirmi supportata, amata e mai sola, senza la necessità di ammettere quanto ne sentissi il bisogno. Mi basta la sua vicinanza per attenuare l'ansia. Mi dà stabilità, e il nostro legame mi ricorda le cose per me importanti e che mi stanno a cuore.»

Oltre a essere una gradita distrazione e un promemoria delle cose che contano per noi, avere un cane ci motiva a compiere attività – come staccare dal lavoro, uscire, allenarci – che giovano al nostro umore, anche quando non ne avremmo voglia. In altri termini, possono stimolarci a usare l'attivazione comportamentale, un approccio terapeutico che prevede di intervenire sul nostro comportamento per sentirci meglio ed è una parte importante della terapia cognitivo-comportamentale (CBT). Per tornare all'esempio di Carrie, questo si traduce nel prendersi una tregua dai suoi problemi per giocare con Layla, che oltre a essere una piacevole fonte di svago le dà anche un conforto emotivo.

Cosa si cela sotto il sostegno emotivo

Le persone che hanno un legame profondo con il proprio cane ne traggono un sostegno emotivo senza dubbio reale. Gli scienziati hanno cercato di capirne le ragioni,[207] e anche se non hanno (ancora) una chiara comprensione del fenomeno, Andrea Beetz ha analizzato la letteratura scientifica sulle interazioni tra umani e animali e presentato una serie di teorie per spiegare quello che è chiaramente un processo complicato. A livello fisiologico, le interazioni con i cani portano a un rilascio di ossitocina sia nel nostro cervello sia in quello dei cani, soprattutto se prevedono un contatto fisico. L'ossitocina, come forse ricorderete, è una sostanza chimica perlopiù associata ai sentimenti di amore e connessione, e suscita benessere, fiducia e affetto reciproco in entrambe le specie.

Un'altra teoria rimanda all'ipotesi della biofilia, secondo cui noi umani, evolvendoci, avremmo sviluppato un desiderio di vicinanza agli altri esseri viventi, intesi come animali e piante nel mondo naturale, in parte perché suscitano in noi sentimenti positivi e in parte per la percezione di sicurezza che ne deriva. Sarebbe una tendenza spontanea, non una scelta consapevole ma un desiderio innato di entrare in connessione con i cani e le altre creature. C'è anche la possibilità che le persone tendano ad antropomorfizzare gli animali, soprattutto quando i loro bisogni sociali non sono soddisfatti e si sentono sole.

In effetti, uno studio condotto in Australia da Lauren Powell e colleghi[208] ha evidenziato che l'arrivo di un cane può alleviare la solitudine e migliorare l'umore in diversi modi nell'arco di appena tre mesi. Oltre a fare compagnia ai loro proprietari, i cani li sostengono e favoriscono i contatti con altre persone durante le passeggiate. Come osservano i ricercatori: «I cani potrebbero fungere da catalizzatori delle interazioni con i nostri simili».

Anche di fronte a problemi di socializzazione, la semplice presenza di un cane può farci stare meglio. Una ricerca di Ilona Papousek e colleghi[209] ha scoperto che, dopo un episodio che comportava messaggi di esclusione sociale, la presenza di un cane sconosciuto in una stanza risollevava l'umore dei partecipanti. Gli effetti emotivi dei nostri amici pelosi sono così forti che è sufficiente pensare a loro per sentirci meglio. In un esperimento, Christina M. Brown e colleghi[210] hanno invitato alcune persone a ricordare un'occasione in cui si erano sentite socialmente rifiutate. In seguito, quei partecipanti che già prima dello studio attribuivano ai cani emozioni e caratteristiche simili alle nostre (antropomorfismo) hanno scoperto che il semplice atto di guardare immagini di questi animali o pensare a loro generava una sensazione di benessere.

Maggie, una venticinquenne single che lavora nel settore della cybersicurezza in Florida e si descrive come "solitaria", avvalora queste scoperte. In genere la solitudine e la lontananza dalla sua famiglia non sono mai state un problema, ma un paio d'anni fa si è resa conto di aver raggiunto il limite di tempo che poteva trascorrere per conto proprio senza sentirsi sola e annoiata. In suo soccorso è arrivata Maya, un incrocio tra chihuahua, chow chow e mexican street dog che ha adottato nel gennaio del 2021. Da allora «mi sento molto meno sola. È bellissimo avere qualcuno con cui parlare, anche se non riesce a capirti o a risponderti» spiega Maggie. «Mi ha aiutata a uscire da uno stallo emotivo.»

Trovare in un cane un partner emotivo *non* è un fenomeno a senso unico per cui approfittiamo del sostegno dei nostri amici pelosi soltanto per trarne dei benefici. Si crea un circolo virtuoso di positività che ci avvicina ancora di più a loro. Come abbiamo visto, le ricerche dimostrano che le interazioni positive tra umani e cani portano al rilascio di molte sostanze chimiche che fanno sentire bene entrambe le specie. In altre parole, le emozioni non sono il semplice riflesso di uno stato psicologico ma intervengono grazie al rilascio di sostanze e ormoni specifici nel cervello.

C'è anche una componente neurologica nel rafforzamento di questo legame attraverso le interazioni positive. Uno studio di Johannes Odendaal e Roy Meintjes[211] ha esaminato gli effetti fisiologici di queste interazioni, e ne è emerso che i benefici sono a doppio senso: dai cani agli umani e dagli umani ai cani. In altri termini, il consolidamento del rapporto dipende da fattori neurologici. I ricercatori hanno scoperto che, dopo una sessione di gioco con un cane, si registra un calo della pressione sanguigna basale in entrambe le specie e un aumento delle sostanze chimiche che giovano all'umore, incluse beta-endorfine (legate agli stati di euforia e alla diminuzione dello stress), ossitocina e prolattina (che favoriscono la creazione di legami), beta-feniletilamina e dopamina (associate a esperienze piacevoli), segno di un'influenza reciproca. Visto che noi e i nostri cani siamo creature sociali e soddisfiamo scambievolmente questi bisogni, gli studiosi hanno concluso che i comuni benefici fisiologici delle interazioni positive hanno un ruolo importante nel rafforzare e perpetuare i nostri legami.

Un aiuto emotivo

Per quanto in alcune circostanze la loro tendenza a consolarci sembri spontanea, in realtà i cani percepiscono, reagiscono e contribuiscono ad alleviare la nostra sofferenza emotiva e il nostro stress in modi significativi e spesso sorprendenti. In una certa misura capiscono che tra di noi c'è un rapporto, che siamo legati da un attaccamento e una fiducia profonda e duratura, per questo ci confortano quando siamo turbati.

Gli scienziati hanno dimostrato che i cani sanno riconoscere gli stati emotivi nei loro simili e negli esseri umani. Natalia Albuquerque e colleghi[212] hanno condotto un esperimento che prevedeva di mostrare ad alcuni cani immagini di volti umani felici o arrabbiati, abbinandoli a una voce umana a sua volta felice o arrabbiata che parlava in una lingua sconosciuta (ossia suoni che un cane non poteva riconoscere come parole). Hanno poi mostrato loro immagini di cani giocosi o aggressivi, accompagnati da latrati altrettanto giocosi o aggressivi. Quando la valenza emotiva del suono corrispondeva all'espressione facciale (un latrato rabbioso e un muso rabbioso, per esempio, o un suono umano felice e un volto felice), i cani dedicavano più tempo a guardare l'immagine rispetto ai casi in cui non c'era corrispondenza. Ciò dimostra che sanno estrapolare un significato emotivo dai volti e dai suoni, una capacità che in precedenza era stata rilevata solo negli esseri umani. La teoria è che, essendo in grado di integrare varie forme di espressione emotiva, i cani sappiano e vogliano confortarci quando percepiscono in noi un turbamento.

Brittany ha adottato Cooper, un incrocio tra alano e labrador nero, quando era ancora cucciolo, e a distanza di oltre otto anni è il suo migliore amico. Dopo il divorzio, Cooper l'ha consolata nei momenti in cui piangeva. «Quando tornavo a casa da un appuntamento andato male, lui era lì a tenermi caldo il letto» racconta Brittany, oggi una trentenne che si occupa di marketing nell'area di Chicago. «Sapere che rincasando avrei trovato qualcuno che mi voleva bene ed era entusiasta di vedermi rendeva sopportabili anche le giornate peggiori.» Cooper l'ha aiutata a superare i momenti più negativi e carichi di ansia restando al suo fianco, senza dare «giudizi, soltanto amore».

Uno studio di Emily Sanford e colleghi[213] ha valutato le reazioni di trentaquattro cani ai suoni angosciati dei loro proprietari. Nell'esperimento, i cani sono stati portati in una stanza del laboratorio mentre i loro umani erano seduti in un ambiente attiguo con una porta di vetro a separarli, tenuta chiusa solo da alcuni magneti. I cani riuscivano a vedere e sentire i loro proprietari attraverso la porta, e potevano addirittura aprirla se lo desideravano. Nel gruppo sperimentale, gli umani dovevano dire "aiuto" con voce angosciata ogni quindici secondi, intervallando alle parole rumori simili al pianto. Nel gruppo di controllo, le persone dicevano "aiuto" ogni quindici secondi con voce piatta e priva di emozioni, e negli intermezzi canticchiavano *Stella stellina*. In entrambe le condizioni, una metà dei cani ha aperto la porta per raggiungere i proprietari (perché in sostanza i nostri amici pelosi vogliono semplicemente stare con noi) ma, quando i proprietari piangevano, andavano da loro in media quaranta secondi prima. Come hanno osservato i ricercatori, questo suggerisce che «l'afflizione umana ha attirato l'attenzione dei cani e forse trasmesso un'urgenza alle loro azioni, spingendoli ad aprire [la porta] più in fretta» per portare aiuto o conforto.

Joshua Van Bourg e colleghi[214] hanno voluto verificare se i cani sarebbero andati in soccorso dei loro umani in trappola pur non essendo addestrati a farlo. In una stanza del laboratorio di ricerca, le persone dovevano entrare in una grossa scatola di cartone e fingere di essere bloccate, lanciando grida angosciate, oppure mettersi sedute e leggere ad alta voce. I ricercatori hanno aggiunto una terza condizione, in cui lo scatolone conteneva dei croccantini. Poi hanno osservato il comportamento dei cani, e hanno notato che sembravano più stressati quando i proprietari si fingevano in trappola. Come nello studio precedente, alcuni li raggiungevano a prescindere da ciò che stavano facendo, però era molto più probabile che rompessero la scatola se i loro umani erano angosciati o se erano presenti dei croccantini, rispetto alla condizione in cui le persone leggevano ad alta voce. Inoltre, i cani sembravano risentire dello stress dei loro proprietari, un chiaro segno di empatia.

In breve, i cani riescono a decifrare quello che proviamo e spesso reagiscono al nostro turbamento cercando di farci stare meglio. Sentono davvero la nostra sofferenza emotiva, perché empatizzano con noi o percepiscono i nostri sentimenti attraverso il fenomeno del contagio emotivo. Come ha osservato lo psicologo Stanley Coren, autore di *L'intelligenza dei cani*: «Così come i giovani esseri umani mostrano empatia e comprensione per le emozioni altrui, la stessa cosa fanno i cani. Inoltre, sembra che abbiamo insegnato loro a mostrare non solo empatia ma compassione, intesa come il desiderio di confortare chi è in uno stato di angoscia emotiva».[215] Per certi versi, la capacità di condividere le emozioni è una sorta di collante che ci aiuta a sviluppare e mantenere legami forti e duraturi con i nostri amici a quattro zampe.

Abbiamo passato in rassegna i tanti modi in cui i nostri cani ci danno conforto emotivo, fornendoci un sostegno prezioso e aiutandoci a coltivare un approccio più consapevole alla vita. A prescindere che abbiamo voglia di parlare dei nostri problemi oppure no, la vicinanza di questi amici leali e affettuosi ci farà sentire come minimo un po' più calmi, stabili e forti. L'amore e il supporto incrollabili di un cane sono sempre un bene prezioso, a maggior ragione adesso che stiamo attraversando un'epoca di incertezza e instabilità collettive in un mondo in continuo cambiamento. Il legame reciprocamente benefico tra uomo e cane ci ricorda ciò che esiste di buono al mondo – amore, fiducia, affetto, umorismo, divertimento e così via – anche quando sembra che tutto vada storto. Per parafrasare la poetessa americana Mary Oliver, autrice di *Dog Songs*, l'entusiasmo e la gaiezza di un cane accrescono queste emozioni anche in noi, ed è uno dei doni più importanti della vita.

10
Ottimi insegnanti
Come i cani aiutano i bambini a imparare e a crescere

Hopper, una golden retriever color champagne con il pelo delle orecchie lungo e frisé in stile anni Ottanta, è stata addestrata come cane da assistenza. Dall'età di due anni, Jen la porta in una biblioteca della zona, dove si siedono a gambe incrociate sulla moquette nella sezione dedicata ai più piccoli per l'ora della lettura. Quando Jen era bambina, la madre di una sua amichetta lo faceva con il suo labrador nero Kalani, e a Jen sembrava straordinario che i cani aiutassero i ragazzini reticenti ad apprezzare i libri. Ispirandosi a questa esperienza, ha deciso di aiutare gli alunni dell'asilo e di prima elementare con difficoltà scolastiche portando in biblioteca Hopper, la cui attività preferita è mettersi su un fianco e sdraiarsi sulle gambe di chiunque incontri. È soffice come la seta e vaporosa come una nuvola, e ci sa fare con i più piccoli. Le ricerche e le esperienze di vita dimostrano che gli studenti che si rifiutano di leggere a scuola sono molto più propensi a farlo con un cane, anche in presenza di un adulto. Può sembrare un controsenso; l'animale in teoria dovrebbe distrarli, e invece li sprona a impegnarsi e perseverare.

I cani arricchiscono la vita dei più giovani sotto tantissimi aspetti. I bambini vedono in loro degli amici o dei fratelli pelosi, e dei confidenti che non li giudicano. I cani, senza alcuno sforzo consapevole, insegnano loro la responsabilità, l'empatia e la premura, e creano ambienti rilassati in cui imparare e crescere sia sul piano accademico sia fuori dalla scuola. Questi effetti sono coerenti con la già citata ipotesi della biofilia, secondo cui gli umani nel corso dell'evoluzione avrebbero maturato un desiderio di vicinanza agli altri esseri viventi perché suscitano in loro emozioni positive e un senso di sicurezza e tranquillità.

Dato che i bambini sono meno smaliziati e più fiduciosi degli adulti, hanno il potenziale di stringere amicizie istantanee con gli animali e sono a loro agio quando li hanno intorno. Non è una semplice affermazione ottimistica e sdolcinata. Per i ragazzini, i cani sono degli alleati, delle creature che possono allevare o addestrare, oppure degli amici che li sostengono e incoraggiano. Quando i cani vengono coinvolti in contesti accademici, lo status degli allievi passa dal dover mostrare un rispetto e un'ubbidienza totali verso gli insegnanti al ruolo più gradevole di compagni o addirittura mentori dei loro amici a quattro zampe. Fuori dall'aula, inoltre, i cani aiutano i più piccoli a imparare preziose lezioni di vita. Ma diamo prima uno sguardo all'ambito scolastico.

I CANI COME ASSISTENTI ALL'INSEGNAMENTO

Un corpus significativo di ricerche[216] ha evidenziato che leggere a un cane può migliorare le capacità di lettura dei bambini, e un'analisi esaustiva degli studi sulle interazioni tra umani e animali in contesti educativi di Sophie Hall e colleghi ha concluso che i cani hanno effetti benefici sulla motivazione dei più piccoli, sul loro comportamento e sull'ambiente in cui si svolge la lettura. Questa influenza positiva può rivelarsi di particolare importanza per quei ragazzini con problemi di ansia o difficoltà a leggere che possono creare un "condizionamento classico" negativo in aula. In poche parole, più i bambini provano ansia all'idea di leggere, più sono riluttanti a farlo, e questo a sua volta alimenta l'ansia e influenza il loro sviluppo come lettori. Sembra che leggere a un cane rimuova questi ostacoli, aiutando i bambini a rilassarsi e procedere secondo i propri ritmi senza preoccuparsi di essere criticati. I ragazzini riferiscono anche di sentirsi più supportati in presenza di un cane, un'esperienza che giova al loro umore e coltiva un'associazione positiva con la lettura. Tutti questi fattori[217] accrescono la fiducia nelle loro capacità e li motivano a leggere più spesso, innescando un circolo virtuoso verso una maggior alfabetizzazione.

L'influenza dei cani sui giovani allievi non si limita alle scuole elementari. Rebecca, un'ex professoressa d'inglese delle scuole superiori in Michigan, amava con tutto il cuore i suoi cani Kippy (un incrocio tra chow chow e labrador) e Henry (un incrocio tra chow chow e collie) ma è rimasta sbalordita dal modo in cui reagivano gli studenti quando parlava di loro. «Come docente in contesti liceali alternativi, ho lavorato con studenti spesso disincantati, disinteressati e delusi dal sistema educativo» spiega. «Uno dei modi in cui sono riuscita a creare una connessione e un terreno comune è stato tramite l'amore per gli animali. I ragazzi si aprivano, volevano conoscere i miei cani attraverso fotografie e aneddoti, e ci tenevano a condividere le loro storie.» Questa esperienza ha rinsaldato il legame tra lei e i suoi studenti. Anche se Kippy e Henry sono mancati da tempo, Rebecca, che oggi è sulla sessantina e lavora come tutor, dichiara: «I cani rendono più puro tutto ciò che incontrano. Non ce li meritiamo, eppure continuano a riempire le nostre vite di magia e a farci diventare le versioni migliori di noi stessi».

Le doti linguistiche dei cani

Imparare una lingua non è una prerogativa esclusiva degli esseri umani. Dalle ricerche è emerso che alcuni cani sono "portati" per questo tipo di apprendimento. Gli scienziati hanno misurato la capacità dei cani di memorizzare le parole insegnando loro i nomi di alcuni giocattoli e verificando se riuscivano a distinguerli su questa base. Alcuni border collie sono in grado di imparare una decina di termini nuovi alla settimana, ricordandoli per mesi. Claudia Fugazza e colleghi si sono domandati se i cani con queste doti avessero personalità diverse rispetto agli altri: nelle loro ricerche sono giunti alla conclusione che fossero più giocosi, tuttavia non è stato possibile determinare se fosse questa qualità a consentire loro di apprendere più parole (tutte associate a giocattoli, non dimentichiamolo) oppure il fatto che i proprietari giocavano più spesso con loro. In ogni caso, è un esperimento scientifico ripetibile a casa: date un nome ad alcuni giocattoli e insegnate al vostro cane a riconoscerli. Nella peggiore delle ipotesi dedicherete più tempo al gioco, ma potreste anche scoprire che il vostro cane in realtà è un genio!

Collegato a questo argomento, l'effetto cocktail party è quel fenomeno per cui riusciamo a focalizzare l'ascolto su qualcosa di specifico (come una conversazione) anche in condizioni molto rumorose (come il chiacchiericcio di sottofondo a una festa). Gli adulti umani sono bravi a farlo, a differenza dei bambini. E i cani, invece? Nel Canine Language Perception Lab presso la University of Maryland, i cani di Jen hanno partecipato a uno studio per verificare questa ipotesi. Sono stati condotti in una stanza con pannelli forati alle pareti dietro cui si celavano degli altoparlanti. Dapprima i ricercatori hanno trasmesso il nome del cane o una parola a caso. Siccome i cani riconoscono il proprio nome, in genere si voltavano verso l'altoparlante quando lo sentivano pronunciare, ma non quando veniva trasmessa una parola qualsiasi. Poi il protocollo veniva ripetuto con un rumore di sottofondo crescente. Si è scoperto che i cani sono piuttosto bravi a sentire il loro nome malgrado il baccano, dimostrando una capacità di attenzione superiore a quella dei bambini di un anno. Durante lo studio, Jen ha avuto una piccola sorpresa personale: ha scoperto che Venkman in realtà non conosceva il proprio nome; si esaltava allo stesso modo sentendo la parola "salvia", perciò è stata esclusa dallo studio.

Il pastore australiano di Stacey, Wolfy, ha avuto un ruolo cruciale nell'aiutare il figlio Nate a sviluppare un amore per la lettura in tenera età. Fin da quando era neonato, Stacey gli leggeva qualcosa ogni sera prima della nanna. Ben presto il momento della favola è diventato un rituale adorato da entrambi, e in genere Wolfy si univa a loro raggomitolandosi sul tappeto di fianco al lettino. Quando Nate ha imparato a leggere, a cinque anni, era già nato il suo fratellino Nicky. Nel tardo pomeriggio e alla sera, mentre Stacey si occupava di Nicky, spesso Nate si sistemava sul pavimento del soggiorno con una coperta insieme a Wolfy per condividere il momento della favola. Oltre a essere adorabili da vedere, Stacey è convinta che leggere al cane abbia rafforzato in Nate l'associazione tra la lettura e un senso di relax e conforto. La presenza del suo amato cane annullava qualunque pressione e trasformava la lettura in un esercizio di puro piacere. Nate è rimasto un avido lettore anche adesso che è un giovane adulto (però non legge più ai cani).

I vantaggi dei cani sull'apprendimento umano si estendono ben oltre la lettura. In una serie di indagini controllate in laboratorio, Nancy Gee e colleghi della State University of New York hanno esplorato il loro effetto sul rendimento dei bambini in vari compiti cognitivi e motori. In uno studio del 2007[218] il gruppo di ricerca ha rilevato che, in presenza di un cane, i bambini in età prescolare eseguivano una serie di attività grosso-motorie, come salto in lungo e salto in alto, più velocemente ma senza sacrificare la precisione, rispetto alle stesse attività svolte senza un cane. In altri studi,[219] i giovani partecipanti hanno richiesto minori interventi informativi per completare attività di memoria e imitazione in presenza di un cane, e hanno commesso meno errori in un compito di riconoscimento di oggetti,[220] rispetto agli stessi incarichi svolti in assenza di animali. La teoria è che la vicinanza di un cane motivi i bambini a impegnarsi appieno nelle attività e a completarle in maniera accurata.

Effetti analoghi si registrano negli alunni delle elementari. Per capire come si sarebbero comportati con un cane in aula,[221] Kurt Kotrschal e Brita Ortbauer hanno registrato ventiquattro bambini, con il permesso dei genitori, per due ore alla settimana in "situazioni di insegnamento aperto". Terminato il periodo di controllo di un mese in assenza di animali, sono stati introdotti alternativamente tre cani in aula. I bambini, oltre a prestare molta attenzione al cane, si concentravano di più anche sull'insegnante, e per giunta si sviluppava una coesione sociale più forte all'interno della classe, con una riduzione dei comportamenti aggressivi e iperattivi e una maggiore integrazione degli alunni in precedenza introversi. L'effetto cumulativo: migliori condizioni di apprendimento per tutti.

Dopo aver analizzato trenta articoli pubblicati tra il 2001 e il 2017[222] sui vantaggi dei cani da terapia nelle aule scolastiche, Jerri J. Kropp e Mikaela M. Shupp della Georgia Southern University hanno concluso che l'utilizzo dei cani in aula, dalla scuola materna fino alle superiori, è associato a tre vaste categorie di benefici: sulle capacità di lettura e linguistiche; sulle competenze sociali, emotive e umane (come gentilezza ed empatia); e sulle abilità grosso-motorie. Hanno inoltre scoperto che la presenza dei cani da terapia può «fornire stabilità e conforto ai bambini che vivono in povertà o in famiglie violente». Quest'ultimo aspetto influisce sull'apprendimento perché, come osservato dai ricercatori, i bambini che affrontano condizioni di indigenza o abusi registrano livelli elevati di stress che possono ostacolare il rendimento scolastico. Altri esperimenti hanno dimostrato[223] che introdurre in aula un cane da terapia può avere effetti positivi sulla frequenza scolastica, sui livelli di sicurezza degli allievi e sulla motivazione a partecipare a diverse attività di apprendimento, nonché sul benessere emotivo, fisico, accademico e sociale dei giovani.

I cani in aula[224] possono favorire anche la concentrazione dei ragazzini affetti da disturbo da deficit di attenzione/iperattività (ADHD). In uno studio di Sabrina Schuck e colleghi, ventiquattro bambini con ADHD sono stati inseriti in sedute collettive di terapia cognitivo-comportamentale. Un gruppo è stato invitato a leggere ai cani una volta alla settimana per mezz'ora, mentre quello di controllo leggeva a dei cani peluche. Dopo dodici settimane, i bambini che avevano letto ai cani veri mostravano una riduzione dei sintomi dell'ADHD e un miglioramento nelle competenze sociali quali collaborazione, spirito sportivo e assertività appropriata, rispetto al gruppo che aveva letto ai peluche.

Una possibile spiegazione di alcuni di questi effetti benefici[225] secondo Ann Berger, dottoressa e ricercatrice presso il National Institutes of Health Clinical Center a Bethesda, Maryland, è che «i cani sono molto presenti. Se una persona è in difficoltà sanno starle vicino e dimostrare affetto». Questo sostegno aiuta i destinatari delle loro attenzioni amorevoli a essere più concentrati e orientati al presente. «Le fondamenta della mindfulness includono attenzione, intenzione, compassione e consapevolezza, e sono tutte qualità che gli animali possiedono» aggiunge la dottoressa Berger. «Le persone devono impararle. Negli animali sono innate.»

Una reazione a catena positiva nella vita reale

In qualunque contesto,[226] il rapporto tra un bambino e il suo cane può essere una componente importante del suo sviluppo cognitivo e linguistico, sostiene Megan Mueller, una scienziata dello sviluppo presso la Cummings School of Veterinary Medicine della Tufts University in Massachusetts. Per esempio, i bambini possono integrare il loro amico a quattro zampe nell'esercizio linguistico parlando di lui o con lui. Scoprire i bisogni di un cane può giovare al loro sviluppo cognitivo e, sempre secondo Mueller, «l'esperienza tattile di interagire con un animale» favorisce l'autoregolazione. Nei bambini* è stato anche dimostrato un legame[227] fra le interazioni positive con un cane e un miglioramento delle funzioni esecutive, che includono una serie di processi cognitivi importanti come la memoria di lavoro, la flessibilità mentale, le capacità di pianificazione e l'autocontrollo.[228]

La ricercatrice Krista Geller, che ha studiato i rapporti supportivi concentrandosi sui legami tra le persone e i loro animali domestici, evidenzia due aree principali in cui i cani possono

* Alcuni benefici cognitivi del tempo trascorso con i cani potrebbero non riguardare soltanto i bambini. Anzi, le ricerche hanno dimostrato che gli adulti in età avanzata che possiedono dei cani hanno una migliore funzione cognitiva – soprattutto nelle aree dell'apprendimento/memoria verbale, della percezione visiva e dei ricordi in generale – rispetto a chi possiede gatti o non ha nessun animale.

aiutare i bambini a sviluppare competenze importanti per la vita: la comunicazione e la capacità di prendersi cura di qualcun altro prima di se stessi. Quando i cani li aiutano nell'apprendimento della lettura creando un ambiente rilassato in aula o a casa, afferma Geller, «stanno insegnando loro anche [le competenze della] socializzazione infantile, a comunicare con le persone e a ritardare la gratificazione».

Dato che i cani sono ascoltatori attenti e non giudicanti, i ragazzini tendono a confidarsi con loro. I ricercatori hanno scoperto[229] che i preadolescenti sostengono conversazioni intime con i loro cani regolarmente, e oltre il 70 per cento degli adolescenti riferisce di confidarsi con i propri animali. Inoltre, i più giovani sono portati a condividere con loro le emozioni difficili perché si sentono al sicuro e ripongono una fiducia incrollabile nei propri cani. E così parlare al cane diventa un modo per processare e comprendere i sentimenti spiacevoli.

C'è chi teme che parlare con un cane non sia utile o sano per l'elaborazione delle emozioni quanto rivolgersi ad altri esseri umani, ma secondo Krista Geller questo rapporto spinge i ragazzini a parlare *di più* di ciò che provano. «I bambini condividono i loro segreti più intimi con un animale» spiega. «Anche se non hanno di fronte una persona, il solo fatto di parlarne li aiuta ad accettarli.» E imparando a dare voce a ciò che li preoccupa, nel tempo potrebbero diventare in grado di esprimere meglio le loro emozioni anche con i propri simili.

Dopo aver supplicato per anni i suoi genitori di prendere un cane, l'ultimo giorno delle scuole elementari Miriam è tornata a casa da una gita e ha scoperto che il suo desiderio si era avverato: un tibetan terrier si era unito alla famiglia. Da piccola Miriam soffriva d'ansia, frustrazione e solitudine, ma Merlin ha cambiato tutto. Era sempre lì ad aspettarla e pronto a giocare dopo la scuola, e la ascoltava con pazienza quando aveva bisogno di sfogare le sue frustrazioni o le sue ansie.

Merlin «ha capovolto tutto il mio mondo, mi ha fatta sentire capita e amata a prescindere da quello che succedeva, o se avevo fallito in qualcosa» spiega Miriam, che si è da poco laureata in un'università tedesca. Guardare negli occhi Merlin e il suo comportamento rassicurante «mi hanno incoraggiata a ritentare ogni volta», aggiunge. «Non ce l'avrei mai fatta senza di lui.»

Inoltre, i cani insegnano ai più piccoli una lezione importante, quella di ritardare la gratificazione e dare la precedenza agli altri. La gratificazione differita comporta di resistere a un impulso immediato o a una tentazione piacevole nella speranza di ottenere un risultato più importante nel lungo termine. «Se da bambino sei disposto a farti avanti per accudire un animale mettendo in secondo piano i tuoi bisogni, da grande diventerai una persona attivamente premurosa» osserva Geller. «Saprai fare un passo indietro senza ricercare una gratificazione immediata.» Gli studi[230] suggeriscono che i bambini capaci di posticipare la gratificazione avranno esiti migliori nel lungo termine, come laurearsi o guadagnare di più. Inoltre, prendersi cura di un cane insegna ai bambini ad avere empatia nei suoi confronti, e questo, secondo vari studi,[231] si riflette in una maggiore empatia verso gli esseri umani in età adulta. Si crea un effetto trasfert positivo. È una lezione fondamentale per molte situazioni della vita in cui dobbiamo anteporre i bisogni di qualcun altro ai nostri, come far uscire il cane al mattino prima di prepararci il caffè o andare a un concerto che non ci interessa per far felice il nostro partner. I bambini coinvolti nella cura di un cane, spiega Geller, maturano questa consapevolezza e questa capacità.

I CANI CONTRO IL BULLISMO

All'incirca uno studente su cinque[232] subisce episodi di bullismo, e i bambini che ne sono vittima presentano problemi di depressione, ansia, tristezza, malessere fisico ed effetti negativi sul rendimento scolastico. I cani possono rivelarsi utili in diversi modi. Quando i ragazzini tornano a casa e trovano ad aspettarli una creatura affettuosa che non li giudica, parte dello stress sociale vissuto a scuola si dissipa. In fondo, parlare con gli animali è un modo sano per elaborare e affrontare i nostri sentimenti, e i più piccoli lo fanno spesso. Oltre a dimostrare un amore incondizionato, un cane si pone come un rifugio emotivo, una fonte costante di supporto, e un orecchio sempre pronto ad ascoltare.

Ashley aveva dieci anni e problemi scolastici e di bullismo quando la sua famiglia ha preso Muugen, un labrador retriever nero. Un tempismo perfetto. «Muugen è stato il mio salvatore, tornare a casa e stare con lui mi aiutava sempre» racconta Ashley, che lavora come graphic designer a Rhode Island. «Se mi vedeva piangere mi stava vicino e mi portava dei giocattoli. Aveva un sesto senso che gli diceva cosa fare e dove stare ogni volta che mi prendeva l'ansia. È così ancora oggi. È il cane migliore del mondo.»

Kathleen è nello spettro dell'autismo, e dall'età di dieci anni ha al suo fianco un incrocio tra Staffordshire bull terrier, rottweiler e lurcher di nome Cuddles. «Noi autistici siamo spesso soli» spiega Kathleen, che è cresciuta in Scozia e a scuola era vittima di bullismo ed era infelice giorno e notte. Almeno fino all'arrivo di Cuddles. «Quando tornavo da scuola la trovavo ad aspettarmi, e avere qualcuno che aveva bisogno di me e mi amava così tanto era la cosa più bella del mondo.» Oggi Kathleen è una trentenne che lavora come data analyst per una banca globale. «Anche dopo il liceo, quando ho iniziato a lavorare e la mia vita è migliorata, Cuddles è rimasta l'unica alla quale raccontassi ogni cosa.»

I cani possono anche insegnare lezioni contro il bullismo a scuola.[233] Uno studio ha esaminato il programma chiamato Healing Species, che prevede di introdurre dei cani rescue a scuola per insegnare agli studenti alcune strategie utili a rompere i circuiti cognitivo-emotivi che possono sfociare nella violenza. I cani partecipano alle lezioni su empatia, compassione, responsabilità e perdono. In uno studio pilota con 201 studenti di quinta elementare e prima media, i ricercatori hanno scoperto che i partecipanti ricevevano molte meno note disciplinari e mostravano una riduzione dei comportamenti aggressivi.

A volte cani e ragazzini, crescendo, imparano e migliorano insieme. A sette anni Stacey era spesso annoiata e sola dopo la scuola. I pochi amici che abitavano nei paraggi erano perlopiù impegnati in attività pomeridiane. Abbandonata a se stessa, Stacey è diventata un'avida lettrice, ma sentiva anche il bisogno di qualche forma di interazione e sfida. Per il suo compleanno un'amica le aveva regalato un hula hoop, ma non era per niente brava a usarlo e così ha deciso di addestrare a saltare attraverso il cerchio il suo cane Roscoe, un barboncino nero di taglia media che somigliava più che altro a un cane da pastore arruffato. Non aveva alcuna competenza nell'educare i cani, ma Roscoe era intelligente e ubbidiva già ad alcuni comandi come "seduto", "resta" e "vieni", un'ottima base da cui partire.

Hanno cominciato l'addestramento nel seminterrato di casa. All'inizio gli ha insegnato ad attraversare l'hula hoop tenendo un lato appoggiato sul pavimento, poi lo ha sollevato di qualche centimetro alla volta a intervalli di pochi giorni (elargendo ricompense, ovviamente). Nel giro di alcune settimane, Roscoe ha imparato a saltare il cerchio a mezzo metro da terra. Stacey era fierissima di lui,[234] e la sua famiglia è rimasta debitamente colpita ammirando le sue nuove capacità.*

Con questa esperienza, Roscoe e Stacey hanno tratto l'uno dall'altra alcune cose importanti di cui avevano bisogno: hanno affrontato insieme una sfida divertente ma impegnativa; il cane era entusiasta per l'attenzione e i complimenti di Stacey (per non parlare delle ricompense) e lei ha acquisito pazienza, perseveranza, e un senso di responsabilità. Prima di allora Stacey lo aveva sempre considerato il cane di sua madre dato che era più affezionato a lei, probabilmente perché gli dava da mangiare. Questo piccolo progetto li ha avvicinati. Hanno cominciato a trascorrere più tempo insieme, giocando al riporto in giardino e facendo passeggiate (anche se nel loro quartiere nessuno portava fuori il cane). Stacey si è anche assunta la responsabilità della sua pulizia. E quando leggeva in camera sua, spesso Roscoe entrava, si sdraiava sul pavimento e le teneva compagnia. Il loro legame si è consolidato.

Molte persone, quando prendono un cane, si concentrano su quello che possono insegnargli attraverso l'addestramento, come le routine di obedience, i comandi di base, le regole della casa o determinate competenze. Sono cose indubbiamente importanti, ma tendiamo a trascurare le lezioni preziose che i nostri amici a quattro zampe possono impartirci a qualunque età, o il contributo che possono dare all'apprendimento e alla crescita dei bambini, a casa come a scuola. Con la loro presenza tranquilla e rassicurante possono aiutare i più piccoli a compiere progressi con la lettura, la scrittura e le abilità grosso-

* Un risultato interessante emerso dalle ricerche è che i cani, quando imparano a fare cose nuove, usano capacità di apprendimento affini a quelle umane, interpretando ciò che sono chiamati a fare attraverso le loro doti di problem-solving e attenzione sociale, anziché limitarsi a copiare un movimento.

motorie, superando le barriere dettate dall'ansia, come abbiamo visto. Senza un impegno conscio da parte loro, questi coach a quattro zampe insegnano ai ragazzini a sviluppare compassione, consapevolezza emotiva, doti comunicative, autoregolazione e un senso di responsabilità.

Come ha osservato la scrittrice Susan Cheever:[235] «I cani sono ottimi insegnanti. Sono a loro agio nel mondo. Vivono il momento, e ci costringono a farlo insieme a loro». Basta questo per imparare e crescere insieme. *La lezione è finita!*

11
Forze ancoranti
Come i cani esercitano un'influenza stabilizzante sulle nostre vite

Quando diventano membri della famiglia a tutti gli effetti, i cani sono una costante nella nostra vita e possono aiutarci a gestire la miriade di cambiamenti e transizioni ai quali ci capiterà di andare incontro. Che si tratti di trasferirsi in una nuova casa, di affrontare un divorzio o un lutto in famiglia, di educare i figli mentre crescono e se ne vanno, o di partire e tornare da una missione militare, i nostri fedeli compagni a quattro zampe ci danno conforto e costanza lungo tutto il cammino. Quando la vita si fa caotica riescono a trasmetterci un senso di stabilità e permanenza. Sono un filo sgargiante intrecciato al tessuto della nostra esistenza. E questo legame dai benefici reciproci ci ricorda le cose belle della vita, anche quando le circostanze quotidiane sono turbolente.

Come abbiamo visto nei capitoli precedenti,[236] il legame con un cane può avere profondi benefici biopsicosociali sulla nostra salute e sul nostro benessere, nello specifico riducendo la reattività biologica allo stress, calmandoci o rendendo più stabile il nostro umore, e contribuendo ad ampliare o approfondire i rapporti con gli altri, dentro e fuori casa. Le ricerche[237] dimostrano che chi considera il proprio cane come un membro della famiglia ha un senso di benessere più forte. E il concetto di supporto sociale ha un ruolo in questo effetto ancorante, soprattutto nei momenti di stress. Secondo gli esperti della Mayo Clinic, un corpus rilevante di prove scientifiche[238] conferma che avere un forte sostegno da parte di amici e parenti può aiutarci a gestire meglio le situazioni stressanti, alleviare gli effetti dell'angoscia psicologica ed emotiva, accrescere l'autostima e incoraggiare uno stile di vita sano. Sono solo alcuni dei benefici offerti dai nostri amici pelosi.

In effetti, l'attaccamento che ci lega ai nostri amati cani può farci superare con più facilità i cambiamenti della vita. La teoria dell'attaccamento discussa in precedenza descrive i rapporti nei quali gli esseri umani (o gli esseri umani e i loro cani) vogliono stare insieme, si sentono angosciati quando sono lontani, e fanno affidamento gli uni sugli altri per trovare costanza, sicurezza e conforto nei momenti di stress. Avere attaccamenti sicuri[239] è fondamentale anche per sviluppare la resilienza psicologica, ossia la capacità di affrontare con successo le avversità, i turbamenti e i periodi stressanti della vita. Nel complesso, l'attaccamento e la resilienza ci offrono il sostegno psicologico necessario a superare cambiamenti e difficoltà.

La famiglia di Claire ha subito una perdita tragica e improvvisa quando la loro casa nel Nord della California è stata distrutta da un incendio boschivo nel 2017. Hanno dovuto abbandonarla all'una di notte, trasferendosi nella loro roulotte per un mese per poi passare a una casa in affitto, in attesa di ricostruirne una nuova sulla stessa proprietà, dove sono tornati a vivere quattordici mesi dopo. Durante quel calvario stressante, «il nostro cane Katie è stata una roccia per tutti noi. Ci ha dato sicurezza e stabilità nell'intero processo di lutto e ricostruzione» spiega Claire, che all'epoca era un'adolescente. «Ci ha aiutati a sentirci a *casa* in tutte le varie sistemazioni che si sono susseguite.»

Nella primavera del 2020,[240] nella prima fase della pandemia di Covid, i ricercatori della Kingston University di Londra hanno sottoposto 495 persone a un sondaggio per scoprire in che modo avere un animale influisse sul loro benessere. Il 95 per cento degli intervistati ha dichiarato di trovare conforto emotivo nei propri animali, perlopiù cani, e l'88 per cento ha affermato che la loro presenza aveva migliorato la loro vita durante la pandemia. Anche chi presentava un livello di resilienza più basso ha riferito un miglioramento del proprio benessere. Ripetendo lo studio su 243 partecipanti nell'autunno del 2021, i ricercatori hanno ottenuto risultati simili.

Analogamente, una ricerca condotta da Cori Bussolari[241] ha scoperto che agli inizi del Covid i cani hanno avuto effetti stabilizzanti sui loro proprietari. Oltre a distrarli dalle preoccupazioni per la pandemia e a ridurre il senso di solitudine e isolamento, imponevano una routine incentrata su cibo, passeggiate e gioco che a sua volta ne favoriva il benessere fisico e psicologico. Come ha osservato uno dei partecipanti: «Non avrei potuto chiedere un partner migliore durante la quarantena!». Questi aspetti quotidiani e relativamente ordinari della vita con un cane non hanno niente di straordinario di per sé, ma gli studi dimostrano che nel loro complesso sono quello di cui abbiamo bisogno per mantenere un senso di sicurezza e stabilità anche nei momenti di grandi cambiamenti. Queste scoperte trovano un corrispettivo più generico[242] nelle ricerche della University of Hong Kong, dalle quali è emerso che le persone che considerano i loro animali come membri della famiglia trovano sicurezza in quei rapporti: stando ai ricercatori, i cani diventano "integratori di sicurezza" che garantiscono ai loro umani la stabilità dell'attaccamento e integrano i benefici provenienti dalle altre persone. In sintesi, il rapporto con il nostro cane ci offre un rifugio dallo stress del mondo esterno.

Il supporto sociale, quando proviene dai nostri simili,[243] tende a manifestarsi sotto forma di sostegno emotivo (avere qualcuno che ascolta e convalida i nostri sentimenti), senso di appartenenza (come avere un gruppo di amici o provare un senso di comunità), condivisione di consigli o informazioni utili (su qualunque cosa ci stia succedendo), o appoggio tangibile (per esempio, qualcuno che si offre di farci un favore, di sbrigare commissioni per noi o fornirci determinate risorse, anche economiche). I cani non possono garantire tutte queste tipologie di supporto – non ci daranno consigli dopo una rottura, non ci aiuteranno a traslocare, non ci prepareranno un buon piatto nei periodi di lutto – ma senza dubbio possono darci un sacco di sostegno emotivo e senso di appartenenza. Ci ascoltano senza interrompere mentre sfoghiamo le nostre frustrazioni. Condividono coccole, passeggiate e baci bavosi quando abbiamo bisogno di affetto. E possono tenerci compagnia ovunque siamo e qualunque cosa stiamo facendo, offrendo la loro presenza costante e leale.

Prendiamo l'esempio di Bailey, che quindici anni fa ha adottato un incrocio di border collie di nome Olive. Negli anni Bailey si è sposata, trasferita in una nuova città, ha divorziato ed è tornata a casa per occuparsi della madre morente. Dopo la scomparsa di sua madre si è laureata e trasferita ancora una volta per iniziare un nuovo lavoro. «Che le transizioni fossero positive o negative, avere Olive sempre al mio fianco mi ha dato un senso di normalità e mi ha aiutata a sentirmi radicata» racconta Bailey, che oggi, non ancora quarantenne, lavora come banchiera in Tennessee. Anche nei momenti difficili, dover pensare e badare a Olive l'ha aiutata a concentrarsi sul presente e ad andare avanti.

La vita cambia, e con essa la personalità

Quando le persone affrontano cambiamenti importanti nella loro vita, come sposarsi o iniziare una nuova carriera, a volte anche i loro tratti di personalità e le loro preferenze subiscono una trasformazione. C'è chi diventa più sicuro di sé, assertivo o socialmente estroverso. Magari qualcuno preferisce trascorrere più tempo a casa con il proprio partner alla sera, invece di uscire. Se sono presenti dei cani, pare che la loro personalità possa variare assecondando quella dei loro umani.

In uno studio condotto sui proprietari di oltre milleseicento cani che spaziavano da poche settimane di vita fino ai quindici anni,[244] William Chopik e Jonathan Weaver hanno invitato i partecipanti a valutare la personalità e la storia comportamentale dei loro animali, e a rispondere a un questionario sulla propria personalità. Osservano i ricercatori: «Siccome esseri umani e cani trascorrono una notevole quantità di tempo insieme, è plausibile che si manifesti una certa somiglianza tra le rispettive personalità». Un'ipotesi che trova conferma in questo sondaggio. In particolare, le persone estroverse reputano i loro cani più attivi ed eccitabili, mentre quelle più ansiose o avvilite valutano i loro cani come paurosi o più aggressivi.

Secondo gli studiosi esistono diverse spiegazioni plausibili per queste correlazioni. Innanzitutto, le persone potrebbero scegliere cani con personalità affini alla loro. Potrebbe anche intervenire un effetto di socializzazione, per cui le attività condivise influenzerebbero la personalità dei cani. Inoltre «si nota un certo grado di contagio emotivo e di personalità tra gli esseri umani che frequentano gli stessi ambienti sociali, e questo fa pensare che gli spazi condivisi possano creare un'affinità tra i proprietari e i loro cani», sempre secondo i ricercatori.

«Quando gli esseri umani attraversano grandi cambiamenti, i loro tratti di personalità possono variare. Abbiamo scoperto che succede lo stesso ai cani, e in misura sorprendentemente elevata»[245] ha spiegato Chopik, professore di psicologia della Michigan State University. «Ci aspettavamo che le personalità dei cani fossero abbastanza stabili, perché il loro stile di vita non subisce mutamenti radicali come quello degli esseri umani, ma in realtà cambiano molto. Abbiamo rilevato delle similitudini con i rispettivi proprietari.»

Un senso di normalità in continua evoluzione

Anche se le interazioni tra i cani e i loro proprietari possono variare con il passare del tempo, il legame tra di loro mantiene un forte effetto ancorante, e la presenza costante dei cani aiuta a tenere le fila nel passaggio da una fase all'altra della vita. A prescindere da dove andate o da dove vivete, voi e il vostro cane sarete sempre lì. *Insieme.* Stando alle ricerche,[246] gli adulti single avrebbero maggiori probabilità di beneficiare della presenza di un cane mentre affrontano cambiamenti importanti, in quanto avere un cane al proprio fianco rappresenta una forma di supporto sociale alternativa (leggi: non umana). Questo si rivela particolarmente utile[247] perché, come confermano numerose ricerche scientifiche, un sostegno emotivo e un senso di appartenenza forti riducono lo stress e giovano alla salute. E si tratta di fattori cruciali per aiutarci a superare le crisi personali (come la morte dei propri cari) o le grandi transizioni (come andare a vivere in un altro stato).

Mike e sua moglie Kara hanno preso il loro cane Murphy da un'associazione di rescue specializzata in golden retriever quando un'altra famiglia non aveva più le energie per occuparsi di quel vivace cucciolo di sedici mesi. Murphy si è ambientato senza problemi nella loro casa in Virginia, ed è nata un'adorazione reciproca che li ha accompagnati in quattro traslochi, diversi cambi di lavoro, la nascita di due figli e la perdita dei membri più anziani della famiglia. All'età di tredici anni e mezzo, Murphy è morto in breve tempo per la recidiva di un cancro all'addome che lo aveva colpito l'anno prima. «Per quanto possa sembrare strano, l'ultimo regalo che ci ha fatto Murphy è stato aiutarci a spiegare il lutto e la perdita ai nostri figli come non eravamo ancora riusciti a fare» racconta Mike, che lavora per il governo federale.

Il supporto sociale dei cani ha un ruolo cardine nella loro capacità di porsi come forze stabilizzanti di fronte ai cambiamenti drastici nelle nostre vite. Per indagare questo fenomeno,[248] Jonathan Bowen e colleghi hanno condotto uno studio su 501 proprietari di cani in Spagna prima della pandemia di Covid, e su 794 individui durante il lockdown iniziale. Gli intervistati, per la maggior parte, hanno riferito che la presenza di un cane li ha aiutati a sopportare "momenti difficili". Nello specifico, si sentivano confortati dagli abbracci e dal contatto fisico con i loro amici a quattro zampe, svolgevano attività condivise (come il gioco), e si confidavano con loro, tutti componenti essenziali del supporto sociale. Secondo i ricercatori: «I cani hanno il vantaggio di essere più disponibili rispetto alle fonti di sostegno umane». Questo è vero soprattutto nei periodi di isolamento come la pandemia, o nelle grandi transizioni della vita, come trasferirsi in un altro stato perdendo l'accesso alle consuete reti (umane) di supporto sociale.

La disponibilità – poter accedere con facilità a una fonte di sostegno – e la vicinanza – non in termini spaziali ma di dipendenza reciproca – sono elementi necessari per avere un valido supporto sociale, e un cane da compagnia li possiede entrambi. Un altro aspetto significativo: di norma i cani sono pienamente presenti, corpo e anima, quando interagiscono con noi. Non si lasciano distrarre da una conversazione passata o dalle commissioni da sbrigare. La loro attenzione è rivolta soltanto a noi, e questo può essere gratificante sul piano emotivo. Come ha riferito un partecipante allo studio spagnolo: «Anche se tutti gli altri mi abbandonassero, il mio cane sarebbe sempre al mio fianco», un'opinione condivisa da molti amanti dei cani.

Amanda, un'avvocatessa prossima ai quarant'anni, ha fatto affidamento sulla sua keeshond Mirabelle durante numerose transizioni vissute negli ultimi anni. Nel 2018 Amanda si è trasferita a Los Angeles dalla East Coast per studiare giurisprudenza. Dopo aver perso il suo alloggio durante gli incendi del 2018, lei e Mirabelle sono passate da una sistemazione temporanea all'altra, e hanno attraversato il paese insieme dieci volte. «Senza la sua presenza costante non me la sarei sentita di affrontare tutti quei cambiamenti, perché ho un'indole abbastanza timorosa» ammette Amanda, che è single e di recente è tornata a Los Angeles dalla Virginia per lavoro. «Lei mi dà cose, [come] l'attenzione assoluta a ogni mio movimento e ogni mia parola, che sarebbe assurdo pretendere da un altro essere umano.»

Quando vi sembra che la vostra vita sia sottosopra o state compiendo una transizione importante, la vicinanza e il supporto costante del vostro amato cane possono darvi conforto perché vi fanno capire che alcune cose *non* cambiano. L'amore e la devozione del vostro amico peloso rimarranno immutati. Così come i suoi bisogni. Nel bel mezzo di un divorzio, di un lutto in famiglia, di un cambio di lavoro, o quando i figli adulti se ne vanno di casa per cominciare la loro vita indipendente, i cani vanno comunque sfamati, portati fuori, spazzolati, lavati e intrattenuti. Questi bisogni e queste responsabilità generano un piacevole senso di routine, ordine e scopo in un periodo che altrimenti risulterebbe molto turbolento. E se vi ritrovate in un nuovo ambiente lavorativo, in una città o in un quartiere sconosciuto, il vostro adorato cane può aiutarvi ad alleviare la solitudine.

Il lavoro di Laura, un ministro del culto, l'ha portata a vivere per cinque anni in varie zone rurali dove non aveva un supporto sociale immediato e si sentiva molto isolata, cosa particolarmente difficile per lei, che ha un'indole estroversa. «Dopo cinque mesi così, ho adottato Dooley, un incrocio di australian cattle dog, e sono convinta che sia solo merito suo se sono sopravvissuta» racconta Laura, che è single e vicina ai quaranta. «Per quanto il lavoro in sé e la mia situazione fossero difficili, tornare a casa e trovare quel cucciolo sovreccitato e pieno di amore mi asciugava letteralmente le lacrime.» Oltre ad apprezzare la sua assoluta devozione, Laura si sentiva più sicura a vivere da sola in luoghi in cui non conosceva i suoi vicini. Ora che si è lasciata alle spalle quel periodo buio e ha trovato una posizione lavorativa che le dà gioia, il suo rapporto con Dooley si è evoluto. «Mi dà ancora sicurezza e conforto, ma è anche una fonte di felicità, divertimento e attività fisica» spiega. Grazie a Dooley ha stretto nuove amicizie nella comunità e su Dog Twitter. E la cosa non sorprende,[249] perché spesso i nostri amici a quattro zampe sono degli strumenti per conoscere altra gente, fare amicizia e trovare supporto sociale nel quartiere.

Divorzio e custodia dei cani

Non è un segreto[250] che quasi la metà dei matrimoni negli Stati Uniti si concluda con un divorzio. Quando le coppie si separano, si sente spesso parlare di litigi per la custodia dei figli, ma il discorso coinvolge sempre più spesso anche i cani. A volte è evidente chi dovrebbe tenerli,[251] eppure le dispute per la loro custodia sono in aumento.

Tradizionalmente i cani erano considerati una proprietà come tutte le altre da dividere tra i coniugi separati, ma sempre più spesso i tribunali riconoscono i cani[252] come membri della famiglia a tutti gli effetti, e alcuni stati stanno valutando di modificare le leggi sul divorzio per riflettere questo cambiamento.

Una soluzione interessante: quando i genitori di Andrea hanno divorziato, lei e la sorella frequentavano le elementari. Nell'accordo di divorzio, che prevedeva la custodia condivisa delle bambine, si specificava che il loro cane, un labrador adottato dopo l'uragano Katrina, avrebbe vissuto sempre insieme alle due sorelle. Pertanto, il cane le seguiva nei loro spostamenti tra la casa della madre e quella del padre. È stata un'ottima soluzione, spiega Andrea, perché «il mio cane è diventato quasi subito una delle poche cose affidabili della mia vita».

Effetti ancoranti a lungo termine

Questi effetti stabilizzanti si riflettono allo stesso modo sui bambini e sugli adulti, e nelle situazioni più svariate. Un esempio emblematico: quando i bambini hanno un genitore nell'esercito, i loro livelli di stress sono molto più alti della media. Uno studio di Megan Mueller e Kristina Schmid Callina[253] della Tufts University ha evidenziato che un legame forte con un cane o un altro animale aiuta i figli dei militari ad affrontare meglio le difficoltà e a sviluppare resilienza, soprattutto quando hanno un ruolo nella cura dell'animale. A fare la differenza non è la semplice presenza di un animale in casa ma il livello di attaccamento e di impegno nei suoi confronti. «Un attaccamento forte agli animali domestici potrebbe favorire un atteggiamento più proattivo nella gestione dei problemi stressanti e contribuire allo sviluppo e al mantenimento di rapporti tra pari in circostanze difficili» osserva Mueller.

Alcuni di questi benefici si estendono a varie età e fasi della vita. Il più delle volte i bambini percepiscono i loro animali come influenze stabilizzanti, e questo a sua volta li aiuta a maturare strategie adattive più solide. Quando i ragazzi vanno al college e la casa di famiglia di colpo è stranamente tranquilla e silenziosa, i cani diventano una fonte preziosa di vivacità e giocosità per i genitori che all'improvviso si ritrovano in un nido vuoto. E dagli studi[254] è emerso che, quando gli adulti in età avanzata affrontano un divorzio o la perdita del partner, la compagnia di un cane allevia la solitudine e i sintomi depressivi che potrebbero intervenire.

Lo sa bene Debbie, un'agente assicuratrice dell'Illinois che nel 2011 ha adottato Lexie, un incrocio tra labrador e golden retriever, per celebrare un anno di sobrietà. Per gran parte della sua vita adulta, Debbie ha usato l'alcol per affrontare le sue personali frustrazioni sul lavoro e a casa, oltre a importanti fattori di stress come il divorzio. Ha sempre desiderato un cane, ma si rendeva conto che quando beveva non era abbastanza responsabile da prendersene cura, perciò ha aspettato finché non ha chiuso definitivamente con l'alcol. Oltre a essere una sorta di ricompensa per la sua sobrietà, Lexie è arrivata proprio nel momento giusto. «Ha riempito il vuoto che provavo da quando i miei figli erano partiti per il college, e le nostre passeggiate hanno giovato al mio stato emotivo e alla mia salute» spiega Debbie, oggi sessantenne. Il loro rapporto era così gratificante che otto anni fa ha deciso di adottare un incrocio di pit bull di nome Zelda. «Avere due cani mi ha dato la tranquillità necessaria a vivere da sola» racconta. «Sono diventati il mio mondo.»

Shelby riferisce un'esperienza analoga dal punto di vista dei suoi genitori. Shelby, figlia unica, è cresciuta in un'azienda agricola per la coltivazione di cereali gestita dai genitori e dai nonni in Ohio, e quando era in prima media la sua famiglia ha preso un golden retriever di nome Carlo. Shelby e il padre soffrivano entrambi d'ansia, e Carlo li ha aiutati. Nel giro di un anno, lei e sua madre hanno notato che la presenza del cane aveva migliorato enormemente l'atteggiamento del padre, trasformandolo da una persona che al mattino non proferiva quasi parola a un uomo che sorrideva e sosteneva intere conversazioni mezz'ora dopo essersi svegliato. Carlo era al suo fianco nei campi per tutto il giorno, poi tornava a casa con lui al termine del lavoro. Da quando Shelby è partita per il college, quel cane è stato una manna dal cielo per i suoi genitori. «Ricevo spesso delle foto con mia madre o mio padre sdraiati sul pavimento che accarezzano Carlo» spiega Shelby, che oggi lavora come perito agrario in Nebraska. A tarda sera riceverà un'altra fotografia di suo padre e Carlo che dormono insieme.

Le gioie del ricongiungimento

Quando un componente della famiglia torna a casa dopo una lunga assenza, come un ragazzo andato al college o un militare in missione, in genere è un momento elettrizzante per le persone e per i loro amici pelosi. Alcuni cani si mettono a ballare per la gioia, saltellando, alzandosi sulle zampe posteriori o girando in tondo. Ogni volta che i figli adulti di Stacey fanno visita alla famiglia, Sadie si trasforma in un cane da circo, saltando loro addosso, girando su se stessa, facendo degli inchini giocosi, e ripetendo queste manifestazioni di affetto mentre guaisce per la felicità. Altri cani, soprattutto quelli più vecchi, potrebbero evitare i proprietari dopo un lungo periodo di lontananza, perché non li riconoscono subito o perché il loro allontanamento li ha turbati. La buona notizia è che questo distacco avrà vita breve, dato che i cani non portano rancore a lungo, a differenza di noi umani. Se associano il membro della famiglia assente a ricordi felici e incontri affettuosi, in men che non si dica mostreranno una gioia pura e autentica, accompagnata da scodinzolii e ancheggiamenti.

Oltre ad aggiungere ricchezza, supporto e gioia alle nostre vite, i nostri fidati compagni a quattro zampe hanno un ruolo cruciale anche nello sviluppo della nostra storia. La precarietà è un dato di fatto nella vita moderna, oggi più che mai. Grazie alla loro inesauribile riserva di amore, affetto e attenzioni, i cani possono farci sentire ancorati nei periodi di mutamento. Quando la vita sembra instabile e il futuro incerto, sanno trasmetterci un senso di stabilità, continuità e conforto, di giorno in giorno e di settimana in settimana. Con loro come compagni leali, possiamo concentrarci sul presente e creare routine e rituali che giovino a tutti e due (o a tutti quanti). Possiamo godere del nostro reciproco scambio d'amore nei giorni buoni e in quelli meno buoni. E possiamo fare affidamento sulla loro presenza e sulle loro attenzioni incessanti per ritrovare il buonumore e la determinazione a tirare avanti con sicurezza e costanza.

Quarta parte

APPREZZARE UNA VITA BEN VISSUTA INSIEME

12
Maturare insieme
Vivere con un cane che invecchia

A undici anni e mezzo, verso la fine della sua vita, Maggie, il cane di Jen, ha sviluppato un trombo che bloccava gran parte del flusso sanguigno verso le zampe posteriori. Questo non le ha impedito di rimanere la creatura allegra di sempre – a casa non sembrava rendersi conto che qualcosa non andava – ma all'improvviso non poteva più fare le sue amate passeggiate. Quando uscivano nel loro quartiere alberato, dopo pochi metri le cedevano le zampe e bisognava portarla a casa in braccio. Per non privarla di quella gioia, Jen ha comprato un robusto carretto da giardino in acciaio e una gabbia per cani da sistemarvi sopra, creando un trabiccolo che ha soprannominato Maggie Waggie. Jen la metteva sul carretto e le faceva fare il giro dell'isolato. Lungo il tragitto Maggie osservava il quartiere e ogni tanto scendeva per un'annusata nei punti che le sembravano particolarmente interessanti.

Occasionalmente Jasmine, il cane che Jen ha adottato insieme a Maggie, le accompagnava in queste uscite trotterellando di fianco al carretto. E una volta, per ottimizzare i tempi, Jen ha portato anche Venkman (che all'epoca aveva quattro anni). Le è venuta l'idea di legare il guinzaglio di Venk al manubrio del carretto perché la aiutasse a tirarlo. Venk ha accettato con entusiasmo e si è messa a correre a rotta di collo, rischiando di capovolgere il carretto a un incrocio per poi trascinarlo nella siepe di un vicino. È stato il viaggio in carretto più veloce della storia per Maggie, e la fine della brevissima carriera di Venk come cane da slitta.

Anche se Jen e Maggie avrebbero preferito continuare con le loro amate passeggiate, il carretto ha regalato loro altri momenti insieme nonostante i limiti fisici di Maggie dettati dall'età. Come Jen ha avuto modo di scoprire, quando i nostri cani invecchiano le attività che possiamo fare insieme cambiano in modi più o meno significativi. Ma non per questo il legame deve indebolirsi. Al contrario, possiamo renderlo più forte che mai occupandoci dei loro nuovi bisogni e trovando altri modi per passare del tempo con loro. Questo arricchimento scaturisce in parte dalla fiducia e dalla vicinanza che abbiamo sviluppato negli anni, e in parte dal tempo extra che trascorriamo insieme ora che il nostro amico peloso è più anziano e lento. Un altro fattore potrebbe essere il suo apprezzamento per le cure amorevoli che gli dedichiamo mentre la sua salute e il suo livello di condizionamento cambiano.

Paula ha preso la sua golden retriever Molly quando aveva otto settimane di vita, e hanno legato subito. La fiducia e l'adorazione reciproca e i tanti momenti di divertimento e affetto le hanno rese inseparabili. Molly è stata sanissima fino agli undici anni, quando ha sviluppato un ingrossamento dell'esofago a causa di una *miastenia gravis*, una malattia autoimmune. Il marito di Paula ha costruito una seggiola speciale per dare da mangiare a Molly, e nei due anni e mezzo successivi la coppia ha trovato altri modi per prendersi cura di lei. Nel 2017 si è capito che Molly non poteva più andare avanti, e così Paula ha chiamato a casa il veterinario per liberarla dalle sue sofferenze, in veranda. «La sento ancora con me, uso le sue bandane a mo' di foulard e ho un braccialetto con sopra una piccola M e una zampa, per tenerla vicina» racconta Paula, scrutatrice elettorale e caregiver familiare di Poughkeepsie, New York. «L'ho amata per tutta la sua vita. Mi mancherà per il resto della mia.»

Come osserva Nicholas Dodman, comportamentista veterinario e professore emerito presso la Tufts Cummings School of Veterinary Medicine, nel suo libro *Good Old Dog: Expert Advice for Keeping Your Aging Dog Happy, Healthy, and Comfortable*:[255] «Durante i checkup e altre visite notiamo l'intimità con cui le persone interagiscono con i loro compagni [a quattro zampe] più anziani. C'è una sorta di conforto, un qualcosa che si può dare per assodato e che non è ancora presente con i cani più giovani».

Invecchiare è un fatto inevitabile della vita, la nostra e quella dei nostri amati cani. Ma anche se invecchiamo insieme, i cani procedono a un ritmo più serrato perché abbiamo una durata della vita diversa. L'*età* esatta in cui un cane acquisisce lo status di anziano dipende soprattutto dalla razza.[256] Quelli più piccoli (come gli Yorkshire terrier e i pomerania) non sono considerati "vecchi" finché non raggiungono la doppia cifra, mentre i cani grandi (come i mastini e gli alani) si possono considerare "anziani" all'età di otto anni. Quindi, anche se *voi* non vi svegliate intirizziti o non avete ancora i capelli grigi, il vostro cane potrebbe già soffrire di dolori articolari e avere il muso imbiancato.

Ci rendiamo conto quasi tutti, in una certa misura, che la vita e la salute del nostro cane hanno una durata limitata, anche se vorremmo che non fosse così. I miglioramenti nelle cure veterinarie e negli approcci alla dieta e alla nutrizione permettono a molti cani di condurre una vita più lunga e sana rispetto al passato. Ma prima o poi arriverà il momento in cui gli acciacchi dell'età cominceranno ad affliggerli. È importante considerare l'invecchiamento e le difficoltà che ne derivano come un processo normale e inevitabile, proprio come lo è per gli umani. Lynn Buzhardt,[257] una veterinaria affiliata a VCA Animal Hospitals, ha scritto in un suo post: «Con il passare degli anni intervengono varie perdite, ma c'è anche una grande soddisfazione nel ripensare a una vita, umana o canina, ben vissuta. La gioia condivisa con i vostri animali non dovrebbe mai invecchiare».

In età avanzata, i cani sviluppano malattie legate all'età e devono rinunciare a gran parte delle attività e dei rituali che un tempo svolgevano insieme a noi. Magari non possono più correre o giocare al riporto o a frisbee per colpa dell'artrite. O fanno più fatica a saltare sul divano o a trovare i loro giochi perché sono deboli o hanno problemi alla vista. Questi cambiamenti sono tristi e sconvolgenti per i cani e i loro proprietari. Ma ci sono nuove attività che possiamo compiere insieme a loro, a patto di essere vigili, flessibili e incoraggianti.

È importante che monitoriate i cambiamenti nel livello di energia del vostro cane, nelle sue manifestazioni di disagio, nella sua acutezza sensoriale e nell'umore. Dovrete prestare attenzione all'andatura, alla mobilità, al respiro, all'appetito, al sonno e all'atteggiamento, comunicando al veterinario ogni alterazione preoccupante. E ricordate che i cani anziani spesso hanno bisogno di una maggior pulizia, toelettatura e igiene orale. Potrebbero beneficiare di una variazione nella dieta, magari introducendo croccantini specifici o più cibo umido, e di integratori come la glucosamina, l'olio di pesce e i probiotici per gestire eventuali problemi di artrite o immunitari. È bene che discutiate anche di questo con il vostro veterinario.

Quando i cani invecchiano, le loro abitudini e i loro interessi cambiano senza che ciò comporti per forza un peggioramento del loro stile di vita. Magari camminano più lentamente o fanno passeggiate più brevi e sporadiche, accontentandosi di qualche annusata qua e là. Forse avranno meno voglia di socializzare con gli altri cani, o saranno meno coccoloni con i loro umani. Alcuni diventano più sensibili ai cambi bruschi di temperatura[258] a causa delle variazioni nel loro metabolismo. È importante che teniate d'occhio queste evoluzioni e troviate dei modi per adattare le vostre routine così da continuare a godere delle attività che avete sempre svolto insieme. Se il vostro cane ama stare all'aperto ma non è più interessato al movimento o a cambiare ambiente, nelle giornate di sole potreste portarlo fuori insieme a voi mentre leggete o lavorate, purché abbia a disposizione dell'ombra e una ciotola d'acqua. La chiave è pensare a cosa potrebbe piacergli e trovare dei modi per accontentarlo.

È quello che ha fatto Talia, una data analyst di Indianapolis, con Sophie, l'incrocio di jack russell e labrador che lei e il suo fidanzato Sam hanno adottato tre anni fa dalla famiglia di lui. Sophie non ha più le energie di un tempo, e ha sviluppato una certa rigidità alle zampe posteriori (assume degli integratori per favorire la salute delle articolazioni). Le piace ancora andare a spasso due volte al giorno ma è più lenta, a meno che non adocchi uno scoiattolo, nel qual caso si mette a inseguirlo a rotta di collo. Dato che con l'età le sue energie e i livelli di attività sono diminuiti, spiega Talia, «abbiamo imparato ad apprezzare il fatto che dorma sul nostro letto o stia con noi sul divano mentre ci rilassiamo».

Un caso analogo è quello di Anne, che ha cinquant'anni e lavora come project manager nel settore informatico a Rochester, New York. Anne ha adattato la sua routine per rispondere ai bisogni del suo golden retriever Chumley mentre invecchiavano insieme. Ha preso Chumley quando aveva otto settimane di vita, e il loro legame si è rafforzato sempre di più con il passare del tempo. In passato adoravano camminare, ma adesso hanno dovuto accorciare le distanze. Anne ha subito un intervento all'anca lo scorso anno, e anche Chumley, ormai quindicenne, è più lento per colpa dell'artrite alle anche. Da piccolo giocava e faceva la lotta con i cani più grandi, mentre adesso gli basta accoccolarsi vicino ad Anne mentre lavora, e a lei va benissimo così. «Ogni singolo giorno trascorso con lui è un dono per me» spiega. «Chums alleggerisce tutti i momenti di stress durante il lavoro lasciandomi accarezzare la sua dolce testolina.»

La realtà è che cani ed esseri umani hanno in comune diversi disturbi e malattie. Una ricerca guidata da Jessica M. Hoffman,[259] della University of Alabama a Birmingham, ha esaminato i dati di oltre 112.000 esseri umani e quasi 74.000 cani nel tentativo di trovare affinità nei rispettivi modelli di invecchiamento. Ne è emerso che obesità, artrite, ipotiroidismo, diabete e altre patologie croniche comuni nelle persone di una certa età sono «associate a livelli analogamente alti di comorbidità nei loro cani. Inoltre, abbiamo rilevato somiglianze significative tra umani e cani nell'effetto dell'età sul rischio di malattia.»

Alcuni di questi parallelismi potrebbero essere influenzati dal fatto che viviamo nella stessa casa e respiriamo la stessa aria. Ma parte dei rischi dipende anche da fattori genetici e abitudini di vita come la dieta e l'attività fisica. Dato che umani e cani hanno durata di vita diversa, i segnali di varie problematiche mediche nei nostri compagni pelosi spesso ci colgono alla sprovvista perché sembrano comparire all'improvviso. Per questi e altri motivi, arriva un momento in cui la dinamica delle cure che dedichiamo ai nostri cani deve cambiare. Quando raggiungono o superano la mezza età è probabile che dovremo impegnarci di più per seguirli e accudirli rispetto a quando erano più giovani. «È un amore altruistico» spiega Chris Blazina, uno psicologo del New Mexico e autore di *When Man Meets Dog*. «Si tratta di ricambiare quello che si è ricevuto.»

I BENEFICI DI INVECCHIARE CON UN CANE

Nei capitoli precedenti abbiamo visto i moltissimi modi in cui i cani possono giovare al nostro benessere fisico, emotivo e sociale. Questi vantaggi non hanno una data di scadenza, e avere un compagno a quattro zampe continua a favorire il nostro benessere complessivo anche mentre invecchiamo. Oltre a ridurre solitudine e isolamento, ci aiuta a rimanere attivi sul piano fisico e cognitivo e impegnati socialmente, non solo con i nostri cani ma anche con i vicini e altre persone quando usciamo insieme a passeggiare.

Ardra Cole, della Mount Saint Vincent University in Nuova Scozia, ha scritto un articolo di ricerca sull'importanza dei cani pubblicato nel 2019 sull'*International Journal of Community Well-Being*, spiegando che i cani da compagnia «aiutano gli anziani a ritrovare uno scopo nella vita, aumentano la loro autostima e il loro benessere [...] e rafforzano il senso di indipendenza e arbitrio». Si registra anche un miglioramento dell'umore, un incremento dell'ottimismo e della capacità di affrontare le sfide quotidiane, e un maggiore interesse a pianificare il futuro, sempre secondo Cole, che ha fondato l'ente benefico ElderDog Canada.

Nel 2019 è stato condotto un sondaggio nazionale sulla salute in età avanzata che ha coinvolto un campione di adulti tra i cinquanta e gli ottant'anni,[260] e il 70 per cento degli intervistati sostiene di essere stato aiutato dai propri animali domestici ad affrontare i sintomi fisici o emotivi legati all'avanzare dell'età. Tra i partecipanti, la maggior parte dei proprietari di cani affermava che gli animali li aiutavano a godersi la vita, a sentirsi amati e meno stressati, ad avere uno scopo e a seguire una routine. Inoltre erano di aiuto a creare legami con altre persone, a mantenersi fisicamente attivi e a gestire i problemi di salute ed emotivi, incluso il dolore. Alcuni hanno addirittura dichiarato di anteporre i bisogni dei loro cani ai propri.

Un senso di coinvolgimento

Invecchiare con un cane che ha fatto parte della nostra vita per molti anni può trasmetterci un senso di pace e conforto. Come osserva Nicholas Dodman: «C'è qualcosa di più sereno, di più saggio, nei cani anziani, anche se sono ancora pieni di energie. Semplicemente, un cane che è con noi da tanti anni ci capisce meglio e asseconda meglio i nostri umori».[261]

Man mano che i nostri cani invecchiano, dobbiamo trovare dei modi per assecondare anche i *loro* cambiamenti di temperamento e funzionalità. Alcuni vorranno stare vicini ai loro umani seguendoli per tutta la casa. Altri potrebbero aver bisogno di più spazio per sé. Altri ancora oscilleranno tra queste due tendenze. Sono cambiamenti che possono confondere, e talvolta vengono fraintesi; la chiave è prestare attenzione al loro linguaggio corporeo e adattare il *nostro* linguaggio affettivo di conseguenza.

Un gruppo di ricercatori guidato da Borbála Turcsán[262] del Clever Dog Lab presso il Messerli Forschungsinstitut della Veterinärmedizinische Universität di Vienna, ha analizzato i mutamenti di personalità in 217 border collie fra i sei mesi e i quindici anni di vita. I cani sono stati sottoposti a una serie di test videoregistrati. In uno di questi, il cane era lasciato libero di esplorare una stanza e gli oggetti sul pavimento mentre il proprietario lo ignorava. In un altro, un estraneo entrava nella stanza e accarezzava il cane. Un altro ancora, pensato per valutare la tolleranza alla frustrazione, prevedeva che il proprietario facesse dondolare una grossa salsiccia davanti al muso dell'animale per un minuto, tenendola appena fuori dalla sua portata. È emerso che i cambiamenti di personalità nei cani avvengono in maniera irregolare nel corso della vita, ma si evidenziano alcune tendenze generali. I cani giovani e anziani sono più indipendenti rispetto a quelli di mezza età (fra i tre e i sei anni); la ricerca di novità diminuisce a un ritmo costante dalla mezza età in avanti; l'attenzione e la capacità di risolvere i problemi cresce nell'adolescenza e nella prima età adulta; e la tolleranza alla frustrazione aumenta leggermente con gli anni. Alcuni di questi cambiamenti, secondo i ricercatori, possono dipendere da un naturale declino delle funzioni sensoriali e motorie con lo scorrere del tempo.

Se un cane anziano sviluppa problemi di vista, olfatto o udito, potrebbe essere più incline a spaventarsi o addirittura a scattare quando una persona o un rumore lo coglie di sorpresa. Se invece è sofferente e i proprietari non se ne rendono conto, potrebbe apparire stranamente irritabile o distaccato. O magari si sente a disagio nella sua nuova condizione. In uno studio condotto dal dottore in medicina veterinaria Paolo Mongillo[263] all'Università di Padova, i cani in età avanzata mostravano maggiori difficoltà ad affrontare le situazioni emotivamente angoscianti rispetto a quelli più giovani. Quando venivano separati dai proprietari apparivano più passivi e meno interessati a interagire con gli estranei, oltre a mostrare in seguito un cospicuo aumento dei livelli salivari di cortisolo (un ormone dello stress). Per quanto sembrassero calmi e composti, le loro reazioni interiori alla situazione di turbamento erano amplificate.

Anche i cambiamenti cognitivi[264] possono ripercuotersi sull'atteggiamento o sul comportamento dei nostri cani. Si dà il caso che i nostri amici a quattro zampe siano soggetti ad alterazioni cognitive legate all'età, alla demenza o all'Alzheimer, proprio come può succedere alle persone che amiamo. Nel caso dei nostri cani,[265] in genere si parla di sindrome da disfunzione cognitiva (SDC), che è caratterizzata da una costellazione di sintomi comportamentali e neurologici – disorientamento, mutamenti nelle interazioni sociali con le persone o gli animali, disturbi del ritmo circadiano, tendenza a urinare in casa, variazione dei livelli di attività e aumento dell'ansia – che con il passare degli anni diventano più comuni. Purtroppo è in genere una sindrome progressiva e non esistono terapie efficaci, ma è comunque consigliabile riferire tutti i sintomi al veterinario.

Man mano che il nostro cane invecchia e cambia, la sfida è trovare modi nuovi per occuparci di lui e del nostro rapporto. «Non credo che i cani si rendano conto che stanno invecchiando. Spetta ai loro compagni umani riconoscerlo» spiega il professor Clive Wynne del Canine Science Collaboratory. «I cani gradiscono e apprezzano le attività che svolgono con voi a qualunque livello.» La cosa che più desiderano è il dono del tempo, soprattutto quello trascorso con i loro umani, ma anche quello del riposo. Sta a noi soddisfare i loro nuovi bisogni.

Quando il cane di Stacey, Inky, aveva dodici anni, spesso era irrequieto durante la notte. Girava per casa e guaiva, tanto che Stacey e suo marito John pensavano che dovesse fare i suoi bisogni. E così uno dei due lo faceva uscire in cortile, dove Inky si sdraiava prontamente nel patio lastricato, guardandosi intorno e ammirando il cielo notturno. Spesso era difficilissimo convincerlo a tornare dentro prima che non lo decidesse da solo; a volte non bastavano nemmeno i croccantini. Stacey ne ha parlato con la loro veterinaria, e ha scoperto che a volte i cani anziani soffrono della "sindrome del tramonto", che può manifestarsi sotto forma di irrequietezza e agitazione notturne. Da allora Stacey e John hanno fatto il possibile per assecondare Inky, cercando di tranquillizzarlo e di placare i suoi guaiti durante la notte in modo che tornasse a dormire. Se non funzionava, ogni tanto John lo faceva uscire in cortile e dormiva sul divano del seminterrato finché il dolce e disorientato Inky non era pronto a rientrare.

È successo qualcosa di simile al labradoodle St. Patrick adottato da Jen, che è stato trovato sul ciglio della strada vicino a un bosco quando era già anziano, forse tredicenne. Non avevano mai visto un cane così scheletrico, e all'inizio era difficile convincerlo a mangiare. L'unica cosa che ingeriva era il cibo da fast food, e così Jen e Ingo andavano da Burger King ogni due o tre giorni e gli compravano dieci cheeseburger con cui lo sfamavano nei giorni a venire, fino a quando non ha cominciato a mangiare il normale cibo per cani. Ma spesso Jen doveva preparargli un piatto di spaghetti o aggiungere patatine fritte nella sua ciotola. Era molto schizzinoso.

St. Patrick era anche parzialmente cieco e sordo, ed era a uno stadio avanzato di demenza. Era chiuso nel suo mondo per gran parte del tempo, eppure era dolce e felice. Di notte girava per casa sulle sue vecchie zampe malferme. Jen e il marito si sono abituati a svegliarsi un paio di volte per notte sentendo le sue grosse zampe, protette da apposite pantofole, strascicare avanti e indietro sul pavimento del soggiorno. Ogni tanto dovevano portarlo in braccio perché aveva problemi di mobilità. E capitava che facesse qualche timido tentativo di azzannarli, non per ferirli ma per esprimere il suo malumore, una cosa che il loro placido amico peloso prima non avrebbe mai fatto. Jen e Ingo non la prendevano mai sul personale.

Lutto anticipatorio

Se al vostro cane è stata diagnosticata una malattia terminale oppure ha problemi di mobilità o respiratori, potreste presagire la sua scomparsa prima che si verifichi. Questa sensazione talvolta è accompagnata dai sintomi del lutto anticipatorio,[266] che possono includere mutazioni del sonno e dell'appetito, ansia, tristezza, senso di colpa o di impotenza, difficoltà a concentrarsi, a ricordare cose o a organizzarsi. Sono i sintomi consueti del lutto, ma in questo caso iniziano quando non avete ancora detto addio al vostro amato cane. Oltre a piangere ciò che ha già perso in termini di salute e vitalità, e le attività gioiose che svolgevate insieme, state anticipando la sua perdita definitiva mentre lui è ancora con voi.

Sono sentimenti dolorosi e spiacevoli. E la tristezza potrebbe spingervi ad allontanarvi dal vostro animale. Non fatelo. Non lasciate che l'afflizione per la sua scomparsa imminente vi impedisca di godere degli ultimi giorni o settimane insieme. Sforzatevi di accettare il lutto anticipatorio sfruttando al massimo il tempo di qualità che potete trascorrere con lui, coccolandolo, abbracciandolo e facendo tutte le attività che è ancora in grado di svolgere, fosse anche solo un giro in macchina fino al supermercato.

Un lato positivo del lutto anticipatorio è che può rafforzare il legame e la vicinanza tra voi e il vostro cane ormai anziano. Potreste dedicare più tempo ed energie alla sua cura e godere della sua compagnia, tutte cose che amplificano l'amore e l'affetto reciproci. In ogni caso, è importante riconoscere i sentimenti suscitati dal lutto anticipatorio senza giudicarli. Può essere utile trovare un modo per sfogarli, mettendoli per iscritto, parlandone con una persona fidata o facendo esercizio fisico per alleviarli. E non sacrificate la cura di voi stessi per il bene del vostro cane; piuttosto, impegnatevi a dormire a sufficienza, a seguire una dieta bilanciata, a tenervi allenati e a praticare tecniche di rilassamento come yoga, meditazione o respirazione profonda. Dovete prendervi cura di voi se volete occuparvi dei bisogni crescenti del vostro cane.

Anche quando subentra la tristezza, ricordate che l'intensità dei vostri sentimenti è una testimonianza del vostro amore reciproco. Lo stupore e la gioia del forte legame che avete coltivato rimarrà con voi a lungo anche dopo la sua scomparsa.

La cura dei cani è un impegno a lungo termine

Quando accogliete un cane nella vostra vita, vi impegnate a occuparvi di lui per molto tempo. A volte è una scelta che impone di prendere decisioni difficili e potenzialmente costose in merito alla sua salute. A tal proposito, può tornare utile monitorare la qualità della sua vita (per farlo potete usare il questionario incluso nell'Appendice 2, che vi consentirà di valutare anche la vostra capacità di soddisfare i suoi bisogni). A meno che il punteggio non sia bassissimo, segno di una forte sofferenza, non è un metodo per capire che è giunto il momento di sopprimerlo ma piuttosto uno strumento da usare nel tempo per scoprire come sta cambiando la sua vita.

Detto ciò, questo strumento assume una grande importanza quando al vostro cane viene diagnosticata una malattia terminale o potenzialmente letale e dovete soppesare i costi di mantenerlo in vita rispetto all'esito probabile della sua condizione, e decidere se liberarlo dalle sue sofferenze. «Può essere spaventoso scoprire che si è arrivati alla fine» spiega Blazina, che in età adulta ha avuto sette cani, generalmente in coppia. «A volte cerchiamo di sminuire i sintomi: è colpa del brutto tempo, non dell'artrite alle anche.» Spesso pensiamo, speriamo o preghiamo di poter fare qualcosa per contrastare la discesa verso la morte, ma a un certo punto non è più possibile.

Anche se la medicina veterinaria moderna offre molte opzioni terapeutiche per migliorare e allungare la vita dei nostri amati cani, ha pur sempre dei limiti. E non è semplice decidere cosa fare. Vorremmo tentare il tutto per tutto per aiutarli a sentirsi bene e a funzionare meglio, ma non ce la sentiamo di sottoporli a trattamenti aggressivi o interventi chirurgici che talvolta sono dolorosi, hanno un processo di guarigione difficile, e non è detto che allunghino la vita. I costi in molti casi sono un fattore da tenere in considerazione, perché anche solo gli esami diagnostici come risonanze magnetiche o TAC possono essere dispendiosi (non stiamo parlando di centinaia, ma di migliaia di dollari). È un calcolo complicato che varia a seconda della situazione, in base alle vostre risorse, all'età del cane e alla sua salute complessiva, alla difficoltà della procedura e ai possibili esiti.

Se avete un cane di mezza età sano ed energico che ha sviluppato un tumore maligno asportabile chirurgicamente senza bisogno di chemioterapia, potreste accettare l'intervento se riuscite a permettervelo e se, secondo il parere del veterinario, vi regalerà molti anni felici insieme al vostro amico peloso. Per contro, se un cane anziano e diabetico avesse un cancro curabile attraverso la chirurgia e la chemioterapia che probabilmente comprometterebbero la qualità della sua vita, potreste decidere di non percorrere questa strada. Il veterinario dovrebbe essere in grado di indicare l'aspettativa media di vita per i cani sottoposti a una determinata terapia, e una prognosi basata sull'età e sullo stato di salute. Soppesare questi fattori può aiutarvi a capire se valga la pena intervenire. È importante anche valutare se i risultati di un esame diagnostico, di una biopsia o di una chirurgia esplorativa cambierebbero il vostro modo di agire. Sono interventi che costano migliaia di dollari e, anche se potrebbero rivelare informazioni utili sulle condizioni del vostro cane, credete che i risultati avrebbero un impatto sostanziale sul modo in cui vi prendete cura di lui? Se la risposta è sì, forse vale la pena farli. Ma se dubitate che gli esiti cambierebbero qualcosa – perché è già anziano e ha diversi problemi di salute, per esempio – potreste scegliere di evitarli.

La maggior parte di noi vorrebbe che il suo cane anziano si spegnesse placidamente nel sonno, ma di solito non funziona così. Ci sono buone probabilità che tocchi a voi scegliere come porre fine alla sua vita, e può essere un atto stressante e straziante. Mettete in conto di sentirvi in colpa a prescindere da quello che deciderete di fare e da quando deciderete di farlo. Ma non avete alternative, perché siete i suoi proprietari. Dovete tirare fuori il coraggio. Spetta a voi, che siete i suoi migliori amici, capire cosa è meglio per lui.

I CANI MOLTO ANZIANI E IL FINE VITA

Jen e Ingo accolgono tantissimi cani vecchi e malati, e spesso la gente non si spiega come riescano a reggere il dolore della loro perdita. Ma solo perché a un cane non resta molto da vivere non significa che non possa essere un compagno amorevole nel tempo che gli rimane! Regalare a un cane un fine vita pieno di gioia, affetto e gentilezza è estremamente appagante. Crea un legame profondo e privo di aspettative, al di là dei momenti di pace da condividere insieme. Qui di seguito troverete le storie di tre membri di The Golden Ratio nei loro ultimi mesi di vita, accompagnate dai ricordi preferiti di Jen.

Swizzle era un cane di quattordici anni la cui proprietaria aveva una demenza avanzata e si dimenticava di sfamare se stessa e i propri cani. Quando è arrivata da Jen e Ingo, Swizzle pesava poco più di dieci chili. Alla fine ha raggiunto quasi i trenta, e non ha mai rifiutato niente di quello che le davano da mangiare. Anzi, nel tempo che hanno trascorso insieme è capitato una sola volta che Jen e Ingo non la sentissero abbaiare per implorarli di condividere la loro cena (umana) con lei; Swizzle si era addormentata, e loro due sono andati a mangiare fuori per concedersi un pasto tranquillo e ininterrotto insieme. Swizzle era una dolce vecchietta che si è goduta ogni istante dei suoi ultimi mesi con il gruppo di The Golden Ratio.

Manchego è arrivato da Jen e Ingo quando era già malato terminale. Era un diabetico cieco che faticava a camminare. Hanno adattato un carretto in modo da farlo entrare nell'ascensore di casa, che collega il balcone al pianterreno, visto che la loro abitazione è rialzata. Per quattro o cinque volte al giorno lo sistemavano sul carretto, scendevano in ascensore, lo trainavano nel giardino davanti a casa e lo mettevano giù in modo che potesse dare qualche fiutata e fare i suoi bisogni. Il momento preferito di Jen con lui è stato quando lo ha portato a nuotare per la prima volta: lei e Ingo vivono alle Florida Keys e hanno l'oceano dietro casa. Manchego ha rivolto il muso verso il tramonto, così Jen lo ha preso in braccio e lo ha portato nell'acqua tiepida, dove il cane si è sciolto tra le sue braccia, rilassandosi e godendosi la sensazione di galleggiare lasciando che l'acqua lenisse le sue vecchie ossa.

Parmesan era un altro malato terminale. Era un cane da riproduzione originario della Svezia, ed era arrivato negli Stati Uniti perché una famiglia lo aveva adottato al termine della sua attività. Quando ha sviluppato un grosso tumore addominale, la famiglia lo ha affidato a un'associazione di rescue, e Jen e Ingo lo hanno preso con sé e hanno fatto del loro meglio per regalargli qualche ultimo mese di felicità. Hanno addirittura imparato a dire "bravo ragazzo" in svedese, casomai ricordasse ancora quella parola dalla sua gioventù (è *duktig pojke*, pronunciato "DUK-tig POI-kie"). Era quasi completamente sordo e non amava muoversi, perciò quando non vedeva Jen o Ingo emetteva dei latrati sommessi finché loro non agitavano le braccia dal divano per fargli sapere dov'erano.

Quando arriva il momento, un'eutanasia è un modo per risparmiare ai cani delle inutili giornate piene di confusione, dolore e sofferenza. «Il dono migliore che potete fare al vostro cane verso la fine è assicurarvi che abbia una dipartita serena» afferma Blazina. Tuttavia, può essere una decisione difficilissima sul piano emotivo e logistico, perché a volte non è semplice capire *quando* è il momento giusto per dire addio al nostro cane.

Jen e suo marito adottano cani anziani e malati, per cui si sono trovati spesso a compiere questo processo decisionale. Jen piange ancora pensando al suo dolce golden retriever Riley, che aveva soprannominato il suo *boyfren*. Non ha mai instaurato un legame così profondo con nessun altro cane e, dato che lo aveva preso quando aveva solo sette anni, aveva tantissimi piani per il loro futuro insieme. Voleva portarlo a correre, a fare lunghi viaggi in macchina, a giocare tra le onde e a nuotare con lei nell'oceano. Era un cane con cui sentiva di poter essere spensierata, a differenza degli altri che avevano specifiche necessità mediche. Avendolo adottato nel fiore degli anni, era convinta che non ci fossero limiti alle attività che potevano fare insieme.

Purtroppo si sbagliava. Riley è arrivato da loro con un dente rotto, e prima di sistemarlo, durante la visita dal veterinario per gli esami del sangue di routine, hanno scoperto che i valori della funzionalità renale erano un po' sballati. Hanno deciso di modificare la sua dieta e ripetere l'esame a distanza di qualche settimana. Dopo un altro paio di test e la visita di uno specialista in medicina veterinaria interna, è emerso che Riley aveva una grave insufficienza renale causata dalla malattia di Lyme, contratta prima del suo arrivo a casa di Jen e Ingo. Sfortunatamente non esistono cure per questo problema (la nefrite di Lyme), e Riley poteva soltanto assumere molti farmaci nel tentativo di rallentarne la progressione. Guardare l'evolversi della malattia è stato terribile. Alla fine Riley ha smesso di mangiare. Jen e Ingo hanno provato a dargli alimenti specifici, poi si sono messi a cucinare per lui. Quando neanche questo ha funzionato, hanno comprato letteralmente ogni singolo cibo in scatola disponibile al negozio per animali nella speranza che lo mangiasse. Hanno preso addirittura hamburger e patatine dai fast food. Se trovavano qualcosa che gli piaceva, ne compravano sacchi interi, anche se di solito si stancava entro un paio di giorni. A un certo punto Riley non riusciva quasi più ad alzarsi. Era dolorante, sofferente e infelice. Jen doveva portarlo fuori in braccio per fargli fare i suoi bisogni. Sapeva che era giunto il momento di lasciarlo andare, ma continuava a sperare che migliorasse almeno un po' e che avrebbero avuto ancora qualche giorno insieme.

Quando si sono decisi a dirgli addio, il "momento giusto" era già passato. Riley aveva patito dolori inutili e intensi per due giorni. Jen non si perdonerà mai per averlo fatto soffrire senza motivo in quelle ultime quarantotto ore. È il cane migliore che abbia mai avuto, ed è stato con lei per soli sette mesi. Piange ancora quando pensa a lui o parla di lui, non solo perché le manca ma perché sente di averlo deluso.

Forte della sua esperienza, Jen è arrivata a questa conclusione: raramente esiste un "momento perfetto" per accompagnare con dolcezza il proprio cane al ponte dell'arcobaleno; esiste una zona grigia tra "sta bene" ed "è assolutamente arrivato il momento", nella quale non ci sono decisioni sbagliate. Ma aspettare troppo è la scelta peggiore. Jen preferirebbe di gran lunga anticipare di due settimane un'eutanasia prima che la situazione diventi insostenibile, rispetto ad aspettare due giorni di troppo. Si sente in colpa per ogni cane che lei e Ingo hanno perso, ma il rimorso più straziante è quello di aver lasciato soffrire inutilmente uno di loro perché non ha saputo decidersi al momento giusto.

Quando il vostro cane anziano sta peggiorando o vi trovate in quella zona grigia in cui non sapete se sia giunta l'ora di salutarlo, ci sono alcuni segnali specifici da tenere in considerazione. Se un cane ansima tutta la notte e ha evidenti difficoltà a respirare, giorno dopo giorno, potrebbe essere giunto alla fine. Se un cane smette del tutto di bere o non mangia neanche i cibi più deliziosi, ha oltrepassato la linea. Se non sa dove si trova, non riesce a controllare le funzioni corporee, è incapace di alzarsi, o è chiaro che il dolore non gli dà tregua, è tempo di lasciarlo andare. In questi casi, porre fine alla sua vita è l'ultimo atto di compassione e gentilezza che possiamo fare per ringraziarlo di tutto quello che ci ha dato.

A questo punto, l'obiettivo è trascorrere l'ultima giornata migliore possibile insieme a lui. Quando sapete che la vita del vostro amato cane sta per terminare, siete liberi di fare quello che volete insieme a lui senza preoccuparvi delle conseguenze. Pensate a qualcosa che ama o che avrebbe sempre voluto provare, e concedeteglielo nelle sue ultime ore. Jen e Ingo hanno regalato una splendida ultima giornata più o meno a metà dei cani che hanno perso. Il veterinario potrebbe essere disposto, come nel loro caso, a prescrivere farmaci per alleviare il dolore e dargli le energie sufficienti a godersi le sue ultime gioie. Loro hanno passato alcune di queste giornate, o fine settimana, sdraiati sull'erba al sole, concedendo ai cani quei cibi che evitavano quando erano sani, o dormendo insieme sul pavimento. Hanno fatto rotolare con delicatezza una pallina da tennis per quelli che amavano giocare al riporto ma non potevano più correre. Hanno preparato waffle ricoperti di panna montata e zuccherini e gliene hanno messo di fronte un piatto intero. Manchego, che era diabetico, ha potuto mangiare tutti i biscotti alle scaglie di cioccolato che voleva. Con Jasmine, che adorava i viaggi in macchina, hanno trascorso gli ultimi giorni girovagando insieme, fermandosi in spiaggia per una fiutatina veloce e poi tornando in auto verso una nuova destinazione. È stato un giro di addio meraviglioso per lei.

Per noi umani questi addii solo dolceamari: affettuosi, tristi, strazianti, commoventi. Per i cani è una gioia, benché sommessa, godere di *tutta* la vostra attenzione e del vostro amore incontenibile nelle ultime ore di vita. Anche dopo aver trascorso molti anni straordinari insieme, non siamo mai pronti a separarci dal nostro cane. La sua vita è durata troppo poco, secondo i nostri standard.

13
Il legame spezzato
Affrontare il lutto e la sofferenza

Stacey è rimasta profondamente scossa dalla morte del suo amato Inky nell'agosto del 2020. Nelle settimane successive faticava a concentrarsi o a pensare a mente lucida. Si ritrovava in lacrime nei momenti più disparati, spesso senza motivo. All'improvviso sentiva la mancanza del muso espressivo di Inky, di come la invitava ad accarezzarlo dimenandosi e facendo dei versi in stile Chewbecca, e scoppiava di nuovo in singhiozzi. Era come se le avessero strappato via un pezzo di cuore. Parte della sua devastazione scaturiva dal fatto che la perdita era stata improvvisa. Una sera Inky era collassato mentre cercava di alzarsi, lanciando grida di dolore; tre ore dopo un medico del pronto soccorso veterinario aveva informato Stacey e suo marito che Inky, a tredici anni, aveva avuto un'emorragia interna causata dalla rottura di un tumore maligno (un emangiosarcoma). Fino a quel momento non avevano idea che quella neoplasia letale stesse crescendo dentro di lui. Era incurabile, e l'eutanasia era la soluzione più opportuna.

I veterinari dell'ospedale lo avevano imbottito di antidolorifici in modo che potesse tornare a casa. Il pomeriggio seguente, un veterinario buono e compassionevole che svolgeva viste a domicilio era andato da loro per eseguire la procedura, facendolo addormentare in pace tra le persone che lo amavano. È stato l'addio più tenero e amorevole che potessero immaginare, viste le circostanze. Ma per Stacey è stato devastante perdere il suo "angelo a quattro zampe" (lo aveva soprannominato così). Inky le teneva sempre compagnia quando lavorava dal suo studio a casa. Dormiva sul pavimento accanto al suo lato del letto, e ogni volta che incrociava il suo sguardo si dimenava e scodinzolava. Stacey ha trascorso settimane in balia della tristezza e delle lacrime, tanto che suo figlio adolescente Nick a un certo punto le ha suggerito di prendere subito un altro cane perché era preoccupato per la sua salute emotiva. E ha aggiunto: «Diciamocelo, mamma, non sai vivere senza un cane».

Perdere i nostri amici a quattro zampe può essere un'esperienza incredibilmente dolorosa. Per molte persone sono dei membri della famiglia a tutti gli effetti, e hanno un posto importante nel loro cuore quasi quanto i loro parenti umani. In alcuni casi il legame emotivo è forte quanto quello con i componenti umani della famiglia, perché trasmette lo stesso senso di conforto, sostegno e affetto, se non addirittura superiore. La morte di un cane può suscitare una costellazione di emozioni complesse che include sofferenza, rabbia e senso di colpa.

Non sempre la società consente agli amanti dei cani di provare questo enorme senso di tristezza e cordoglio, eppure per moltissimi di noi è come perdere un parente stretto. È importante lasciare spazio a questi sentimenti mentre processiamo un cambiamento così doloroso nella nostra vita. Qualcuno potrebbe avvertire un grande vuoto, essendo venuta meno la routine intorno a cui organizzava il suo tempo. C'è chi ha difficoltà a mangiare, a dormire o a concentrarsi. Chi sente la mancanza della gioia sfrenata con cui il cane lo accoglieva al rientro dalla spesa, o i momenti casuali di affetto durante l'arco della giornata. Alcuni faticano ad accettare la realtà di una casa che all'improvviso è stranamente silenziosa e immobile, o il non sapere come riempire quel tempo che prima dedicavano alle passeggiate con il loro cane.

La perdita di un animale è un evento così importante che può turbare anche gli altri nostri rapporti, con partner, parenti, amici, vicini e colleghi. Potremmo diventare irascibili o impazienti, o chiuderci in noi stessi perché siamo devastati dal lutto. Potremmo essere meno disponibili a incontrare gente perché la sofferenza ci impedisce di beneficiare delle attività che di norma apprezziamo. E potremmo aver paura di essere travolti da un fiume di lacrime in qualunque momento. All'inizio il dolore e la sofferenza ci sembreranno insormontabili. Secondo gli psicologi[267] è una reazione naturale alla perdita di un animale o, per citare il gruppo di ricercatori guidati da Paul T. Clements della University of New Mexico: «Lo shock, il torpore, la ricerca, la smania e il disorientamento sono tutte parti appropriate e necessarie del processo del lutto».

Per chi ha un legame forte con il proprio cane, la sua perdita è assimilabile a quella di una persona amata. Eppure non esistono rituali o cerimonie, come i funerali o le funzioni commemorative, che riuniscano la comunità per sostenerci e aiutarci a elaborare questa perdita. Ecco perché i ricercatori hanno descritto questo dolore come una forma di "lutto esautorato", nel senso che non è riconosciuto come legittimo dalla società.

Esaminando la sofferenza per la perdita di un animale, gli studiosi hanno scoperto che le reazioni delle persone intorno a noi possono ripercuotersi sul nostro lutto. Da una ricerca durata un anno[268] che ha coinvolto quarantaquattro individui che avevano perso da poco un animale domestico è emerso che «faticavano ad accettare la contraddizione tra ciò che provavano dopo la scomparsa dell'animale e l'assenza di supporto percepita negli altri, o nella società in generale, rispetto ai loro sentimenti». Avevano la sensazione di dover nascondere il cordoglio e l'angoscia (a volte indossando addirittura gli occhiali da sole per celare gli occhi gonfi) oppure distrarsi con altre attività. Questa mancanza di sostegno, di comprensione o anche solo di accettazione può creare difficoltà nell'elaborazione del lutto e generare un profondo isolamento. Può anche complicare ciò che proviamo, aggiungendo un senso di vergogna o imbarazzo per la nostra tristezza.

Settimane dopo la morte di Inky, Stacey e suo marito sono usciti a pranzo con la madre e il patrigno di lei. Subito dopo aver ordinato, la madre si è rivolta a Stacey e le ha chiesto: «Sei ancora giù per il cane?». Sconvolta da quella domanda, Stacey ha risposto: «Certo!». Mentre il patrigno rimproverava la moglie per la sua uscita inopportuna, e lei scrutava la figlia con aria perplessa, Stacey è sbottata:[269] «Tu non capisci. Provo per ben pochi altri l'affetto che provavo per quel cane!».*

Ricevere supporto sociale è importante per superare il lutto. Ci consente di elaborare i nostri sentimenti, gestire la confusione della perdita e sentirci meno soli. Inoltre, ci protegge dallo stress psicologico e dalla malattia fisica.[270] Quando questo supporto viene a mancare, come capita spesso se muore un animale, il nostro benessere può subire gravi ripercussioni.

Jen ha vissuto sulla sua pelle questo imbarazzo sociale. Maggie era un cane molto speciale, e quando è mancata nel 2019 Jen ha pianto senza sosta per sei mesi. Poi è morto anche Riley, e Jen ha continuato a piangere. La perdita di entrambi a così breve distanza è stata devastante. Jen in quel periodo seguiva

* A quanto pare, Stacey non è la sola a sentirsi così. In uno studio che ha coinvolto 573 persone, Richard Topolski e colleghi hanno sottoposto i partecipanti a un dilemma morale, invitandoli a decidere se salvare un essere umano o il loro cane da morte imminente, e ne è emerso che il 44 per cento delle donne avrebbe scelto di salvare il proprio cane rispetto a una persona estranea. Questi risultati, secondo i ricercatori, indicano che gli esseri umani provano una forte affinità psicologica con i loro cani.

un corso di pilates ogni giorno e, nell'istante in cui si sdraiava supina sul tappetino sotto le tranquillizzanti luci blu dello studio, scoppiava a piangere e continuava per i cinquanta minuti di lezione. L'istruttrice non le ha mai detto niente, ma un giorno Jen si è sentita in dovere di giustificarsi: «Ho appena perso qualcuno a cui volevo molto bene, e in questo posto il mio corpo riesce a sfogare la tristezza». A volte bisogna trattenersi dal dire la verità in certe situazioni.

La vicina di Stacey, Erin, conosce bene lo strazio di perdere due cani a breve distanza. Maisey e Weeman, un vivace incrocio di fox terrier e barboncino la prima, un dolce incrocio di barboncino e cavalier king Charles spaniel il secondo, hanno vissuto tutta la vita insieme. Erin, che da giovane non ha mai avuto animali, li ha presi quando erano ancora cuccioli durante il suo primo matrimonio. Hanno assistito alla nascita dei suoi due figli, e li ha tenuti con sé dopo il divorzio. Sono diventati un punto cruciale di interesse quando lei e il suo attuale compagno hanno unito le loro famiglie, raggiungendo un totale di cinque figli. Per tutto quel tempo, i due cani sono rimasti inseparabili. «Erano l'uno l'ombra dell'altro, si adoravano e dormivano ancora avvinghiati ogni notte» ricorda Erin, che lavora per un'organizzazione non-profit a Washington, D.C.

I due cani sono morti nel 2021, a tre mesi uno dall'altro. Dopo la scomparsa di Maisey, che aveva quattordici anni e mezzo, Erin è convinta che Weeman sia morto di crepacuore. «Senza Maisey non sapeva più cosa fare, si sentiva perso, lei era tutto il suo mondo» spiega. All'improvviso Weeman è diventato apatico e ha sviluppato delle difficoltà respiratorie. «Ho fatto il possibile per mantenerlo in vita, perché non sopportavo l'idea di perdere entrambi» racconta. Ma quando non riusciva più a stare su da solo e faticava a respirare, Erin lo ha portato dal veterinario per liberarlo dalle sue sofferenze. Sapere che lo straordinario Weeman è morto con il cuore spezzato ha aggravato la sofferenza di Erin per la perdita dei suoi amati cani. «Ero traumatizzata e ho pianto per giorni. Non riuscivo a fare niente» rammenta. «Prima di allora non avrei mai immaginato che il lutto potesse essere così intenso.»

I BENEFICI DI VEDER CONVALIDARE I NOSTRI SENTIMENTI

Occupandosi di cani anziani, malati e terminali, Jen ha molta esperienza con questo tipo di perdita, che è sempre dolorosa. I legami con i nostri cani sono profondi e non esistono formule magiche per rendere meno straziante la loro scomparsa. Jen, però, ha trovato un piccolo risvolto positivo: quando uno dei cani di The Golden Ratio muore e lei posta la notizia sui social media, riceve un sacco di amore, sostegno e tristezza da parte della comunità online. Ha sempre ritenuto che *questa* fosse la giusta reazione a una perdita del genere, perché la morte di un cane amato può sconvolgere la nostra vita in modi che vorremmo gridare al mondo intero. Grazie alla comunità di The Golden Ratio, Jen sa che decine di migliaia di persone partecipano alla sua tristezza, e questo la fa sentire supportata e capita, evitandole l'isolamento emotivo. Il suo cordoglio non attira giudizi o vergogna sociale. Tutto ciò contribuisce a mitigare le aspettative infelici della società su come dovremmo vivere e affrontare il lutto.

Questa è una situazione comune a poche persone, ovviamente, ma è importante trovare un supporto sociale per far fronte alla perdita del nostro amato cane. Su molte piattaforme social ci sono gruppi in cui i proprietari in lutto si sostengono a vicenda, come il Rainbow Bridge Pet Loss and Grief Support o il Pet Soul Grief and Loss Support. Se nella vostra vita manca questo tipo di appoggio, sappiate che non siete costretti a reprimere la tristezza o ad affrontarla da soli. Uno dei principali vantaggi di internet è che raccoglie le comunità più disparate; vi basterà cercarne una che vi aiuti a elaborare il lutto.

Nel 2019 l'amica di Jen, Kathy, ha perso il suo pastore inglese Scout di otto anni per un emangiosarcoma, un cancro estremamente aggressivo che può produrre grosse formazioni tumorali da un giorno all'altro, lo stesso che aveva colpito Inky, il cane di Stacey. Scout è morto il giorno dopo la diagnosi. Le sue sofferenze erano finite, ma quelle di Kathy erano solo all'inizio. Lei e Scout erano inseparabili; la accompagnava al lavoro nell'università del Maryland dove insegna, teneva sedute di terapia insieme a lei in ospedale, e le faceva sempre sapere quello che gli passava per la testa. (Quando si annoiava durante i corsi di agility incrociava il suo sguardo, si avvicinava a un ostacolo e faceva la pipì lì sopra per esprimere il suo malcontento.) «Volevo prendermi cura di lui con il passare degli anni e aiutarlo a invecchiare serenamente, e invece lo abbiamo perso troppo presto» spiega Kathy. Il suo lutto era soverchiante. Ha attraversato periodi di rabbia e torpore. Era schiacciata dal senso di colpa, e si chiedeva se avrebbe potuto o dovuto fare qualcosa per impedire l'insorgere della malattia o scoprirla prima.

Consapevole della propria sofferenza, Kathy ha cercato aiuto. Ha seguito per un breve periodo una terapia di gruppo, poi interrotta a causa della pandemia. Durante le sedute ha notato che le altre persone non volevano lasciare andare il lutto perché era come lasciare andare il loro cane, e lei conosceva bene quella sensazione. Ha provato diversi terapeuti individuali; le premeva trovare una persona che non tentasse di cancellare il suo senso di colpa ma la aiutasse a raggiungere la fase successiva del lutto. Si è opposta con tutte le forze allo stigma che circonda il sostegno per la perdita di un animale. «Va bene dire: "Sto malissimo perché ho perso la cosa migliore della mia vita"» afferma. A quasi tre anni di distanza, Kathy piange ancora quando parla della scomparsa di Scout, ma la terapia le ha dato gli strumenti necessari a sentirsi meglio e a ricordare e apprezzare tutto quello che c'è stato di buono nella loro vita insieme.

I ricercatori di varie università europee[271] hanno sviluppato uno strumento chiamato Mourning Dog Questionnaire per valutare il processo di elaborazione del lutto nel caso della perdita di un cane. Tra i fattori che determinano il livello di afflizione dopo la morte di un cane rientrano la natura e la qualità dell'attaccamento reciproco, la quantità di supporto sociale ricevuto dalle persone nella sua vita, il modo in cui sono percepite le differenze emotive e spirituali tra esseri umani e cani, le circostanze della scomparsa dell'animale, e l'atteggiamento complessivo nei confronti della vita e della morte. È interessante notare come alcuni tra i principali componenti emotivi associati alla perdita di una persona cara – come il senso di colpa, la rabbia, i pensieri intrusivi – spesso ricorrono anche dopo la morte di un cane amato.

Il senso di colpa potrebbe sorprendere, eppure è un aspetto comune in questo tipo di perdita. Se un cane si smarrisce o muore all'improvviso, ci domandiamo se avremmo potuto fare qualcosa di più per proteggerlo e rimpiangiamo di non averlo fatto. Quando la perdita avviene a seguito di una malattia e abbiamo optato per l'eutanasia, ci sentiamo in colpa per aver scelto il momento della sua morte, se invece è avvenuta in modo naturale ci sentiamo in colpa per non avergli risparmiato sofferenze inutili. E a volte, come quando c'è una diagnosi di cancro o cardiopatia terminale, potremmo arrabbiarci con noi stessi per non aver riconosciuto i primi sintomi e rimpiangere di non averlo fatto curare quando avrebbe avuto una possibilità di salvarsi. Non c'è dubbio: sono sentimenti complicati e scomodi da gestire.

Sui social media, Jen si sente chiedere spesso: "Quanto dureranno la tristezza, lo struggimento, il dolore che provo?". La risposta è che dipende da individuo a individuo, a seconda della personalità, dell'intensità e della durata del rapporto con il cane. In linea di massima il periodo di lutto dura da sei mesi a un anno,[272] con una media di circa dieci mesi, secondo le ricerche di Thomas A. Wrobel, docente di psicologia alla University of Michigan-Flint. Dopo sei mesi in genere vi è una riduzione dei sintomi, inclusi accessi di pianto, senso di colpa, depressione, disperazione e rabbia. Ma alcuni permangono anche dopo un anno per il 22 per cento circa delle persone. Noi donne tendiamo ad avere sintomi più numerosi e intensi, forse perché siamo state cresciute e socialmente incoraggiate a essere in sintonia con le nostre emozioni, pertanto abbiamo il permesso di vivere fino in fondo questi sentimenti difficili.

Creare rituali per il lutto

Oltre a cercare un supporto sociale, dobbiamo anche trovare il modo più giusto per piangere la perdita dei nostri amici a quattro zampe. Può essere utile creare dei rituali o delle vie di sfogo per il nostro cordoglio. Possiamo agevolare l'elaborazione del lutto scrivendo su un diario quello che il nostro cane significava per noi o quello che proviamo senza di lui, oppure creando un album di ritagli o un collage di foto e altri suoi ricordi per rendere omaggio alla sua vita. O magari rivolgerci ad altri amanti dei cani che ci ascolteranno con comprensione mentre diamo voce ai nostri sentimenti. Possiamo tenere una funzione commemorativa e scrivere una poesia o un elogio funebre per riconoscere la perdita subita e il posto del cane nella nostra vita, oppure fare qualcosa di simbolico in suo onore, come piantare un albero o un arbusto speciale in giardino.

Jen trova conforto nei progetti. Ha creato album fotografici, rivoltato il giardino per piantare un salice piangente dopo la scomparsa del suo cane Pi, creato scatole commemorative (con i loro collari e i loro oggetti preferiti) e ritinteggiato alcune stanze della casa durante il lutto. Ha bisogno di *creare* cose tangibili per affrontare la sofferenza. Altre persone scrivono poesie o racconti. Gli studiosi[273] hanno esaminato nello specifico i benefici di comporre poesie per affrontare la perdita di un animale. Questa attività, tra le altre cose, può aiutarci ad accettare il paradosso del lutto, e cioè la consapevolezza che amando un cane prima o poi andremo incontro al dolore della sua morte, ma per risparmiarcelo dovremmo evitare l'amore, e questo ci priverebbe della gioia di una vita vissuta insieme. Chi mai lo vorrebbe! Scrivere poesie è un mezzo usato da tempo per elaborare il lutto, e può tornare veramente utile.

Dopo la scomparsa di Wolfy, il suo pastore australiano di tredici anni e mezzo, Stacey e i figli hanno trovato conforto leggendo insieme *Dog Heaven*, il libro scritto e illustrato da Cynthia Rylant. Poi hanno espresso la loro tristezza tramite la scrittura o l'arte. Nicky, che all'epoca aveva quattro anni, ha fatto un disegno a pennarello di una lapide con sopra il nome di Wolfy. Nate, che ne aveva nove, ha composto una poesia sull'amato cane descrivendolo come il suo "fratello peloso" e leggendola a tutta la famiglia. E Stacey ha scritto una lettera privata a Wolfy che terminava così:

Mi manchi da morire, Wolfy, ma mentre il mio intenso cordoglio comincia a sfumare in una tristezza dolceamara, apprezzo ancora di più tutto ciò che avevamo insieme. Hai avuto una vita lunga e in larga parte felice con noi, e di questo sono grata. Siamo diventati adulti insieme, e sapevi quanto ti amavamo ogni singolo giorno della tua vita, e anche di questo sono grata. Eri molto più di un animale; sei sempre stato un membro vero e proprio della nostra famiglia, amato al pari di tutti gli altri. Per questo una parte del mio cuore si è spezzata quando sei morto… Non ero pronta a dirti addio. Ma la verità è che non lo sarei mai stata. Avrei tanto voluto averti nella mia vita per sempre... È irrealistico, lo so, ma è ciò che provavo senza rendermene conto, finché non te ne sei andato.

Con affetto,

Stacey

Non è detto che vi sentirete meno tristi, ma incanalare il cordoglio in qualcosa di tangibile può farvi comprendere l'enormità della perdita e rivendicare il vostro lutto. E magari vi servirà a ricordare che, nonostante la separazione fisica permanente dovuta alla morte del vostro cane, l'amore e la connessione che vi hanno uniti possono durare nel tempo. È un'idea associata al concetto di "legami continuativi" secondo cui, anche se la morte ha separato i vostri corpi, la connessione emotiva sopravvivrà nel vostro cuore, nella vostra mente e nel vostro spirito. L'attaccamento al vostro amato cane può proseguire anche dopo la sua morte assumendo quattro espressioni specifiche – avere ricordi piacevoli, condividere questi ricordi, creare un suo lascito e usare sue fotografie – proprio come succede con le persone che avete amato e perduto.

Stando a quanto emerso da una ricerca condotta da Wendy Packman[274] della Palo Alto University in California, l'utilizzo delle sopraccitate espressioni dopo la morte di un cane era più confortante che doloroso. Inoltre, i proprietari avvertivano un senso di riunificazione, percepivano la presenza del cane scomparso oppure lo sognavano, e in questo modo riuscivano ad affrontare il lutto e a regolare meglio le loro emozioni in generale.

Esistono vari modi per forgiare e manifestare legami continuativi: scrivere o disegnare, farsi un tatuaggio in onore del proprio animale, conservare una sua fotografia speciale, o magari donare una panchina a un parco dove andavate insieme, sulla quale potrete sedervi e ripensare a lui. Se volete fare qualcosa di veramente speciale, ci sono artisti capaci di trasformare un piccolo campione di ceneri del vostro cane in biglie, diamanti e opere in vetro. Jen indossa quasi ogni giorno una collana con un diamante ricavato dal pelo dei sei cani originari di The Golden Ratio. Lo scintillio del diamante le ricorda la gioia che provava con quei cani che le hanno cambiato la vita.

Ma soprattutto, è importante concedere al proprio lutto tutto il tempo necessario. Possono volerci mesi o anni per raggiungere un livello di accettazione tale da portare a un drastico calo della tristezza.* Alcuni studi hanno scoperto che il periodo del lutto associato alla perdita di un cane amato potrebbe essere addirittura più lungo rispetto alla morte di una persona, forse perché i sentimenti che proviamo verso i nostri amici a quattro zampe sono inequivocabilmente positivi. In questa fase è fondamentale che dimostriate pazienza e compassione verso voi stessi. Potreste alleviare il dolore anche incanalandolo verso una causa meritevole, come fare volontariato nelle associazioni di rescue, in gruppi di affido o in organizzazioni animaliste per onorare la sua memoria.

Alla fine il dolore soverchiante andrà scemando, e troverete una nuova normalità (senza il vostro amato cane, purtroppo).

* Nel suo libro del 1969 *La morte e il morire*, la psichiatra Elisabeth Kübler-Ross ha indicato cinque fasi del lutto – diniego, rabbia, negoziazione, depressione e accettazione – che le persone in genere attraversano quando sono poste di fronte alla realtà di una malattia terminale. In seguito, queste fasi sono state applicate ai membri della famiglia e agli amici che si trovavano a vivere e a piangere la perdita di una persona cara (o di un animale). Oggi gli esperti sono perlopiù concordi nel riconoscere il lutto come un fenomeno meno prevedibile e più complicato di quanto suggerirebbe questo modello in cinque fasi, che potrebbe indurre le persone a credere che il modo in cui stanno vivendo il loro lutto sia sbagliato. L'idea attualmente più diffusa è che si tratti di un ottovolante pieno di giri della morte, più che di una progressione lineare con una conclusione definitiva.

Detto questo, la tristezza potrebbe riaffiorare, a volte quando meno ve lo aspettate. Jen ha scoperto una strategia molto utile dopo la scomparsa di Maggie nel 2019. Dovete immaginare una scatola.[275] All'interno della scatola c'è un "pulsante del dolore" che, se premuto, scatena un'intensa ondata di dolore e tristezza; c'è anche una palla che rotola dentro la scatola e potrebbe colpire il pulsante del dolore. Nelle prime fasi del lutto la palla è molto grande e preme il pulsante in continuazione, generando una tristezza pressoché costante. Poco a poco la palla si rimpicciolisce. Urta comunque il pulsante, e il dolore non è meno forte, solo più sporadico. E certi giorni tornerà a ingrandirsi. A distanza di anni, quando la palla sarà molto più piccola, vi capiterà ancora di avvertire quell'intensa sofferenza, che però sarà più facile da gestire. Ma anche quando crederete di averla superata, succederà qualcosa – la palla nella scatola colpirà il pulsante – che scatenerà una nuova ondata di cordoglio.

In alternativa, potreste avere la sensazione di vivere dentro una palla di neve. Tutto intorno è calmo e pacifico, e vi sembra di stare bene e di funzionare normalmente malgrado la perdita subita. Poi, di colpo, succede qualcosa che scuote la palla di neve, scatenando di nuovo il senso di lutto e di perdita. La forza dello scuotimento, e dei vostri sentimenti, può variare a seconda del giorno o della situazione. È tutto normalissimo, ma la fase in cui i pensieri del vostro cane vi suscitano gioia un minuto prima e lacrime quello dopo può essere disorientante.

Con il tempo, probabilmente, le tempeste di neve si diraderanno nella vostra sfera del lutto, lasciando il posto a spolverate più leggere. E alla fine il dolore si allevierà al punto che i ricordi del vostro cane vi daranno anche conforto e felicità, oltre alla tristezza. Uno dei segnali di un legame continuativo è il fatto di sognare il cane che avete perduto, come osserva Chris Blazina, lo psicologo del New Mexico autore di *When*

Man Meets Dog. Nel 2015 Blazina ha perso il suo cane Sadie, una border collie che è stata la sua migliore amica di sempre. Un paio di settimane dopo l'ha sognata nel bosco da sola, e si è chiesto se stesse bene; poi Sadie si è messa a ululare alla luna, trasformandosi in un lupo bianco e proseguendo per la sua strada. È stato allora che ha capito che se la sarebbe cavata, ricorda Blazina. Quel sogno è stato un momento di dolcezza mista a sofferenza per lui, una sensazione che lo accompagna ancora oggi quando pensa a Sadie.

Perdere un cane amato «può essere un'occasione incredibilmente ricca e dolorosa per affrontare la vita in modo nuovo» prosegue Blazina. «I cani sono un meraviglioso promemoria esistenziale del fatto che non saremo qui per sempre.»

Una volta processata la perdita, i ricordi e i sogni del vostro amico peloso vi susciteranno forse emozioni contrastanti. La tristezza per la sua scomparsa non svanirà del tutto, ma si attenuerà con il tempo, permettendovi di ricordare tutti i momenti dolci, sciocchi, affettuosi, frustranti e disorientanti che avete vissuto insieme. Queste emozioni sono un potente promemoria di quanto ha significato per voi il vostro cane e del segno profondo che ha lasciato nella vostra vita. Alla luce di tutto ciò, vorreste davvero privarvi di questi sentimenti dolceamari?

Conclusione
Le lezioni dei nostri cani

Con questo libro speriamo di avervi dato alcune informazioni importanti sul legame straordinario che unisce esseri umani e cani, che abbiate imparato ad apprezzarlo ancor più di prima, o che abbiate trovato il coraggio di prendere un (altro) cane, se era un'ipotesi che stavate valutando. La compagnia dei nostri amici pelosi è uno dei doni più grandi che l'universo ci abbia fatto. La maggior parte di noi ha avuto pochi rapporti altrettanto gratificanti e pieni di amore incondizionato. I cani arricchiscono la nostra vita in un'infinità di modi, e noi facciamo lo stesso per loro.

I nostri amici pelosi ci ricambiano abbondantemente per il cibo, l'affetto e le cure che diamo loro. Sono un rifugio nei momenti di stress. Ci rallegrano quando siamo giù di morale, e ci spingono a voler diventare la versione migliore di noi stessi. Rafforzano e ispirano il nostro legame con amici, parenti, vicini di casa e partner. Ci fanno alzare quando vorremmo restare a letto, ci fanno uscire quando vorremmo restare in casa, e ci fanno muovere quando vorremmo restare sul divano. La nostra salute fisica, mentale, emotiva e spirituale trae un enorme giovamento dalla loro compagnia.

Fin dal giorno in cui portiamo a casa un cane, che entri dalla porta con entusiasmo o pianga tutta la notte, cominciamo a forgiare questo legame speciale. Se siamo fortunati, trascorreremo più di un decennio imparando le sue peculiarità e le cose che lo rendono felice. Scopriremo gli strani snack che gli piacciono – magari vi ritroverete con un cane che ruba interi cespi di lattuga dal piano della cucina o che adora le crocchette di patate – e i giochi che si diverte a fare. Lo conforteremo per i fuochi d'artificio e i temporali, le ferite, le malattie, e le provocazioni degli scoiattoli in giardino. E lo accompagneremo in tante avventure, dai campeggi nella natura ai lunghi viaggi in macchina alle uscite quotidiane in quel fazzoletto d'erba che lo attira, inspiegabilmente ma immancabilmente, un isolato più in là.

Poco a poco il nostro cane rallenterà. Gli massaggeremo la schiena e le anche, gli compreremo cucce ortopediche, gli prepareremo la cena e lo imboccheremo. E al termine di una vita intera di giornate buone, ci toccherà sopportare quell'unica giornata straziante in cui dovremo dirgli addio. Sarà doloroso, ma concedergli una fine pacifica e amorevole è una responsabilità importante e anche l'ultima, enorme premura che possiamo avere nei suoi riguardi. E pur ritrovandoci con una ferita inguaribile nel cuore, non rimpiangeremo neanche per un istante l'amore assoluto che gli abbiamo donato.

In tutto il tempo che passiamo insieme, i nostri cani sono dei modelli che ci aiutano a diventare esseri umani migliori. A volte le persone si complicano inutilmente la vita e perdono di vista ciò che conta davvero nel grande schema delle cose. I nostri amati cani non lo fanno, e hanno tantissimo da insegnarci in termini di amicizia, dedizione, lealtà e cura degli altri. Tutti noi possiamo beneficiare delle lezioni che ci impartiscono, in particolare sull'importanza di:

- amare gli altri senza giudizi e senza condizioni;
- apprezzare il presente, invece di guardare sempre al futuro;

- approfittare dei piccoli momenti di piacere;
- assaporare la gioia di stare all'aperto, a prescindere dal tempo;
- dimostrare ai nostri cari quanto siamo felici di vederli;
- far sapere agli altri quando abbiamo voglia di giocare;
- riempire i nostri cari di affetto;
- capire che spesso è sufficiente tenere compagnia a qualcuno che è giù di morale (le parole non sono sempre necessarie).

Osservando e praticando quello che i nostri cani fanno naturalmente, ci sentiremo più stabili e focalizzati sul presente, concentrati su ciò che conta davvero e resilienti di fronte alle turbolenze della vita. Ci imprimeremo nella mente cosa significano i nostri amici a quattro zampe per noi, e impareremo a vivere una vita più felice oggi, domani e per sempre. I cani riempiono le nostre giornate e le nostre nottate di amore, conforto, affetto, gioco, gioia e un sacco di altre cose meravigliose. Per citare il fotografo e scrittore Roger Caras: «I cani non sono tutta la nostra vita, ma ce la rendono completa». *Cos'altro potremmo desiderare da un rapporto?*

Ringraziamenti

Spesso si dice che serve un villaggio per crescere un figlio. Be', si potrebbe dire lo stesso della nascita di un libro. Nel caso di *Un legame speciale*, vari villaggi hanno avuto un ruolo nel darlo alla luce, inclusa la comunità di The Golden Ratio, le persone nell'orbita quotidiana di Jen e Stacey, gli scienziati che studiano il comportamento dei cani e i loro legami emotivi con noi esseri umani, e diverse figure chiave nel settore editoriale.

Questo libro non sarebbe stato possibile senza la creatività e le opinioni acute dell'agente letterario Todd Shuster, che nei primi giorni della pandemia ha identificato la domanda insoddisfatta di un volume sulle gioie della connessione tra umani e cani, e insieme alle agenti Daniella Cohen e Jane von Mehren ci ha aiutate a dare forma a quest'opera. Todd, Daniella e Jane, vi siamo incredibilmente grate per il sostegno e la saggezza che non ci avete mai fatto mancare nel corso di questo progetto.

Abbiamo un profondo debito di riconoscenza verso la nostra talentuosa editor Stephanie Hitchcock, che ha capito subito la necessità di pubblicare un libro "edificante" come questo e vi si è dedicata con trasporto, chiarezza ed empatia. Ci preme ringraziare anche Lindsay Sagnette, Libby McGuire, Lisa Sciambra, Emma Van Deun, Erica Siudzinski, Maudee Genao, Megan Rudloff e Morgan Hoit di Atria per il loro contributo.

Siamo immensamente grate alla comunità online di The Golden Ratio, che ci ha donato il suo sostegno e la sua fiducia. Avete condiviso oltre settecento storie intime sui cani che amate, o che avete amato e perduto, parlando anche di come vi hanno sostenuti e della gioia con cui hanno riempito ogni vostra giornata. Molte storie personali in questo libro provengono da voi, e siamo onorate che abbiate scelto di condividere con noi questi scorci privati e meravigliosi sul legame con i vostri preziosi amici a quattro zampe.

Desideriamo ringraziare anche gli scienziati e gli esperti ai quali ci siamo affidate per ottenere informazioni importanti da inserire in questo libro.

Un grazie particolare va a Clive Wynne del Canine Science Collaboratory presso la Arizona State University; a Julia Meyers-Manor del Ripon College a Ripon, Wisconsin; a Chris Blazina, psicologo del New Mexico; e a Krista Geller, psicologa delle organizzazioni in Virginia. Naturalmente siamo riconoscenti anche alle nostre famiglie, in particolare a Ingo, John, Nate e Nick, per averci sostenute in questa impresa. E saremo eternamente debitrici a tutti i cani che hanno arricchito le nostre vite.

La verità è che scrivere questo libro è stato un atto d'amore per noi. Ci ha dato l'occasione di celebrare l'importante legame tra cani ed esseri umani, scoprire gli inaspettati benefici fisici, emotivi e sociali che possiamo trarre dai nostri amici pelosi, e capire cosa si cela dietro questo rapporto profondo che unisce le nostre due specie. Speriamo che vi aiuti a comprendere meglio i tanti modi in cui i cani possono arricchire la *vostra* esistenza, apprezzando appieno il vincolo affettivo che si è sviluppato o potrà svilupparsi tra di voi.

Questo legame speciale è davvero uno dei doni più grandi che la vita possa farci.

Appendice 1
Cercare il cane giusto per voi: cosa sapere

Se volete prendere un cane,[276] è bene che vi rivolgiate a una fonte attendibile. Le fabbriche di cuccioli sono fin troppo diffuse e a volte difficili da riconoscere. Queste operazioni commerciali di allevamento sono caratterizzate da un elevato volume di cuccioli e da condizioni pessime che trascurano il benessere dei cani. Jen e Ingo hanno adottato cani maschi e femmine usati in queste fabbriche come animali da riproduzione, ed è particolarmente difficile instaurare un attaccamento con loro. In genere non hanno mai ricevuto amore dagli esseri umani, spesso sono stati tenuti in gabbia e nella sporcizia, con scarse cure mediche oltre a quelle necessarie alla riproduzione. Anche i cuccioli ne risentono, in quanto spesso vengono infettati da malattie evitabili e sono tenuti in condizioni antigieniche.

La realtà è che le fabbriche di cuccioli riforniscono molti negozi di animali, e si trovano anche dove meno ce le aspetteremmo. In stati come Ohio e Pennsylvania, per esempio, molte sono gestite dalle comunità Amish. Queste fattorie di campagna in apparenza idilliache spesso nascondono un pessimo trattamento dei cani usati per la riproduzione, che in genere vengono rinchiusi in gabbie accatastate e sfruttati senza sosta finché sono in grado di procreare.

Alcune opzioni migliori: che stiate cercando un cane adulto o un cucciolo, le associazioni di rescue sono un ottimo punto di partenza. Esistono anche gruppi dedicati a un'unica razza ai quali potete rivolgervi, se lo desiderate. Se invece preferite acquistare un cane direttamente da un allevatore, controllate la lista della Humane Society per conoscere le caratteristiche di un allevatore responsabile: humanesociety.org/breeders. Un buon allevatore si assicurerà che la vostra famiglia conosca il cucciolo prima dell'adozione, produrrà poche cucciolate all'anno, e vi fornirà la documentazione sui genitori indicando i motivi per cui sono stati scelti. Inoltre, avrà compilato una cartella clinica specifica per il vostro cucciolo, con le terapie e le vaccinazioni alle quali è stato sottoposto.

Appendice 2
Questionario sulla qualità della vita

Potete usare il questionario seguente per valutare la qualità della vita del vostro cane in qualsiasi momento, e la vostra capacità di soddisfare i suoi bisogni, in particolare quando i cani invecchiano o si trovano a combattere contro gravi malattie.

Leggete le domande e scegliete la risposta che riflette in modo più accurato l'esperienza del vostro cane, in una scala da 1 a 5.

Abbiamo fornito alcune linee guida per le risposte 1, 3 e 5, per aiutarvi nella vostra valutazione.

1. In che modo il vostro cane interagisce con voi e la vostra famiglia?

- ☐ 1 – Il mio cane non vuole interagire, è irritato da cose che un tempo gli piacevano, e vuole essere lasciato da solo.
- ☐ 3 – Il mio cane dorme più di prima e non è interessato ai soliti giochi, però gli piace vedere le persone che ama.
- ☐ 5 – Il mio cane interagisce con me, vuole giocare e ricerca la mia compagnia e quella degli altri membri della famiglia.

2. Il vostro cane sembra godersi la vita in questo periodo?

- ☐ 1 – Il mio cane sembra depresso, spento e chiuso in se stesso.
- ☐ 3 – Il mio cane dorme molto ed è più tranquillo di un tempo, ma spesso sembra felice.
- ☐ 5 – Il mio cane vuole giocare e dimostra gioia e interesse per varie attività.

3. Il vostro cane è sofferente?

- ☐ 1 – Sì, nonostante gli antidolorifici sembra a disagio o sofferente (es., ansima anche se non c'è caldo e non ha fatto attività fisica, oppure fa smorfie o trema senza motivo).
- ☐ 3 – Assume antidolorifici che sembrano quasi sempre efficaci.
- ☐ 5 – No, non appare sofferente.

4. Il vostro cane mangia e beve normalmente?

- ☐ 1 – Non vuole cibo e a volte è difficile convincerlo a bere.
- ☐ 3 – L'appetito non è ottimale, ma di norma mangia le crocchette e almeno parte di un pasto, se è molto appetitoso. Beve normalmente.
- ☐ 5 – Ha molto appetito, e mangia e beve normalmente.

5. Il vostro cane si alza e si muove normalmente?

- ☐ 1 – Ha bisogno di aiuto per alzarsi ed è malfermo sulle zampe.
- ☐ 3 – Fa fatica ad alzarsi, ma una volta che sta su riesce a muoversi, anche se a tratti è un po' rigido.
- ☐ 5 – Riesce a correre e a giocare, e svolge le solite attività.

6. Il vostro cane svolge normalmente le funzioni corporee?

- ☐ 1 – Ha spesso la diarrea, non sempre riesce a controllare la minzione o l'evacuazione, e/o si sdraia nei suoi stessi escrementi.

☐ 3 – Ha problemi o incidenti occasionali, ma di norma riesce a controllare le funzioni corporee finché non lo faccio uscire.

☐ 5 – Sembra tutto normale sotto questo aspetto.

Ora sommate il valore numerico delle vostre risposte per determinare il punteggio totale del vostro cane nella scala della qualità della vita, che va da 6 (pessima qualità della vita) a 30 (alta qualità della vita). Se il vostro cane ha un punteggio basso in molte di queste voci, forse è il momento di sostenere una conversazione onesta con il vostro veterinario sulla qualità della sua vita. Lo scopo del questionario *non* è capire quando è il momento di dirgli addio. Piuttosto, vi aiuterà a monitorare i cambiamenti nella qualità della sua vita e a inquadrare le aree che stanno migliorando o peggiorando, con l'obiettivo finale di donargli quanto più conforto e piacere possibile.

Appendice 3
Pupcake

Questi cupcake sono facili da preparare e contengono ingredienti sani e riconoscibili. I cani li adorano, e anche qualche essere umano (come il marito di Stacey).

Dose per 8-10 pupcake

2 cucchiai di burro d'arachidi
2 cucchiai di olio vegetale
1 banana medio-grande, schiacciata
2 cucchiai di miele
½ tazza di farina bianca o integrale
½ cucchiaino di bicarbonato di sodio
¼ cucchiaino di lievito in polvere

Preriscaldate il forno a 180°. Foderate una teglia da muffin con degli stampi di carta o con un olio spray.

In una ciotola grande, mescolate il burro d'arachidi, l'olio vegetale, la banana schiacciata e il miele.

Unite farina, bicarbonato e lievito fino a ottenere un composto omogeneo. Distribuite il composto nei pirottini in modo uniforme, riempiendoli per metà o per due terzi, e cuocete per 15-20 minuti, fino a quando la forchetta inserita al centro dei pupcake non uscirà pulita. Lasciateli raffreddare del tutto prima di consumarli.

Note

Introduzione

[1] Megan McCluskey, «Rescue Animals Are TIME's 2020 Pet of the Year», in *TIME*, 9 dicembre 2020.

[2] «Patients with Depression and Anxiety Surge as Psychologists Respond to the Coronavirus Pandemic», in *American Psychological Association*, novembre 2020.

[3] Lauren Powell et al., «Companion Dog Acquisition and Mental Well-Being: A Community-Based Three-Arm Controlled Study», in *BMC Public Health* 19, n. 1, 2019, pp. 1-10.

[4] *Ibid.*

[5] Lori Kogan et al., *Pet Dogs During the Time of COVID*, FIDO Fort Collins, Fort Collins, CO. 2020.

Capitolo 1

[6] Michael Gerson, «Why I Will Never Live Without a Dog Again», in *Washington Post*, 4 luglio 2022, https://www.washingtonpost.com/opinions/2022/07/04/why-i-will-never-live-without-dog-love-again/.

[7] Márta Gácsi et al., «Attachment Behavior of Adult Dogs (Canis Familiaris) Living at Rescue Centers: Forming New Bonds», in *Journal of Comparative Psychology* 115, n. 4, 2001, p. 423.

[8] David S. Tuber et al., «Dogs in Animal Shelters: Problems, Suggestions, and Needed Expertise», in *Psychological Science* 10, n. 5, 1999, pp. 379-86.

[9] James G. Heys e Daniel A. Dombeck, «Evidence for a Subcircuit in Medial Entorhinal Cortex Representing Elapsed Time During Immobility», in *Nature Neuroscience* 21, n. 11, 2018, pp. 1574-82.

[10] Krista Macpherson e William A. Roberts, «On the Clock: Interval Timing and Overshadowing in Domestic Dogs (Canis Familiaris)», in *Journal of Comparative Psychology* 131, n. 4, 2017, p. 348.

[11] Helen Harvie et al., «Does Stress Run Through the Leash? An Examination of Stress Transmission Between Owners and Dogs During a Walk», in *Animal Cognition* 24, n. 2, 2021, pp. 239-50.

[12] Ana Catarina Vieira de Castro et al., «Does Training Method Matter? Evidence for the Negative Impact of Aversive-Based Methods on Companion Dog Welfare», in *PLOS One* 15, n. 12, 2020, e0225023.

[13] Juliane Kaminski et al., «Human Attention Affects Facial Expressions in Domestic Dogs», in *Scientific Reports* 7, n. 1, 2017, pp. 1-7.

[14] Angelo Quaranta, Marcello Siniscalchi e Giorgio Vallortigara, «Asymmetric Tail-Wagging Responses by Dogs to Different Emotive Stimuli», in *Current Biology* 17, n. 6, 2007, R199-R201.

[15] Elena Gobbo e Manja Zupan Šemrov, «Neuroendocrine and Cardiovascular Activation During Aggressive Reactivity in Dogs», in *Frontiers in Veterinary Science*, 2021, p. 902.

[16] «Reading Canine Body Postures», consultato il 12 agosto 2022, https://jointanimalservices.org/wp-content/uploads/2015/07/Body-Language-Packet.pdf.

[17] Stanley Coren, «How to Read Your Dog's Body Language», in *Modern Dog Magazine*, consultato il 12 agosto 2022, https://moderndogmagazine.com/articles/how-to-read-your-dogs-body-language/.

Capitolo 2

[18] San Francisco SPCA, «Dog: Body Language», consultato il 12 agosto 2022, https://www.sfspca.org/wp-content/uploads/2023/02/dog_body-language.pdf.

[19] Wendie Bodsworth e Grahame J. Coleman, «Child–Companion Animal Attachment Bonds in Single and Two-Parent Families», in *Anthrozoös* 14, n. 4, 2001, pp. 216-23.

[20] Sabrina Karl et al., «Exploring the Dog–Human Relationship by Combining fMRI, Eye-Tracking and Behavioural Measures», in *Scientific Reports* 10, n. 1, 2020, pp. 1-15.

[21] Chiara Mariti et al., «Owners as a Secure Base for Their Dogs», in *Behaviour* 150, n. 11, 2013, pp. 1275-94.

[22] Lisa Horn et al., «The Importance of the Secure Base Effect for Domestic Dogs—Evidence from a Manipulative Problem-Solving Task», in *PLOS One* 8, n. 5, 2013, e65296.

[23] John Archer e Jane L. Ireland, «The Development and Factor Structure of a Questionnaire Measure of the Strength of Attachment to Pet Dogs», in *Anthrozoös* 24, n. 3, 2011, pp. 249-61.

[24] Miho Nagasawa et al., «Oxytocin-Gaze Positive Loop and the Coevolution of Human-Dog Bonds», in *Science* 348, n. 6232, 2015, pp. 333-36.

[25] Gregory S. Berns, Andrew M. Brooks e Mark Spivak, «Scent of the Familiar: An fMRI Study of Canine Brain Responses to Familiar and Unfamiliar Human and Dog Odors», in *Behavioural Processes* 110, 2015, pp. 37-46.

[26] Johannes S. J. Odendaal e Roy Alec Meintjes, «Neurophysiological Correlates of Affiliative Behaviour Between Humans and Dogs», in *Veterinary Journal* 165, n. 3, 2003, pp. 296-301.

[27] Kyle Kittleson, «The 5 Love Languages (for Your Dog)», in KyleKittleson.com, 8 novembre 2017, consultato il 12 agosto 2022, https://kylekittleson.com/5-love-languages-dog/.

[28] Ann-Sofie Sundman et al., «Long-Term Stress Levels Are Synchronized in Dogs and Their Owners», in *Scientific Reports* 9, n. 1, 2019, pp. 1-7.

[29] Carolina Herrando e Efthymios Constantinides, «Emotional Contagion: A Brief Overview and Future Directions», in *Frontiers in Psychology* 12, 2021, 712606.

[30] James M. Kilner e Roger N. Lemon, «What We Know Currently About Mirror Neurons», in *Current Biology* 23, n. 23, 2013, R1057-62.

[31] Elisabetta Palagi, Velia Nicotra e Giada Cordoni, «Rapid Mimicry and Emotional Contagion in Domestic Dogs», in *Royal Society Open Science* 2, n. 12, 2015, 150505; vedi anche Elisabetta Palagi e Giada Cordoni, «Intraspecific Motor and Emotional Alignment in Dogs and Wolves: The Basic Building Blocks of Dog-Human Affective Connectedness», in *Animals* 10, n. 2, 2020, p. 241.

[32] Elisabetta Palagi, Velia Nicotra e Giada Cordoni, «Rapid Mimicry and Emotional Contagion in Domestic Dogs», in *Royal Society Open Science* 2, n. 12, 2015, 150505.

[33] Karine Silva, Joana Bessa e Liliana De Sousa, «Auditory Contagious Yawning in Domestic Dogs (Canis Familiaris): First Evidence for Social Modulation», in *Animal Cognition* 15, n. 4, 2012, pp. 721-24.

[34] Ramiro M. Joly-Mascheroni, Atsushi Senju e Alex J. Shepherd. «Dogs catch human yawns», in *Biology Letters* 4, n. 5, 2008, pp. 446-48.

[35] Julia E. Meyers-Manor e Marijo L. Botten, «A Shoulder to Cry On: Heart Rate Variability and Empathetic Behavioral Responses to Crying and Laughing in Dogs», in *Canadian Journal of Experimental Psychology/Revue canadienne de psychologie expérimentale* 74, n. 3, 2020, p. 235.

[36] Min Hooi Yong e Ted Ruffman, «Emotional Contagion: Dogs and Humans Show a Similar Physiological Response to Human Infant Crying», in *Behavioural Processes* 108, 2014, pp. 155-65.

[37] Monica Mazza et al., «Affective and Cognitive Empathy in Adolescents with Autism Spectrum Disorder», in *Frontiers in Human Neuroscience* 8, 2014, p. 791.

[38] Marcello Siniscalchi, Serenella d'Ingeo e Angelo Quaranta, «Orienting Asymmetries and Physiological Reactivity in Dogs' Response to Human Emotional Faces», in *Learning & Behavior* 46, n. 4, 2018, pp. 574-85.

[39] Sanni Somppi et al., «Nasal Oxytocin Treatment Biases Dogs' Visual Attention and Emotional Response Toward Positive Human Facial Expressions», in *Frontiers in Psychology* 8, 2017, p. 1854.

[40] Annika Huber et al., «Investigating Emotional Contagion in Dogs (*Canis familiaris*) to Emotional Sounds of Humans and Conspecifics», in *Animal Cognition* 20, n. 4, 2017, pp. 703-15.

[41] Miho Nagasawa, Kazutaka Mogi e Takefumi Kikusui, «Attachment Between Humans and Dogs», in *Japanese Psychological Research* 51, n. 3, 2009, pp. 209-21.

[42] Maki Katayama et al., «Emotional Contagion from Humans to Dogs Is Facilitated by Duration of Ownership», in *Frontiers in Psychology*, 2019, p. 1678.

[43] Elyssa Payne, Pauleen C. Bennett e Paul D. McGreevy, «Current Perspectives on Attachment and Bonding in the Dog–Human Dyad», in *Psychology Research and Behavior Management* 8, 2015, p. 71.

[44] Michael J. Dotson e Eva M. Hyatt, «Understanding Dog–Human Companionship», in *Journal of Business Research* 61, n. 5, 2008, pp. 457-66.

[45] Iris Smolkovic, Mateja Fajfar e Vesna Mlinaric, «Attachment to Pets and Interpersonal Relationships: Can a Four-Legged Friend Replace a Two-Legged One?», in *Journal of European Psychology Students* 3, n. 1, 2012.

[46] Mark S. Granovetter, «The Strength of Weak Ties», in *American Journal of Sociology* 78, n. 6, 1973, pp. 1360-80.

[47] Ardra Cole, «Grow Old Along with Me: The Meaning of Dogs in Seniors' Lives», in *International Journal of Community Well-Being* 2, n. 3, 2019, pp. 235-52.

[48] Iris Smolkovic, Mateja Fajfar e Vesna Mlinaric, «Attachment to Pets and Interpersonal Relationships: Can a Four-Legged Friend Replace a Two-Legged One?», in *Journal of European Psychology Students* 3, n. 1, 2012.

[49] Michael J. Dotson ed Eva M. Hyatt, «Understanding Dog–Human Companionship», in Journal of Business Research 61, n. 5, 2008, pp. 457-66.

[50] *Ibid.*

Capitolo 3

[51] Katie Burns, «Pet Ownership Stable, Veterinary Care Variable», in *American Veterinary Medical Association*, 31 dicembre 2018, consultato il 12 agosto 2022, https://www.avma.org/javma-news/2019-01-15/pet-ownership-stable-veterinary-care-variable.

[52] «National Companion Animal Owner Survey Finds People Prefer Animal Companionship Over Human», in *Faunalytics*, 12 aprile 2010, consultato il 12 agosto 2022, https://faunalytics.org/national-pet-owner-survey-finds-people-prefer-pet-companionship-over-human/.

[53] Froma Walsh, «Human-Animal Bonds II: The Role of Pets in Family Systems and Family Therapy», in *Family Process* 48, n. 4, 2009, pp. 481-99.

[54] Lawrence A. Kurdek, «Young Adults' Attachment to Pet Dogs: Findings from Open-Ended Methods», in *Anthrozoös* 22, n. 4, 2009, pp. 359-69.

[55] Cassandra Leow, «It's Not Just a Dog: The Role of Companion Animals in the Family's Emotional System», tesi di laurea magistrale, University of Nebraska, 2018.

[56] Krista Scott Geller, «The Power of Pets: How Animals Affect Family Relationships», tesi di dottorato, Virginia Tech, 2002.

[57] Ann Ottney Cain, «A Study of Pets in the Family System», in Aaron Honori Katcher e Alan M. Beck, *New Perspectives on Our Lives with Companion Animals*, University of Pennsylvania Press, Philadelphia 1983, pp. 72-81.

[58] Kathryn A. Kerns et al., «Preadolescents' Relationships with Pet Dogs: Relationship Continuity and Associations with Adjustment», in *Applied Developmental Science* 21, n. 1, 2017, pp. 67-80.

[59] Sam Carr e Ben Rockett, «Fostering Secure Attachment: Experiences of Animal Companions in the Foster Home», in *Attachment & Human Development* 19, n. 3, 2017, pp. 259-77.

[60] Deborah Tannen, «Talking the Dog: Framing Pets as Interactional Resources in Family Discourse», in *Research on Language and Social Interaction* 37, n. 4, 2004, pp. 399-420.

[61] Alex Benjamin e Katie Slocombe, «"Who's a Good Boy?!" Dogs Prefer Naturalistic Dog-Directed Speech», in *Animal Cognition* 21, n. 3, 2018, pp. 353-64.

[62] *Ibid.*

[63] Christine E. McCall et al., «"A Part of Our Family"? Effects of Psychiatric Service Dogs on Quality of Life and Relationship Functioning in Military-Connected Couples», in *Military Behavioral Health* 8, n. 4, 2020, pp. 410-23.

[64] Hannah Wright et al., «Pet Dogs Improve Family Functioning and Re-

duce Anxiety in Children with Autism Spectrum Disorder», in *Anthrozoös* 28, n. 4, 2015, pp. 611-24.

[65] Hannah Wright et al., «Acquiring a Pet Dog Significantly Reduces Stress of Primary Carers for Children with Autism Spectrum Disorder: A Prospective Case Control Study», in *Journal of Autism and Developmental Disorders* 45, n. 8, 2015, pp. 2531-40.

[66] Jessica Bibbo, Kerri E. Rodriguez e Marguerite E. O'Haire, «Impact of Service Dogs on Family Members' Psychosocial Functioning», in *American Journal of Occupational Therapy* 73, n. 3, 2019, 7303205120p1-7303205120p11.

[67] Carri Westgarth et al., «Functional and Recreational Dog Walking Practices in the UK», in *Health Promotion International* 36, n. 1, 2021, pp. 109-19.

[68] Katie Potter et al., «Examining How Dog "Acquisition" Affects Physical Activity and Psychosocial Well-Being: Findings from the Buddystudy Pilot Trial», in *Animals* 9, n. 9, 2019, p. 666.

[69] Cassandra Leow, «It's Not Just a Dog: The Role of Companion Animals in the Family's Emotional System», tesi di laurea magistrale, University of Nebraska, 2018.

[70] Jennifer W. Applebaum e Barbara A. Zsembik, «Pet Attachment in the Context of Family Conflict», in *Anthrozoös* 33, n. 3, 2020, pp. 361-70.

Capitolo 4

[71] John Grogan, *Io & Marley*, Sperling & Kupfer, Milano 2011 p. 325.

[72] Lisa Wood et al., «The Pet Factor: Companion Animals as a Conduit for Getting to Know People, Friendship Formation and Social Support», in *PLOS One* 10, n. 4, 2015, e0122085.

[73] Lisa Wood et al., «Social Capital and Pet Ownership: A Tale of Four Cities», in *SSM-Population Health* 3, 2017, p. 442.

[74] Emma R. Power, «Dogs and Practices of Community and Neighboring», in *Anthrozoös* 26, n. 4, 2013, pp. 579-91.

[75] June McNicholas e Glyn M. Collis, «Dogs as Catalysts for Social Interactions: Robustness of the Effect», in *British Journal of Psychology* 91, n. 1, 2000, pp. 61-70.

[76] Kelly Ann Rossbach e John P. Wilson, «Does a Dog's Presence Make a Person Appear More Likable? Two Studies», in *Anthrozoös* 5, n. 1, 1992, pp. 40-51.

[77] Deborah L. Wells, «The Facilitation of Social Interactions by Domestic Dogs», in *Anthrozoös* 17, n. 4, 2004, pp. 340-52.

[78] June McNicholas e Glyn M. Collis, «Dogs as Catalysts for Social Interactions: Robustness of the Effect», op. cit.

[79] Sigal Tifferet et al., «Dog Ownership Increases Attractiveness and Attenuates Perceptions of Short-Term Mating Strategy in cad-like Men», in *Journal of Evolutionary Psychology* 11, n. 3, 2013, pp. 121-29.

[80] Erving Goffman, *Il comportamento in pubblico*, Bompiani, Milano 1981.

[81] Akiko Takaoka et al., «Do Dogs Follow Behavioral Cues from an Unreliable Human?», in *Animal Cognition* 18, n. 2, 2015, pp. 475-83.

[82] John Rogers, Lynette A. Hart e Ronald P. Boltz, «The Role of Pet Dogs in Casual Conversations of Elderly Adults», in *Journal of Social Psychology* 133, n. 3, 1993, pp. 265-77.

[83] Emma R. Power, «Dogs and Practices of Community and Neighboring», in *Anthrozoös* 26, n. 4, 2013, pp. 579-91.

[84] Gillian M. Sandstrom ed Elizabeth W. Dunn, «Social Interactions and Well-Being: The Surprising Power of Weak Ties», in *Personality and Social Psychology Bulletin* 40, n. 7, 2014, pp. 910-22.

[85] Max Bulsara et al., «More Than a Furry Companion: The Ripple Effect of Companion Animals on Neighborhood Interactions and Sense of Community», in *Society & Animals* 15, n. 1, 2007, pp. 43-56.

[86] Nicolo P. Pinchak et al., «Paws on the Street: Neighborhood-Level Concentration of Households with Dogs and Urban Crime», in *Social Forces*, 2022.

[87] Stephen M. Colarelli et al., «A Companion Dog Increases Prosocial Behavior in Work Groups», in *Anthrozoös* 30, n. 1, 2017, pp. 77-89.

[88] Randolph T. Barker et al., «Preliminary Investigation of Employee's Dog Presence on Stress and Organizational Perceptions», in *International Journal of Workplace Health Management* 5, n. 1, 2012, pp. 15-30.

[89] Jen Reeder, «The Many Benefits of Pets in the Workplace», in *Pets Matter*, 10 maggio 2016, consultato il 12 agosto 2022.

[90] Elisa Wagner e Miguel Pina e Cunha, «Dogs at the Workplace: A Multiple Case Study», in *Animals* 11, n. 1, 2021, p. 89.

[91] Lynette A. Hart, Benjamin L. Hart e Bonita L. Bergin, «Socializing Effects of Service Dogs for People with Disabilities», in *Anthrozoös* 1, n. 1, 1987, pp. 41-44.

[92] Melanie C. Steffens e Reinhold Bergler, «Blind People and Their Dogs: An Empirical Study on Changes in Everyday Life, in Self-Experience, and in Communication», in Cindy C. Wilson e Dennis C. Turner, a cura di, *Companion Animals in Human Health*, Sage Publications, Thousand Oaks, CA 1998.

[93] Lynette A. Hart, R. Lee Zasloff e Anne Marie Benfatto, «The Socializing Role of Hearing Dogs», in *Applied Animal Behaviour Science* 47, nn. 1-2, 1996, pp. 7-15.

[94] Kirk Warren Brown e Richard M. Ryan, «The Benefits of Being Present: Mindfulness and Its Role in Psychological Well-Being», in *Journal of Personality and Social Psychology* 84, n. 4, 2003, p. 822.

Capitolo 5

[95] Centers for Disease Control and Prevention, «Exercise/Physical Activity», 11 giugno 2021, consultato il 12 agosto 2022, https://www.cdc.gov/nchs/fastats/exercise.htm.

[96] Carri Westgarth et al., «Dog Owners Are More Likely to Meet Physical Activity Guidelines Than People Without a Dog: An Investigation of the Association Between Dog Ownership and Physical Activity Levels in a UK Community», in *Scientific Reports* 9, n. 1, 2019, pp. 1-10.

[97] *Ibid.*

[98] «The Benefits of Walking», in *NIH News in Health*, marzo 2016, consultato il 12 agosto 2022, https://newsinhealth.nih.gov/2016/03/benefits-walking; «Walking: Trim Your Waistline, Improve Your Health», in *Mayo Clinic*, 19 maggio 2021, consultato il 12 agosto 2022, https://www.mayoclinic.org/healthy-lifestyle/fitness/in-depth/walking/art-20046261.

[99] Hayley Cutt et al., «Understanding Dog Owners' Increased Levels of Physical Activity: Results from RESIDE», in *American Journal of Public Health* 98, n. 1, 2008, pp. 66-69.

[100] Yue Liao, Olga Solomon e Genevieve F. Dunton, «Does the Company of a Dog Influence Affective Response to Exercise? Using Ecological Momentary Assessment to Study Dog-Accompanied Physical Activity», in *American Journal of Health Promotion* 31, n. 5, 2017, pp. 388-90.

[101] Carri Westgarth et al., «I Walk My Dog Because It Makes Me Happy: A Qualitative Study to Understand Why Dogs Motivate Walking and Improved Health», in *International Journal of Environmental Research and Public Health* 14, n. 8, 2017, p. 936.

[102] Pierre-Yves Oudeyer e Frederic Kaplan, «What Is Intrinsic Motivation? A Typology of Computational Approaches», in *Frontiers in Neurorobotics*, 2009, p. 6; Stefano I. Di Domenico e Richard M. Ryan, «The Emerging Neuroscience of Intrinsic Motivation: A New Frontier in Self-Determination Research», in *Frontiers in Human Neuroscience* 11, 2017, p. 145; e Marie Flannery, «Self-De-

termination Theory: Intrinsic Motivation and Behavioral Change», in *Oncology Nursing Forum* 44, n. 2, 2017.

[103] Hayley Christian et al., «Understanding the Relationship Between Dog Ownership and Children's Physical Activity and Sedentary Behaviour», in *Pediatric Obesity* 8, n. 5, 2013, pp. 392-403.

[104] Philippa Margaret Dall et al., «The Influence of Dog Ownership on Objective Measures of Free-Living Physical Activity and Sedentary Behaviour in Community-Dwelling Older Adults: A Longitudinal Case-Controlled Study», in *BMC Public Health* 17, n. 1, 2017, pp. 1-9.

[105] Wilma L. Zijlema et al., «Dog Ownership, the Natural Outdoor Environment and Health: A Cross-Sectional Study», in *BMJ Open* 9, n. 5, 2019, e023000.

[106] Margarita Triguero-Mas et al., «Natural Outdoor Environments and Mental Health: Stress as a Possible Mechanism», in *Environmental Research* 159, 2017, pp. 629-38; Margarita Triguero-Mas et al., «Natural Outdoor Environments and Mental and Physical Health: Relationships and Mechanisms», in *Environment International* 77, 2015, pp. 35-41; Emi Morita, «Psychological Effects of Forest Environments on Healthy Adults: Shinrin-Yoku (Forest-Air Bathing, Walking) as a Possible Method of Stress Reduction», in *Public Health* 121, n. 1, 2007, pp. 54-63.

[107] Kathryn E. Schertz e Marc G. Berman, «Understanding Nature and Its Cognitive Benefits», in *Current Directions in Psychological Science* 28, n. 5, 2019, pp. 496-502.

[108] Bum Jin Park et al., «The Physiological Effects of Shinrin-Yoku (Taking in the Forest Atmosphere or Forest Bathing): Evidence from Field Experiments in 24 Forests Across Japan», in *Environmental Health and Preventive Medicine* 15, n. 1, 2010, pp. 18-26.

[109] Qing Li et al., «Effect of Phytoncide from Trees on Human Natural Killer Cell Function», in *International Journal of Immunopathology and Pharmacology* 22, n. 4, 2009, pp. 951-59.

[110] «Nearly 40% of Dogs May Have Gained Weight During the COVID-19 Pandemic, Survey Shows», in *Inside Edition*, 2 giugno 2021; e Maria Morava e Scottie Andrew, «It's Not Just You. Your Pets Are Also Putting on the Pounds During the Pandemic», in *CNN*, 8 marzo 2021.

[111] J. Rebecca Niese et al., «Evaluating the Potential Benefit of a Combined Weight Loss Program in Dogs and Their Owners», in *Frontiers in Veterinary Science*, 2021, p. 378.

[112] Robert F. Kushner et al., «The PPET Study: People and Pets Exercising Together», in *Obesity* 14, n. 10, 2006, pp. 1762-70.

[113] Kate Campbell et al., «How Does Dog-Walking Influence Perceptions of Health and Wellbeing in Healthy Adults? A Qualitative Dog-Walk-Along Study», in *Anthrozoös* 29, n. 2, 2016, pp. 181-92.

[114] Angela L. Curl, Jessica Bibbo e Rebecca A. Johnson, «Dog Walking, the Human-Animal Bond and Older Adults' Physical Health», in *Gerontologist* 57, n. 5, 2017, pp. 930-39.

[115] Joan Wharf Higgins et al., «Walking Sole Mates: Dogs Motivating, Enabling and Supporting Guardians' Physical Activity», in *Anthrozoös* 26, n. 2, 2013, pp. 237-52.

[116] Catherine M. Smith, Gareth J. Treharne e Steve Tumilty, «All Those Ingredients of the Walk: The Therapeutic Spaces of Dog-Walking for People with Long-Term Health Conditions», in *Anthrozoös* 30, n. 2, 2017, pp. 327-40.

Capitolo 6

[117] Gill Mein e Robert Grant, «A Cross-Sectional Exploratory Analysis Between Pet Ownership, Sleep, Exercise, Health and Neighbourhood Perceptions: The Whitehall II Cohort Study», in *BMC Geriatrics* 18, n. 1, 2018, pp. 1-9.

[118] Bruce Headey, «Health Benefits and Health Cost Savings Due to Pets: Preliminary Estimates from an Australian National Survey», in *Social Indicators Research* 47, n. 2, 1999, pp. 233-43.

[119] James Serpell, «Beneficial Effects of Pet Ownership on Some Aspects of Human Health and Behaviour», in *Journal of the Royal Society of Medicine* 84, n. 12, 1991, 717720.

[120] Bruce Headey, Fu Na e Richard Zheng, «Pet Dogs Benefit Owners' Health: A "Natural Experiment" in China», in *Social Indicators Research* 87, n. 3, 2008, pp. 481-93.

[121] Lauren Garcia, «The 101 Best Dog Quotes», 13 giugno 2022, consultato il 12 agosto 2022, https://www.care.com/c/the-101-best-dog-quotes/.

[122] Ron Sender, Shai Fuchs e Ron Milo, «Revised Estimates for the Number of Human and Bacteria Cells in the Body», in *PLOS Biology* 14, n. 8, 2016, e1002533.

[123] Marilyn Hair e Jon Sharpe, «Fast Facts About the Human Microbiome», in *University of Washington Center for Ecogenetics & Environmental Health*, consultato il 6 dicembre 2015, http://depts.washington.edu/ceeh/downloads/FF_Microbiome.pdf; e M. Hasan Mohajeri et al., «The Role of the Microbiome for Human Health: From Basic Science to Clinical Applications», in *European Journal of Nutrition* 57, n. 1, 2018, pp. 1-14.

[124] Se Jin Song et al., «Cohabiting Family Members Share Microbiota with One Another and with Their Dogs», in *elife* 2, 2013, e00458.

[125] Albert Barberan et al., «The Ecology of Microscopic Life in Household Dust», in *Proceedings of the Royal Society B: Biological Sciences* 282, n. 1814, 2015, 20151139.

[126] Alexandra R. Sitarik et al., «Dog Introduction Alters the Home Dust Microbiota», in *Indoor Air* 28, n. 4, 2018, pp. 539-47.

[127] Kei E. Fujimura et al., «Man's Best Friend? The Effect of Pet Ownership on House Dust Microbial Communities», in *Journal of Allergy and Clinical Immunology* 126, n. 2, 2010, pp. 410-12; Claudio Pelucchi et al., «Pet Exposure and Risk of Atopic Dermatitis at the Pediatric Age: A Meta-Analysis of Birth Cohort Studies», in *Journal of Allergy and Clinical Immunology* 132, n. 3, 2013, pp. 616-22; J. D. Bufford et al., «Effects of Dog Ownership in Early Childhood on Immune Development and Atopic Diseases», in *Clinical & Experimental Allergy* 38, n. 10, 2008, pp. 1635-43.

[128] Bill Hesselmar et al., «Pet-Keeping in Early Life Reduces the Risk of Allergy in a Dose-Dependent Fashion», in *PLOS One* 13, n. 12, 2018, e0208472.

[129] Dennis R. Ownby et al., «Exposure to Dogs and Cats in the First Year of Life and Risk of Allergic Sensitization at 6 to 7 Years of Age», in *JAMA* 288, n. 8, 2002, pp. 963-72.

[130] Mary R. Janevic et al., «The Role of Pets in Supporting Cognitive-Behavioral Chronic Pain Self-Management: Perspectives of Older Adults», in *Journal of Applied Gerontology* 39, n. 10, 2020, pp. 1088-96.

[131] University of Michigan School of Public Health, «Q&A: How Pets Can Help Older Adults Manage Chronic Pain», 1 luglio 2019, consultato il 12 agosto 2022, https://sph.umich.edu/news/2019posts/how-pets-can-help-older-adults-manage-chronic-pain.html.

[132] April DuCasse et al., «The Effects of Pets on Chronic Pain», in *AJOT: American Journal of Occupational Therapy* 74, n. S1, 2020.

[133] Eloise CJ Carr, et al., «Exploring the Meaning and Experience of Chronic Pain with People Who Live with a Dog: A Qualitative Study», in *Anthrozoös* 31, n. 5, 2018, pp. 551-65.

[134] Chayakrit Krittanawong et al., «Pet Ownership and Cardiovascular Health in the US General Population», in *American Journal of Cardiology* 125, n. 8, 2020, pp. 1158-61.

[135] Caroline K. Kramer, Sadia Mehmood e Renee S. Suen, «Dog Ownership and Survival: A Systematic Review and Meta-Analysis», in *Circulation: Cardiovascular Quality and Outcomes* 12, n. 10, 2019, e005554.

[136] Erika Friedmann et al., «Social Interaction and Blood Pressure: Influence of Animal Companions», in *Journal of Nervous and Mental Disease* 171, n. 8, 1983, pp. 461-65.

[137] Julia K. Vormbrock e John M. Grossberg, «Cardiovascular Effects of Human-Pet Dog Interactions», in *Journal of Behavioral Medicine* 11, n. 5, 1988, pp. 509-17.

[138] Karen Allen, Jim Blascovich e Wendy B. Mendes, «Cardiovascular Reactivity and the Presence of Pets, Friends, and Spouses: The Truth About Cats and Dogs», in *Psychosomatic Medicine* 64, n. 5, 2002, pp. 727-39.

[139] Karen Allen, Barbara E. Shykoff e Joseph L. Izzo Jr., «Pet Ownership, but Not ACE Inhibitor Therapy, Blunts Home Blood Pressure Responses to Mental Stress», in *Hypertension* 38, n. 4, 2001, pp. 815-20.

[140] Mary M. Herrald, Joe Tomaka e Amanda Y. Medina, «Pet Ownership Predicts Adherence to Cardiovascular Rehabilitation 1», in *Journal of Applied Social Psychology* 32, n. 6, 2002, pp. 1107-23.

[141] Mwenya Mubanga et al., «Dog Ownership and Survival After a Major Cardiovascular Event: A Register-Based Prospective Study», in *Circulation: Cardiovascular Quality and Outcomes* 12, n. 10, 2019, e005342.

[142] Caroline K. Kramer, Sadia Mehmood e Renee S. Suen, «Dog Ownership and Survival: A Systematic Review and Meta-Analysis», in *Circulation: Cardiovascular Quality and Outcomes* 12, n. 10, 2019, e005554.

[143] Erika Friedmann e Sue A. Thomas, «Pet Ownership, Social Support, and One-Year Survival After Acute Myocardial Infarction in the Cardiac Arrhythmia Suppression Trial (CAST)», in *American Journal of Cardiology* 76, n. 17, 1995, pp. 1213-17.

[144] R. Gurung, B. Sarason e I. Sarason, «Close Personal Relationships and Health Outcomes: A Key to the Role of Social Support», in *Handbook of Personal Relationships: Theory, Research and Interventions*, 1997, pp. 547-73.

[145] Hsiu-Hung Wang, Su-Zu Wu e Yea-Ying Liu, «Association Between Social Support and Health Outcomes: A Meta-Analysis», in *Kaohsiung Journal of Medical Sciences* 19, n. 7, 2003, pp. 345-50.

[146] Erika Friedmann et al., «Animal Companions and One-Year Survival of Patients After Discharge from a Coronary Care Unit», in *Public Health Reports* 95, n. 4, 1980, p. 307.

Capitolo 7

[147] Ellen Furlong, «Your Dog's Nose Knows No Bounds – And Neither Does Its Love for You», in *The Conversation*, 26 ottobre 2020, consultato il 12 agosto

2022, https://theconversation.com/your-dogs-nose-knows-no-bounds-and-neither-does-its-love-for-you-148484.

[148] Alexandra Horowitz, *Una questione di naso. Essere un cane in un mondo di odori*, Sonda, Milano 2018.

[149] Ryan Llera e Lynn Buzhardt, «How Dogs Use Smell to Perceive the World», in *VCA Animal Hospitals*, consultato il 12 agosto 2022, https://vcahospitals.com/know-your-pet/how-dogs-use-smell-to-perceive-the-world.

[150] Alexandra Horowitz, *Una questione di naso*, op. cit.

[151] Laura Mueller, «9 Dogs with Long Ears», in *The Spruce Pets*, 12 marzo 2022, consultato il 12 agosto 2022, https://www.thesprucepets.com/dogs -with-long-ears-5095574.

[152] Alexandra Horowitz, *Una questione di naso*, op. cit.

[153] Amanda Mull, «How Your Dog Knows When You're Sick», in *Atlantic*, 12 marzo 2019.

[154] *Ibid.*

[155] Holly Else, «Can Dogs Smell COVID? Here's What the Science Says», in *Nature* 587, n. 7835, 2020, pp. 530-31; e Khan Sharun et al., «Biodetection Dogs for COVID-19: An Alternative Diagnostic Screening Strategy», in *Public Health* 197, 2021, e10.

[156] E. H. Maa, J. Arnold e C. K. Bush, «Epilepsy and the Smell of Fear», in *Epilepsy & Behavior* 121, 2021, 108078.

[157] Sankalpa Neupane et al., «Exhaled Breath Isoprene Rises During Hypoglycemia in Type 1 Diabetes», in *Diabetes Care* 39, n. 7, 2016, e97-e98.

[158] A. E. Stocks, «Can Dogs Help Patients with Hypoglycaemia?», in *Diabetologia* 45, 2002, A79; e K. Lim et al., «Type 1 Diabetics and Their Pets», in *Diabetic Medicine* 9, n. 2, 1992, S3–S4.

[159] Deborah L. Wells, «Dogs as a Diagnostic Tool for Ill Health in Humans», in *Alternative Therapies in Health & Medicine* 18, n. 2, 2012.

[160] Mika Shirasu e Kazushige Touhara, «The Scent of Disease: Volatile Organic Compounds of the Human Body Related to Disease and Disorder», in *Journal of Biochemistry* 150, n. 3, 2011, pp. 257-66.

[161] *Ibid.*

[162] Federica Pirrone e Mariangela Albertini, «Olfactory Detection of Cancer by Trained Sniffer Dogs: A Systematic Review of the Literature», in *Journal of Veterinary Behavior* 19, 2017, pp. 105-17.

[163] Hywel Williams e Andres Pembroke, «Sniffer Dogs in the Melanoma Clinic?», in *Lancet* 333, n. 8640, 1989, p. 734.

[164] Duane Pickel et al., «Evidence for Canine Olfactory Detection of Melanoma», in *Applied Animal Behaviour Science* 89, nn. 1-2, 2004, pp. 107-16.

[165] Gianluigi Taverna et al., «Olfactory System of Highly Trained Dogs Detects Prostate Cancer in Urine Samples», in *Journal of Urology* 193, n. 4, 2015, pp. 1382-87.

[166] *Ibid.*

[167] Hideto Sonoda et al., «Colorectal Cancer Screening with Odour Material by Canine Scent Detection», in *Gut* 60, n. 6, 2011, pp. 814-19.

[168] Federica Pirrone e Mariangela Albertini, «Olfactory Detection of Cancer», op. cit.

[169] «Seizure Phases», in *Epilepsy Foundation*, consultato il 12 agosto 2022, https://epilepsyfoundation.org.au/understanding-epilepsy /seizures/seizure-phases/.

[170] Edward Maa et al., «Canine Detection of Volatile Organic Compounds Unique to Human Epileptic Seizure», in *Epilepsy & Behavior* 115, 2021, 107690.

[171] Amélie Catala et al., «Dog Alerting and/or Responding to Epileptic Seizures: A Scoping Review», in *PLOS One* 13, n. 12, 2018, e0208280.

[172] Val Strong, Stephen W. Brown e R. Walker, «Seizure-Alert Dogs – Fact or Fiction?», in *Seizure* 8, n. 1, 1999, pp. 62-65.

[173] Val Strong et al., «Effect of Trained Seizure Alert Dogs on Frequency of Tonic–Clonic Seizures», in *Seizure* 11, n. 6, 2002, pp. 402-05.

Capitolo 8

[174] «Mental Health By the Numbers», in *National Alliance on Mental Illness*, 2020, consultato il 12 agosto 2022, https://www.nami.org/mhstats.

[175] «Data and Statistics on Children's Mental Health», in *Centers for Disease Control and Prevention*, consultato il 13 settembre 2019, https://www.cdc.gov/childrensmentalhealth/data.html.

[176] Sandra B. Barker et al., «Effects of Animal-Assisted Therapy on Patients' Anxiety, Fear, and Depression Before ECT», in *Journal of ECT* 19, n. 1, 2003, pp. 38-44.

[177] Inbar Nathans-Barel et al., «Animal-Assisted Therapy Ameliorates Anhedonia in Schizophrenia Patients», in *Psychotherapy and Psychosomatics* 74, n. 1, 2005, pp. 31-35.

[178] «Study Finds Evidence Emotional Support Animals Benefit Those with Chronic Mental Illness», in *AAAS EurekAlert*, 20 maggio 2021, consultato il 12 agosto 2022, https://www.eurekalert.org/news-releases/846610.

[179] Cheryl A. Krause-Parello e Kristie A. Morales, «Military Veterans and

Service Dogs: A Qualitative Inquiry Using Interpretive Phenomenological Analysis», in *Anthrozoös* 31, n. 1, 2018, pp. 61-75.

[180] Attila Andics et al., «Voice-Sensitive Regions in the Dog and Human Brain Are Revealed by Comparative fMRI», in *Current Biology* 24, n. 5, 2014, pp. 574-78.

[181] Matthew Price et al., «An Examination of Social Support and PTSD Treatment Response During Prolonged Exposure», in *Psychiatry* 81, n. 3, 2018, pp. 258-70; Lars Johnson et al., «Social Support in Bipolar Disorder: Its Relevance to Remission and Relapse», in *Bipolar Disorders* 5, n. 2, 2003, pp. 129-37; Tracey D. Wade e Kenneth S. Kendler, «The Relationship Between Social Support and Major Depression: Cross-Sectional, Longitudinal, and Genetic Perspectives», in *Journal of Nervous and Mental Disease* 188, n. 5, 2000, pp. 251-58.

[182] Helen Brooks et al., «Ontological Security and Connectivity Provided by Pets: A Study in the Self-Management of the Everyday Lives of People Diagnosed with a Long-Term Mental Health Condition», in *BMC Psychiatry* 16, n. 1, 2016, pp. 1-12.

[183] Javier Virués-Ortega et al., «Effect of Animal-Assisted Therapy on the Psychological and Functional Status of Elderly Populations and Patients with Psychiatric Disorders: A Meta-Analysis», in *Health Psychology Review* 6, n. 2, 2012, pp. 197-221.

[184] Helen Brooks et al., «Ontological Security and Connectivity Provided by Pets», op. cit.; Carol Opdebeeck et al., «What Are the Benefits of Pet Ownership and Care Among People with Mild-to-Moderate Dementia? Findings from the IDEAL Programme», in *Journal of Applied Gerontology* 40, n. 11, 2021, pp. 1559-67; e Nancy E. Richeson, «Effects of Animal-Assisted Therapy on Agitated Behaviors and Social Interactions of Older Adults with Dementia», in *American Journal of Alzheimer's Disease & Other Dementias* 18, n. 6, 2003, pp. 353-58.

[185] Carol Opdebeeck et al., «What Are the Benefits of Pet Ownership and Care Among People with Mild-to-Moderate Dementia?», op. cit.

[186] Jonathan D. Prince, Adashima Oyo, Olivia Mora, Katarzyna Wyka e Andrew D. Schonebaum, «Loneliness Among Persons with Severe Mental Illness», in *Journal of Nervous and Mental Disease* 206, n. 2, 2018, pp. 136-41.

[187] Janet Hoy-Gerlach et al., «Exploring Benefits of Emotional Support Animals (ESAs): A Longitudinal Pilot Study with Adults with Serious Mental Illness (SMI)», in *Human-Animal Interaction Bulletin*, 2022.

[188] Tiffany Field, «Touch for Socioemotional and Physical Well-Being: A Review», in *Developmental Review* 30, n. 4, 2010, pp. 367-83.

[189] Tiffany Field et al., «Touch Deprivation and Exercise During the COVID-19 Lockdown April 2020», in *Medical Research Archives* 8, n. 8, 2020.

[190] Uta Sailer e Siri Leknes, «Meaning Makes Touch Affective», in *Current Opinion in Behavioral Sciences* 44, 2022, 101099.

[191] Janette Young et al., «Pets, Touch, and COVID-19: Health Benefits from Non-human Touch Through Times of Stress», in *Journal of Behavioral Economics for Policy* 4, 2020, pp. 25-33.

[192] Gerald P. Mallon, «Some of Our Best Therapists Are Dogs», in *Child and Youth Care Forum* 23, n. 2, 1994, pp. 89-101.

[193] Cheryl A. Krause-Parello e Kristie A. Morales, «Military Veterans and Service Dogs», op. cit.

[194] Melissa G. Hunt e Rachel R. Chizkov, «Are Therapy Dogs Like Xanax? Does Animal-Assisted Therapy Impact Processes Relevant to Cognitive Behavioral Psychotherapy?», in *Anthrozoös* 27, n. 3, 2014, pp. 457-69.

[195] Sandra B. Barker e Kathryn S. Dawson, «The Effects of Animal-Assisted Therapy on Anxiety Ratings of Hospitalized Psychiatric Patients», in *Psychiatric Services* 49, n. 6, 1998, pp. 797-801.

[196] Sandra B. Barker, Anand K. Pandurangi e Al M. Best, «Effects of Animal-Assisted Therapy on Patients' Anxiety, Fear, and Depression Before ECT», op. cit.; e «What Is Electroconvulsive Therapy (ECT)?», in *American Psychiatric Association*, luglio 2019, consultato il 12 agosto 2022, https://www.psychiatry.org/patients-families/ect.

[197] Jonathan W. Kanter et al., «What Is Behavioral Activation? A Review of the Empirical Literature», in *Clinical Psychology Review* 30, n. 6, 2010, pp. 608-20.

[198] Mary R. Janevic et al., «The Role of Pets in Supporting Cognitive-Behavioral Chronic Pain Self-Management», op. cit.

[199] Roxanne D. Hawkins, Emma L. Hawkins e Liesbeth Tip, «"I Can't Give Up When I Have Them to Care For": People's Experiences of Pets and Their Mental Health», in *Anthrozoös* 34, n. 4, 2021, pp. 543-62.

Capitolo 9

[200] Dasha Grajfoner et al., «The Effect of Dog-Assisted Intervention on Student Well-Being, Mood, and Anxiety», in *International Journal of Environmental Research and Public Health* 14, n. 5, 2017, p. 483.

[201] Molly K. Crossman, Alan E. Kazdin e Krista Knudson, «Brief Unstructured Interaction with a Dog Reduces Distress», in *Anthrozoös* 28, n. 4, 2015, pp. 649-59.

[202] Dasha Grajfoner et al., «The Effect of Dog-Assisted Intervention on Student Well-Being, Mood, and Anxiety», op. cit.

[203] Aislinn S. Evans-Wilday et al., «Self-Disclosure with Dogs: Dog Owners' and Non-Dog Owners' Willingness to Disclose Emotional Topics», in *Anthrozoös* 31, n. 3, 2018, pp. 353-66.

[204] Lawrence A. Kurdek, «Pet Dogs as Attachment Figures for Adult Owners», in *Journal of Family Psychology* 23, n. 4, 2009, p. 439.

[205] Mary D. Salter Ainsworth e Colin Murray Parkes, *L'attaccamento nel ciclo della vita*, Il pensiero scientifico, Roma 1995.

[206] Aislinn S. Evans-Wilday et al., «Self-Disclosure with Dogs», op. cit.

[207] Andrea M. Beetz, «Theories and Possible Processes of Action in Animal Assisted Interventions», in *Applied Developmental Science* 21, n. 2, 2017, pp. 139-49.

[208] Lauren Powell et al., «Companion Dog Acquisition and Mental Well-Being: A Community-Based Three-Arm Controlled Study», in *BMC Public Health* 19, n. 1, 2019, pp. 1-10.

[209] Ilona Papousek et al., «The Impacts of the Presence of an Unfamiliar Dog on Emerging Adults' Physiological and Behavioral Responses Following Social Exclusion», in *Behavioral Sciences* 10, n. 12, 2020, p. 191.

[210] Christina M. Brown, Selena M. Hengy e Allen R. McConnell, «Thinking About Cats or Dogs Provides Relief from Social Rejection», in *Anthrozoös* 29, n. 1, 2016, pp. 47-58.

[211] Johannes S. J. Odendaal e Roy Alec Meintjes, «Neurophysiological Correlates of Affiliative Behaviour Between Humans and Dogs», in *Veterinary Journal* 165, n. 3, 2003, pp. 296-301.

[212] Natalia Albuquerque et al., «Dogs Recognize Dog and Human Emotions», in *Biology Letters* 12, n. 1, 2016, 20150883.

[213] Emily M. Sanford, Emma R. Burt e Julia E. Meyers-Manor, «Timmy's in the Well: Empathy and Prosocial Helping in Dogs», in *Learning & Behavior* 46, n. 4, 2018, pp. 374-86.

[214] Joshua Van Bourg, Jordan Elizabeth Patterson e Clive D.L. Wynne, «Pet Dogs (Canis Lupus Familiaris) Release Their Trapped and Distressed Owners: Individual Variation and Evidence of Emotional Contagion», in *PLOS One* 15, n. 4, 2020, e0231742.

[215] Stanley Coren, «Canine Empathy: Your Dog Really Does Care If You Are Unhappy», in *Psychology Today*, Canine Corner, 2012.

Capitolo 10

[216] Sophie Susannah Hall, Nancy R. Gee e Daniel Simon Mills, «Children Reading to Dogs: A Systematic Review of the Literature», in *PLOS One* 11, n. 2, 2016, e0149759.

[217] Claudia Fugazza et al., «Word Learning Dogs (Canis Familiaris) Provide an Animal Model for Studying Exceptional Performance», *Scientific Reports* 11, n. 1, 2021, pp. 1-9.

[218] Nancy R. Gee, Shelly L. Harris e Kristina L. Johnson, «The Role of Therapy Dogs in Speed and Accuracy to Complete Motor Skills Tasks for Preschool Children», in *Anthrozoös* 20, n. 4, 2007, pp. 375-86.

[219] Nancy R. Gee, Elise N. Crist e Daniel N. Carr, «Preschool Children Require Fewer Instructional Prompts to Perform a Memory Task in the Presence of a Dog», in *Anthrozoös* 23, n. 2, 2010, pp. 173-84.

[220] Nancy R. Gee et al., «The Presence of a Therapy Dog Results in Improved Object Recognition Performance in Preschool Children», in *Anthrozoös* 25, n. 3, 2012, pp. 289-300.

[221] Kurt Kotrschal e Brita Ortbauer, «Behavioral Effects of the Presence of a Dog in a Classroom», in *Anthrozoös* 16, n. 2, 2003, pp. 147-59.

[222] Jerri J. Kropp e Mikaela M. Shupp, «Review of the Research: Are Therapy Dogs in Classrooms Beneficial?», in *Forum on Public Policy Online*, 2017, n. 2.

[223] Christine Grove e Linda Henderson, «Therapy Dogs Can Help Reduce Student Stress, Anxiety and Improve School Attendance», in *The Conversation*, 19 marzo 2018, https://theconversation.com/therapy-dogs-can-help-reduce-student-stress-anxiety-and-improve-school-attendance-93073; e Christine Grove et al., «Understanding the Impact of Therapy Dogs on Children's Wellbeing in Educational Settings», in *Australian Psychological Society (APS) College of Educational and Developmental Psychologists Virtual Conference 2021: Working Together for the Future* (2021).

[224] Sabrina E. B. Schuck et al., «Canine-Assisted Therapy for Children with ADHD: Preliminary Findings from the Positive Assertive Cooperative Kids Study», in *Journal of Attention Disorders* 19, n. 2, 2015, pp. 125-37.

[225] National Institutes of Health, «The Power of Pets Health Benefits of Human-Animal Interactions», in *News in Health*, 2018.

[226] Megan K. Mueller, «Human-Animal Interaction and Child Health and Development», in Nancy R. Gee e Regina M. Bures, *Well-Being Over the Life Course*, Springer Nature, Cham 2021, pp. 53-67.

[227] Adele Diamond, «Executive Functions», in *Annual Review of Psychology* 64, 2013, p. 135.

[228] Erika Friedmann et al., «Pet Ownership Patterns and Successful Aging Outcomes in Community Dwelling Older Adults», in *Frontiers in Veterinary Science* 7, 2020, p. 293.

[229] Aaron Honori Katcher e Alan M. Beck, «New Perspectives on Our Lives with Companion Animals», in *International Conference on the Human-Companion Animal Bond (University of Pennsylvania, 1981)*, University of Pennsylvania Press, Philadelphia 1983; e Janet Haggerty Davis e Anne McCreary Juhasz, «The Preadolescent/Pet Bond and Psychosocial Development», in *Marriage & Family Review* 8, nn. 3-4, 1985, pp. 79-94.

[230] Sabine Doebel, Laura E. Michaelson e Yuko Munakata, «Good Things Come to Those Who Wait: Delaying Gratification Likely Does Matter for Later Achievement (A Commentary on Watts, Duncan, & Quan, 2018)», in *Psychological Science* 31, n. 1, 2020, pp. 97-9.

[231] Beth Daly e Larry L. Morton, «Empathic Differences in Adults as a Function of Childhood and Adult Pet Ownership and Pet Type», in *Anthrozoös* 22, n. 4, 2009, pp. 371-82; e Vlasta Vizek-Vidović et al., «Pet Ownership in Childhood and Socio-Emotional Characteristics, Work Values and Professional Choices in Early Adulthood», in *Anthrozoös* 14, n. 4, 2001, pp. 224-31.

[232] «Effects of Bullying», in *StopBullying.gov*, consultato il 12 agosto 2022, https://www.stopbullying.gov/bullying/effects.

[233] Wanda J. Pearson, «The Healing Species: Animal-Assisted Character Education for Improving Student Behavior», in *Journal of Youth Development* 6, n. 1, 2011, pp. 79-93.

[234] Lisa Wallis et al., «An Analysis of the Cognitive Structure of Dogs: Age, Sex and Training 1 Effects 2», atti del convegno *Canine Science Forum*, 2016, https://www.researchgate.net/publication/305475856_AN_ANALYSIS_OF_THE_COGNITIVE_STRUCTURE_OF_DOGS_AGE_SEX_AND_TRAINING_EFFECTS.

[235] Caroline Knapp, «Love Among the Milk-Bones», in *New York Times*, 25 giugno 1998.

Capitolo 11

[236] Nancy R. Gee et al., «Dogs Supporting Human Health and Well-Being: A Biopsychosocial Approach», in *Frontiers in Veterinary Science* 8, 2021, 630465.

[237] R. Allen McConnell, E. Paige Lloyd e Brandon T. Humphrey, «We Are Family: Viewing Pets as Family Members Improves Wellbeing», in *Anthrozoös* 32, n. 4, 2019, pp. 459-70.

[238] «Social Support: Tap This Tool to Beat Stress», in *Mayo Clinic*, 2012.

[239] Sam Carr e Ben Rockett, «Fostering Secure Attachment: Experiences of Animal Companions in the Foster Home», in *Attachment & Human Development* 19, n. 3, 2017, pp. 259-77.

[240] Ece Beren Barklam e Fatima Maria Felisberti, «Pet Ownership and Well-being During the COVID-19 Pandemic: The Importance of Resilience and Attachment to Pets», in *Anthrozoös*, 2022, pp. 1-22.

[241] Cori Bussolari et al., «"I Couldn't Have Asked for a Better Quarantine Partner!" Experiences with Companion Dogs During Covid-19», in *Animals* 11, n. 2, 2021, p. 330.

[242] Hiu Wo Chan e Daniel Fu Keung Wong, «Effects of Companion Dogs on Adult Attachment, Emotion Regulation, and Mental Wellbeing in Hong Kong», in *Society & Animals* 1, n. aop, 2022, pp. 1-21.

[243] Hsiu-Chia Ko, Li-Ling Wang e Yi-Ting Xu, «Understanding the Different Types of Social Support Offered by Audience to A-List Diary-Like and Informative Bloggers», in *Cyberpsychology, Behavior, and Social Networking* 16, n. 3, 2013, pp. 194-99.

[244] William J. Chopik e Jonathan R. Weaver, «Old Dog, New Tricks: Age Differences in Dog Personality Traits, Associations with Human Personality Traits, and Links to Important Outcomes», in *Journal of Research in Personality* 79, 2019, pp. 94-108.

[245] «Good Dog? Bad Dog? Their Personalities Can Change», in *MSU Today*, 21 febbraio 2019.

[246] Clark Cline e Krista Marie, «Psychological Effects of Dog Ownership: Role Strain, Role Enhancement, and Depression», in *Journal of Social Psychology* 150, n. 2, 2010, pp. 117-31.

[247] Kimberly S. Bowen et al., «The Stress-Buffering Effects of Functional Social Support on Ambulatory Blood Pressure», in *Health Psychology* 33, n. 11, 2014, p. 1440; e Debra Umberson e Jennifer Karas Montez, «Social Relationships and Health: A Flashpoint for Health Policy», in *Journal of Health and Social Behavior* 51, n. 1, suppl., 2010, S54-S66.

[248] Jonathan Bowen, Antonio Bulbena e Jaume Fatjo, «The Value of Companion Dogs as a Source of Social Support for Their Owners: Findings from a Pre-Pandemic Representative Sample and a Convenience Sample Obtained During the COVID-19 Lockdown in Spain», in *Frontiers in Psychiatry* 12, 2021, 622060.

[249] Lisa Wood et al., «The Pet Factor: Companion Animals as a Conduit for Getting to Know People, Friendship Formation and Social Support», in *PLOS One* 10, n. 4, 2015, e0122085.

[250] «Research on Marriage and Divorce», in *American Psychological Association*, consultato il 12 agosto 2022, https://www.apa.org/topics/divorce-child-custody.

[251] Melissa Chan, «Pets Are Part of Our Families. Now They're Part of Our Divorces, Too», in *TIME*, 22 gennaio 2020.

[252] «Research on Marriage and Divorce», in *American Psychological Association*, consultato il 12 agosto 2022, https://www.apa.org/topics/divorce-child-custody.

[253] Megan Kiely Mueller e Kristina Schmid Callina, «Human–Animal Interaction as a Context for Thriving and Coping in Military-Connected Youth: The Role of Pets During Deployment», in *Applied Developmental Science* 18, n. 4, 2014, pp. 214-23.

[254] Dawn C. Carr et al., «Psychological Health Benefits of Companion Animals Following a Social Loss», in *Gerontologist* 60, n. 3, 2020, pp. 428-38.

Capitolo 12

[255] Nicholas Dodman, *Good Old Dog*, Houghton Mifflin Harcourt, Boston, New York 2010.

[256] Ryan Llera e Lynn Buzhardt, «How Old Is Old? Comparing Dog Age to Human Age», in *VCA Animal Hospitals*, consultato il 12 agosto 2022, https://vcahospitals.com/know-your-pet/how-old-is-old-comparing-dog-age-to-human-age.

[257] *Ibid.*

[258] «Helping Your "Good Old Dog" Navigate Aging», in *Fresh Air, WLRN*, 23 novembre 2010.

[259] Jessica Hoffman et al., «The Companion Dog as a Model for Human Aging and Mortality», in *Aging Cell* 17, n. 3, 2018, e12737.

[260] Mary Janevic et al., «National Poll on Healthy Aging: How Pets Contribute to Healthy Aging», 2019, https://deepblue.lib.umich.edu/bitstream/handle/2027.42/148428/NPHA_Pets-Report_FINAL-040319.pdf.

[261] Nicholas Dodman, *Good Old Dog*, op. cit.

[262] Borbála Turcsán et al., «Individual and Group Level Personality Change Across the Lifespan in Dogs», in *Scientific Reports* 10, n. 1, 2020, pp. 1-12.

[263] Paolo Mongillo et al., «Does the Attachment System Towards Owners Change in Aged Dogs?», in *Physiology & Behavior* 120, 2013, pp. 64-69.

[264] Durga Chapagain et al., «Cognitive Aging in Dogs», in *Gerontology* 64, n. 2, 2018, pp. 165-71.

[265] Zuzana Vikartovska et al., «Novel Diagnostic Tools for Identifying Cognitive Impairment in Dogs: Behavior, Biomarkers, and Pathology», in *Frontiers*

in Veterinary Science 7, 2021, 551895; Durga Chapagain et al., «Cognitive Aging in Dogs», op. cit.; e «Cognitive Decline in Aging Dogs: What to Know», in *Texas A&M School of Veterinary Medicine & Biomedical Sciences*, 15 aprile 2021, consultato il 12 agosto 2022, https://vetmed.tamu.edu/news/pet-talk/cognitive-decline-in-aging-dogs/.

[266] Andria Corso, «Anticipatory Grief: What It Is and How to Cope», 21 giugno 2020, consultato il 12 agosto 2022, https://www.vetvine.com/forums/topic/1195/anticipatory-grief-what-it-is-and-how-to-cope.

Capitolo 13

[267] Paul T. Clements, Kathleen M. Benasutti e Andy Carmone, «Support for Bereaved Owners of Pets», in *Perspectives in Psychiatric Care* 39, n. 2, 2003, pp. 49-54.

[268] Cindy L. Adams, Brenda N. Bonnett e Alan H. Meek, «Owner Response to Companion Animal Death: Development of a Theory and Practical Implications», in *Canadian Veterinary Journal* 40, n. 1, 1999, p. 33.

[269] Richard Topolski et al., «Choosing Between the Emotional Dog and the Rational Pal: A Moral Dilemma with a Tail», in *Anthrozoös* 26, n. 2, 2013, pp. 253-63.

[270] Inger Benkel, Helle Wijk e Ulla Molander, «Family and Friends Provide Most Social Support for the Bereaved», in *Palliative Medicine* 23, n. 2, 2009, pp. 141-49.

[271] Stefania Uccheddu et al., «Pet Humanisation and Related Grief: Development and Validation of a Structured Questionnaire Instrument to Evaluate Grief in People Who Have Lost a Companion Dog», in *Animals* 9, n. 11, 2019, p. 933.

[272] Thomas A. Wrobel e Amanda L. Dye, «Grieving Pet Death: Normative, Gender, and Attachment Issues», in *OMEGA–Journal of Death and Dying* 47, n. 4, 2003, pp. 385-93.

[273] Louis Hoffman, Michael Moats e Tom Greening, a cura di, *Our Last Walk: Using Poetry for Grieving and Remembering Our Pets*, University Professors Press, Colorado Springs, CO 2020.

[274] Wendy Packman et al., «Continuing Bonds and Psychosocial Adjustment in Pet Loss», in *Journal of Loss and Trauma* 16, n. 4, 2011, pp. 341-57.

[275] «Why grief is like a ball in a box», consultato il 12 agosto 2022, https://www.hospiscare.co.uk/how-we-help/advice-support/talking-about-death-and-dying/why-grief-is-like-a-ball-in-a-box/.

Appendice 1

[276] «How to Find a Responsible Dog Breeder», in *Humane Society of the United States*, consultato il 12 agosto 2022, https://www.humanesociety.org/sites/default/files/docs/find-responsible-dog-breeder.pdf.

Indice analitico

M

Indice